KB138172

국부(國父) 만들기

중국의 워싱턴 수용과 변용

국부 만들기
중국의 워싱턴 수용과 변용

초판 1쇄 인쇄 2013년 5월 24일
초판 1쇄 발행 2013년 5월 31일

지은이 판광저
옮긴이 고영희 · 손성준
편집인 신승운(동아시아학술원)
　　　　　성균관대학교 동아시아학술원 02)760-0781~4
펴낸이 김준영
펴낸곳 성균관대학교 출판부 02)760-1252~4
등　록 1975년 5월 21일 제1975-9호
주　소 110-745 서울특별시 종로구 성균관로 25-2

ISBN 978-89-7986-622-3 94340
　　　978-89-7986-833-3 (세트)

• 본 출판물은 2007년 정부(교육과학기술부)의 재원으로
　한국연구재단(구 학술진흥재단)의 지원을 받아
　수행된 연구임(NRF-2007-361-AL0014).

국부(國父) 만들기

중국의 워싱턴 수용과 변용

판광저 지음
고영희 · 손성준 옮김

동아시아자료총서 07

성균관대학교
출판부

한국어판 서문

타이완 국민당의 권위주의적 당국(黨國)체제와 계엄시국에서 청소년기를 보냈던 사람들은 당시 고달픈 기억을 여전히 잊을 수가 없다. 이러한 까닭에 필자는 역사학을 필생의 업으로 선택하여 '역사학의 전당'에 발을 들여놓게 되었다. 이후 숱한 방황과 모색을 거쳐 점차 자신의 경험을 '역사화'하는 것이 필자가 할 수 있는 일 중 하나임을 깨닫게 되었다. 즉 이러한 정치체제들이 어떠한 역사적 맥락에서 출현하였는지 탐구·사색하며, 그 인과관계를 분석하여 이에 항거할 수 있는 정신적 소양을 단련하고 이를 통해 자유민주가 미래의 일상생활 속에 뿌리내릴 수 있도록 하는 것이다. 이러한 작업은 역사학 종사자로서의 사명이라고 할 수 있다.

우리의 일상생활 속에는 마음을 얽매고 시야를 가로막는 관념들이 존재한다. 당국체제도 그 유일한 주역은 아니다. 예컨대 자명해 보이는 '미국식 민주주의'를 정치적 생활의 '기준'으로 삼는 것은 이미 사회의 보편적 인식이 되었다. 우리는 정치적 담론이나 제도적 설계 및 준비를 막론하고 항상 미국을 예로 들어 설명하며, 미국 정치 지도자의 품행과 도덕, 미국 학술권위의 해석을 숭상한다. 물론 미국의 민주주의 실천에는 그것만의 독특한 장점이 있다. 그러나 '미국식 민주주의' 경험이 어떻게 모든 곳에 적용 가능한 보편적 진리가 될 수 있겠는가? 미국을 숭상하는 정치담론/행위가 어떻게 전파·유통·형성되었는지

검토하는 것은, 정치적 생활의 다양한 선택을 위해 역사경험에 근거한 사유지평을 제공해 줄 수 있을 것이다. 이 또한 역사학 종사자가 다할 수 있는 임무일 것이다.

하지만 이러한 야심찬 희망은 오직 정밀한 개별 사례연구가 축적되었을 때 특정한 이데올로기의 속박에서 벗어나 사회에 정신/사상적 동력을 공급해 줄 수 있다. 설령 역사학 종사자의 연구가 자신의 의혹을 해소하기 위한 탐구와 밀접하게 연관되어 있다 하더라도, 역사적 지식을 생산하는 작업에서는 이데올로기 전쟁이 벌어지거나 벌어져서도 안 된다. 역사학은 역사적 진실에 근접하기 위해 추구하는 학문이다. 오직 사서(史書)를 폭넓게 섭렵해야만 특정한 견해에 치우치지 않고 역사의 진상에 다가설 수 있으며, 해당 연구의 독특한 함의를 분석할 수 있다. 이 책이 관심 있는 학계의 동료들에게 조금이나마 시사하는 바가 있기를 바란다.

이 책은 필자의 학문적 소신을 실천한 초보적 결과이다. 독자들에게 조금이나마 색다른 역사인식을 제공할 수 있기를 바란다. 이 책에 더 많은 내용을 담아야 했지만, 안타깝게도 필자의 능력부족으로 미처 다루지 못했다. 만약 대한민국 각처에 계신 박학군자(博學君子)의 질정을 얻을 수 있다면, 필자로서는 최대의 영광일 것이다. 이 지면을 빌어 오병수 교수의 추천과, 고영희 · 손성준 박사의 번역에 특별한 감사의 마음을 전한다.

판광저 삼가 씀

2013년 5월 4일

현재 우리가 생활하는 세계에서 '미국식 민주주의'는 민주적 생활을 전개하는 '기준'이 되며, 이러한 사실은 엄연히 보편적인 인식이 되었다. 우리는 정치적 담론이나 제도적 설계와 준비에 항상 미국을 예로 들어 설명하며, 미국 정치 지도자의 품행과 도덕, 미국 학술권위의 해석을 높이 숭상한다. 미국의 민주주의 실천은 물론 독특한 점이 있다. 그러나 '미국식 민주주의'의 경험이 어떻게 어디서나 적용 가능한 보편적 진리가 될 수 있겠는가? 이처럼 미국을 존숭하는 정치담론·행위는 어떠한 역사적 맥락에서 출현하여 전파되고 형성(완성)되었는가?

이 책은 필자가 이러한 문제에 대해 '스스로 의혹을 풀기 위한' 생각을 토대로 시도되었다. 필자는 역사적 맥락에서 '미국식 민주주의'가 중화권[華人] 세계에서 갖는 '전범(典範)'적인 의미는 구체적으로 세 가지 측면에서 분석할 수 있다고 생각한다. 첫째 미국의 정치 지도자·정치 인물의 이미지가 중국에서 유전되고 변용되는 과정, 둘째 미국의 사상 관련 텍스트가 중국에서 번역되고 전파되는 과정, 셋째 미국의 헌정체제 및 관련 사상 관념이 중국에서 확산되고 모방되는 양상이다. 만약 각 주제에 대해 전반적인 역사적 과정을 정리하고 시계열적 변화를 비교하여 역사적 과정의 개념적 함의를 추출할 수 있다면, 이러한 작업은 '미국식 민주주의'가 또 다른 문화전통에서 표현되는 양상과 현실적 의미를 성찰하는 데 일조할 것이다. 이 작은 책은 필자의 생각을 초보적으로 담은 것이다. 그러나 능력의 한계를 스스로 부끄럽게 생각하고 있다. 훌륭하고 박학하신 분들의 질정을 바라며, 이러한 가르침은 필자의 학문적 여정의 큰 행운일 것이다.

이 작은 책이 있기까지 우선 린푸스(林富士) 교수의 깊은 배려와 훌륭한 뜻에 감사드린다. 필자는 능력이 부족하여 원고를 항상 기한 내 완성하지 못했다. 삼민서국(三民書局)의 류전창(劉振强) 사장님의 넓은 도량에도 감사드린다. 오랫동안 공부하는 과정에서 여러 차례 류광징(劉廣京), 리융츠(李永熾), 장하오(張灝) 선생님의 가르침을 받았다. 또한 두정성(杜正勝), 황콴중(黃寬重), 왕판썬(王汎森) 선배님들이 이끌어 주심을 마음 깊이 새기고 있다. 천융파(陳永發), 뤼팡상(呂芳上), 웨이슈메이(魏秀梅), 황진싱(黃進興), 선쑹차오(沈松僑), 첸융샹(錢永祥), 리샤오티(李孝悌), 장루이더(張瑞德), 사페이더(沙培德), 황쯔진(黃自進), 천이선(陳儀深), 쉬원탕(許文堂), 자이즈청(翟志成), 황커우(黃克武), 쉐화위안(薛化元), 류지룬(劉季倫), 쌍빙(桑兵), 쑨장(孫江) 등 여러 사우(師友)들은 항상 내게 탁견을 제시하여 많은 도움을 주었다. 그러나 책 속에 잘못된 부분이 있다면 모든 책임은 필자에게 있다. 이 책이 탈고되었을 즈음, 스승이신 장중둥(張忠棟) 교수님이 세상을 떠나신 지 이미 6년이 되었다. 선생님께서 자상하게 고개 끄덕이시며 미소 지으시던 모습을 아직도 잊을 수 없다. 삼가 이 책으로 조금이나마 스승의 은혜를 기리고자 한다.

판광저 삼가 씀

2005년 8월 11일

일러두기

1. 본 번역서의 원저는 潘光哲의 『華盛頓在中國 −製作「國父」』(三民書局, 2005)이다.

2. 원문은 강조와 직접 인용을 일괄하여「 」로 나타내고 있지만, 본서에서는 내용에 따라 문장부호 ' '와 " "로 구분하였다. 다만 문맥 파악에 전혀 무리가 없을 경우, 가독성을 위해 문장부호 " "를 생략하고 간접 인용으로 처리한 곳이 존재한다.

3. 독립 인용문과 본문에 포함된 직접 인용문의 경우, 보다 정밀한 독해를 원하는 연구자를 위하여 원문을 병기하였다. 다만 근접 구간에서 반복 등장하는 경우나 중요도가 떨어지는 경우는 원문 병기를 생략하였다. 번역에 대한 원문 병기는 문장부호 [ ]를, 음역만 한 경우에는 ( )를 각기 사용하였다.

4. 고유명사(서적명, 인명, 지명)의 원문 병기는, 동음이의어나 문맥상의 강조 등 특별한 경우를 제외하면 본문 각 절의 첫 번째 등장 시에만 적용하였다.

5-1. 『 』표기로 처리한 서적명은 한국어로 음역하되 원문과 병기했고(예: 『화성돈(華盛頓)』), 「 」표기로 처리한 기사제목 등은 번역하여 옮겼다(예: 「소설과 군치의 관계를 논함(論小說與群治之關係)」.

5-2. 번역어가 사회적 합의를 얻어 통일되기 전까지는, 하나의 대상에 대해서도 여러 번역어들이 존재할 수 있다. 이로 인해 한국어 음역만으로는 그것이 지시하는 대상에 대한 즉각적 파악이 다소 어렵다(특히 서적명). 본서

의 경우 '워싱턴'과 '미국'이 이에 해당될 수 있기에, 본문에 등장하는 이들 관련 번역어들을 아래에 정리해둔다.

※ 워싱턴 – '화성돈(華盛頓)', '화흥돈(華興頓)', '와신돈(洼申頓)', '와승돈(瓦升頓)', '와흥등(瓦興騰)', '와승돈瓦乘敦', '와승둔(瓦升屯)', '화성돈(華聖頓)'

※ 미 국 – 미국(美國), 아미리가(亞美利加), 아묵리가(亞墨利加), 미리견(米利堅)

6. 인명의 번역은 1912년을 기준으로 하여, 이전에 활동했던 인물은 한국식 음역을, 1912년 이후에도 활동이 이어진 경우는 중국식 음역을 적용하였다(예: 서계여(徐繼畬) / 량치차오(梁啓超)). 서양 이름의 경우, 한국어로 옮긴 후 괄호로 중국어와 영어 이름을 동시에 병기하였다.

7. 원저의 '쑨중산(孫中山)'에 대해서는, 한국 독자에게 더 친숙한 이름인 '쑨원(孫文)'으로 옮겼다.

CONTENTS

서론

'워싱턴과 앵두나무'를 시작으로

'워싱턴과 앵두나무'는 매우 유명한 이야기이며, 흔히 어른들이 아이들에게 '정직함'을 가르칠 때 사용하는 예화이다. 그러나 본래의 역사 현장으로 돌아가보자. 미국 독립전쟁을 성공적으로 이끌어 초대 대통령의 영예를 안았던 조지 워싱턴(喬治·華盛頓, George Washington, 1732~1799)의 어린 시절과 앵두나무 이야기가 과연 실제 있었을까? 사실 이러한 의문은 좀처럼 풀기 어렵다. 그 이유는 사람들이 윔스(文斯, Parson Manson Locke Weems, 1756~1825)의 『화성돈전(華盛頓傳, *The Life of Washington*)』을 통해 비로소 이 이야기를 알게 되었기 때문이다. 이 책은 1800년 출판된 이래로 지속적인 사랑을 받아왔다. 그러나 앞에서 언급한 일화는 윔스의 책 제6판에서 추가되었다. 따라서 이러한 일화가 사실인지 거짓인지는 아무도 알 수 없다. 윔스는 심혈을 기울여 이 책을 집필하며 "호기심을 자아내고 진귀한 일화들을 수록하여 워싱턴의 사생활과 공직 생활, 그리고 그의 성격을 이해하는 데 도움이 된다"라고 독자들에게 말하였다. 그는 다양한 일화를 통해 워싱턴이 어린 시절부터 지고한 인품의 소유자였음을 '증명'하였으며, 심지어 워싱턴이 자신의 머지않은 죽음, 곧 인생의 종착역을 향한 '사실'조차도 기꺼이 받아들여 '자제력(self control)'이란 미덕을 갖추었다고 하였다. 『화성돈전』의 성공은 사람들이 당대 영웅인 워싱턴의 사생활에 대해 호기심을 가지고 있었다는 사실을 구체적으로 보여주었다. 이와같이, 여러

세대의 과장을 통해 워싱턴은 공적 · 사적인 측면에서 모두 미국인들에게 '영원히 모범이 되는 사람(a man for posterity)'이 되었다.

이는 그랜트 우드(Grant Wood, 1891~1942)의 작품(1939)으로,
웜스와 그가 설명하는 '워싱턴과 앵두나무' 이야기를 표현했다.

중국인들이 이 '워싱턴과 앵두나무' 이야기를 알게 된 것은 기독교 선교사들 덕분이다. 중국어권에서 가장 처음 이 이야기를 기술한 것은 1855년 4월 출판된 『하이관진(遐邇貫珍)』(영문명은 Chinese Serial)의 「소년 워싱턴 행략(少年華盛頓行略)」이다.

『하이관진』은 홍콩 영화서원(英華書院)에서 출간한 월간지로서 1853년 8월 창간되었다. 「소년 워싱턴 행략」이 게재된 호수를 발행한 편집장은 중국 전통고전을 영어로 번역하여 유명해진 제임스 레그(理雅各, James Legge, 1815~1897)였다. 그러나 누가 이 일화를 중국어로 처음 번역했는지는 풀리지 않는 역사의 수수께끼이다.

한 가지 흥미로운 사실은 이 이야기가 『하이관진』에 실리게 된 이유

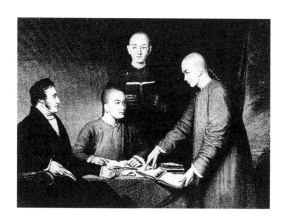

『하이관진(遐邇貫珍)』에 수록된 「소년 워싱턴 행략(少年華盛頓行略)」

華盛頓者亞麥里迦人也才兼文武爲國効忠實所謂公爾忘私國爾忘家者也自少年時義氣奮揚勁中禮言辭實屛絕浮夸弘麥里迦合眾國國

仲慕其爲人至今猶樂道之余今節取其少年一事列于貫珍俾中國童子讀

而慕之或可感發心志是所厚望華盛頓纔六歲時有友送以小斧一柄得斧

後有喜氣楊楊隨處玩弄遇物必斫此童子不識不知之性大抵皆然也家園中

植有櫻樹一株種異凡品其父愛惜有若異珍一日華盛頓擕斧入園將櫻樹

遐邇貫珍　五

戕賊迫盡次日其父遊園看見櫻樹支分節解遂大發雷霆聚集家人詢問曰

園中櫻樹吾愛所鍾雖人以多金來購吾亦不捨今被惡人戕害乃爾吾必窮

究此人以消吾恨家人皆推不知喧嘩間華盛頓自外入堂手擕小斧父問曰

吾兒可見伐櫻樹之人乎華盛頓見父怒容滿面家人戮躱情形士心惶恐初

不敢言乃曰大人所知園中櫻樹實我用此斧戕

害也其父聞子此言變怒爲喜滿而歡容欣然曰吾嗣後乃知吾子不說誑言是

吾家大幸雖櫻樹花可成白金實可成黃金吾復可惜哉

제임스 레그와 홍콩 영화서원(英華書院)의 학생

가 다름 아닌 어린이들을 가르칠 예화로 활용하기 위해서였다는 점이
다. "중국 어린이[中國童子]"가 이 이야기를 접한 후 "혹여 그 마음과

뜻에 감동이 있어[或可感發心志]" 거짓말하지 않는 도리를 깨닫길 희망했다는 것이다. 『하이관진』의 독자들이 아이들에게 이 이야기를 전했는지는 알 수 없다. 그러나 지난 100여 년간 중국어권에서는 이러한 이야기와 이것이 전달하고자 하는 메시지가 끊임없이 복제되고 전파되었다. 예를 들어 같은 선교사들이 만든 『중외신문칠일론(中外新聞七日錄)』에 『하이관진』의 이야기가 전재(轉載)되었고(71호, 1866년 6월 7일 출판 참조), 이 밖에 선교사들이 만들어 중국 사상계에 큰 영향을 주었던 간행물인 『만국공보(萬國公報)』에도 1879년 5월 '예현회선도자(禮賢會宣道子)'라는 사람이 쓴 워싱턴의 일생에 관한 글이 게재되었다. '예현회선도자'는 워싱턴이 "무예와 용기가 뛰어나고 글재주가 출중할[武勇超群, 兼且文才出衆]" 뿐만 아니라 고대 중국에서 칭송받았던 '요(堯)·순(舜)'과 견줄 만한 위대한 인물이라며 높이 평가하였다. 물론 '워싱턴과 앵두나무' 이야기는 그가 워싱턴의 숭고한 인격을 칭찬할 때 사용했던 사례 중 하나이다(다만 그는 워싱턴이 '과일나무'를 베었다고 했다).

외국 선교사가 아닌 중국 지식인들이 이에 관해 쓴 경우를 살펴보자. 1887년 청(淸) 조정은 12명의 중·하급 관리를 세계 각국에 파견하여 세계를 유람하고 조사하게 하였다. 그 중 한 사람인 부운룡(傅雲龍, 1840~1901)은 미국 등지를 시찰하였는데, 그는 워싱턴의 일생을 「화성돈전(華盛頓傳)」에서 논하면서 '워싱턴과 앵두나무' 이야기를 하였다. 뿐만 아니라 직접 그 도끼를 보았다고 했다. 1894년 청일전쟁이 발발하여 대청제국(大淸帝國)이 손바닥 만한 나라로 간주되던 일본에 패하자, 온 나라가 흔들리고 '변법(變法)'·'자강(自强)' 등을 골자로 하는 요구가 도처에서 일어났다. 이에 따라 여러 방식으로 '시무(時務)'를 소개하고 논하는 서적들이 등장했다. 상하이의 점석재(點石齋)는 당시 매우 큰 규모의 출판상이었는데, '기려주인(杞廬主人)'을 편집자로 내세우고 각종 '시무 관련 전적(典籍)'을 '수집 정리[統彙]'하여 방대한 분량의 『시무통고(時務通考)』(1897년 출판)를 펴냈다. 이 책이 포괄하는 '시무 관련 전적'의 범위는 매우 넓어 '적(敵)'의 저서들도 포함되어 있었다. 예를 들어 미국 건국역사를 소개할 때, 일본 오카모토 칸스케(岡本監輔)의 『만국사기(萬國史記)』(1879년 출판)의 소재를 빌려온 것이다. 『만국사기』로 인해 『시무통고』에도 워싱턴의 이 일화가 어김없이 소개되었다(그러나 워싱턴이 어떤 나무를 베었는지는 명확하게 밝히지 않았다). 이와 같은 현상은 당시 『시무통고』와 성격이 비슷한 많은 서적들에서도 나타난다. 예컨대 주대문(朱大文)이 편집한 『만국정치예학전서(萬國政治藝學全書)』(1902년 출판)에는 특별히 「아메리카주 미국 성쇄고(亞墨利加洲米利堅盛衰考)」라는 단원을 배치했다. 이때 그 내용은 오카모토 칸스케의 책을 그대로 옮긴 것이기 때문에 워싱턴의 일화가 고스란히 수록되어 있다(기타 동일한 부분의 상황은 서술하지 않겠다). 이후 중국 출판업계의 주도권을 잡았던 상무인서관(商務印書館)은 1910년대 말 청소년을 대상으로 하는 『소년총서(少年叢書)』를 출판하였는데, 이 총서에는 린완리(林萬里, 생몰년 미상)가 쓴 『화성돈(華盛頓)』 전기도 포함되어 있었다. 린완리는 "워싱턴이 어려서부터 매우 진실되고 거짓말하지 않았던 것은 나무 자른 사건을 보면 알 수 있다[華盛頓自少即能至誠不欺, 觀於斫一事可知矣]"라고 소개하며 역시 도덕적 가르침을 담고 있다. 중국 기독교 선교사들이 세운 단체 광학회(廣學會: 원명 "동문학회(同文書會)", 1894년부터 '광학회'란 명칭을 사용)는 기독교 교리 및 서양 문화·사상 관련 서적을 많이 출간하였다. 그 성과 중 하나인 『세계정치가열전(世界政治家列傳)』 총서에도 워싱턴의 삶에 관한 저작(1914년 번역 출간)이 포함되어 있다.

그 저서에는 미담으로 널리 알려진 '워싱턴과 앵두나무' 이야기의 '사실 여부'는 고증할 길은 없지만, 그가 성인이 된 이후의 행적을 살펴보면 "어린 시절의 언행이 진실되고 공손했던 것을 알 수 있다[幼時之忠信篤敬, 可想見矣]"라고 되어 있었다.

1903년판 『만국통사 속편』의 워싱턴 초상

이러한 일련의 역사적 행적을 통해 말한다면, 오늘날 우리가 아이들에게 가르치는 '워싱턴과 앵두나무' 이야기가 사실 지난 역사의 축적 효과(워싱턴이 과연 어떤 나무를 베었는가 하는 것도 여러 기술에 따라 각기 다르다)라는 것을 알 수 있다. 요컨대 워싱턴은 이 이야기를 시작으로 줄곧 중국인의 의식 세계에서 긍정적인 이미지로 표현되었다고 할 수 있다.

이 책이 말하고자 하는 것은 워싱턴의 '도덕적 이미지'가 주는 시사점이 아니다. 오히려 좀 더 넓은 역사적 맥락에서 중국의 워싱턴 '수용사'를 간추려냄으로써, 워싱턴의 이미지가 근대 중국에서 만들어낸 여러 반향 및 정치 효과를 설명하고자 하는 것이다. 요컨대 워싱턴의 이미지는 근대 중국의 지식 및 의식 세계에서 '워싱턴 신화'라는 형식으로 끊임없이, 그리고 다양하게 재생산되었다. 이것은 근대 중국인이 미국을 이해하는 기초가 되었으며, 중국인들의 정치적 사고(politial thinking)에 영향을 주었다. 이로 인해 근대 중국 정치의 변화·발전 과정에서, 미국식 정치체제 및 정치문화는 논리 전개 및 실천의 필수불가결한 요소가 되고 말았다.

이 시기 역사적 회고 또한 역사적 인물의 이미지에 담긴 의미가 당시의 역사적 현장에서는 원래 다원적이고 복잡했다는 사실을 시사해준다. 역사적 인물의 이미지와 그 함의는 여러 원인으로 인해 단순해지고 왜곡되었던 것이다. 워싱턴처럼 정치 부문에서 두각을 나타냈던 인물의 역사적 이미지는 중국인들의 정치적 사고에 많은 영향을 주었지만, '국가우상(national idol)'으로 바뀌어 신성불가침의 대상이 되기도 했다. 이렇듯 우리가 살고 있는 세상에서 지극히 '당연하게' 보이는 정치적 기호와 상징, 그리고 이미 '예삿일'이 된 정치적 의식(儀式)은 사실 특정한 정치세력에 의해 구체적인 시간과 공간에서 만들어지고 조작된 것이다. 그러나 우리 선조와 선배들은 이러한 것들을 '당연하게' 또는 '예삿일'로 여기지 않았을 수도 있다.

제1장

워싱턴을 처음 알게 되다

임칙서와 '워싱턴'

1784년 2월 22일, '중국 여황호(中國女皇號, Empress of China)'가 뉴욕을 떠나 먼 바다를 건너 8월 28일 광저우(廣州)에 도착하였다. 미국이란 젊은 나라가 중국과 직접 왕래하기 시작한 것이다. 그러나 중국인(주로 엘리트 계층; 이하 더 이상 자세한 정의를 하지 않음)은 평소 왕래가 없었던 이 나라에 대해 이해가 부족하여 위치조차 알지 못했다. 이후 정보가 수집되고 전파됨에 따라 비로소 그들에 대한 이해가 시작되었다.

청(淸) 선종(宣宗: 흔히 도광제(道光帝)라 일컬음)이 아편의 폐해를 근절하기 위해 광저우로 파견한 양광총독(兩廣總督) 임칙서(林則徐, 1785~1850)의 예를 들면, 그는 당초 "터키가 아메리카에 속하는가?[都魯機是否屬米利堅地方]"라며, 터키와 미국이 서로 다른 나라인지도 알지 못했다. 광저우에 도착한 임칙서는 당시 광저우에서 어떤 나라가 무역을 하는지, 그리고 그 나라들의 지리적인 위치 및 상황을 알기 위해 부하들에게 자료 수집을 지시하였다. 이로써 『양사잡록(洋事雜錄)』이 완성되었고, 이것은 그의 개인 참고용 정보자료가 되었다.

오늘날 우리의 지리 지식으로 보자면, 『양사잡록』에는 물론 적지 않은 오류가 있으며, 여전히 '중화중심주의(Sinocentrism)'로 서양인을 모두 '오랑캐[夷]'라고 부르기도 한다. 그러나 적어도 임칙서가 당시 세

임칙서(林則徐)

계 주요 국가의 상황에 대해 다소나마 이해할 수 있게 해주었고, 더 이상 터키와 미국이 같은 나라인지 혼동하지 않게 해주었다. 미국 관련 내용으로 말하자면, 『양사잡록』은 미국의 건국기원을 간단하게 요약 설명하여 '워싱턴 장군[兵頭嘩嘧頓]'이 곧 '아메리카'를 영국의 통치에서 벗어나게 한 인물이며, 미국인에게 '성인(聖人)'으로 존경받는다는 것을 임칙서가 알게 해주었다. 뿐만 아니라 워싱턴의 이름은 "아들을 낳거나, 상점을 개업하든지, 배를 제작하든지, 혹은 새로운 지역이 생길 때마다[生子, 或開館, 或造船, 或有新地方]" 작명의 근거가 되었는데, 이는 "그 길하고 경사스러운 뜻을 취한다[取其吉慶]"는 의미를 담고 있다. 당시 미국의 상황을 비추어볼 때, 임칙서의 정보는 나름대로 정확한 편이었다. 왜냐하면 워싱턴을 지명으로 하는 곳이 있었기 때문이다. 1776년 맨해튼 섬(Manhattan Island)에는 워싱턴 요새

(Fort Washington)와 워싱턴 언덕(Washington Heights)이란 지명이 생겼으며, 1781년 펜실베이니아 주에는 워싱턴 카운티(Washington County)가 생겼다. 그의 이름을 딴 학교 역시 화려하고 훌륭하게 세워졌다. 예를 들어 메릴랜드 주 체스터타운(Chestertown)에는 1782년 워싱턴 칼리지(관심 있는 독자는 워싱턴 칼리지의 웹 사이트 자료를 검색해보라. http://www.washcoll.edu)가 세워졌다. 그러나 이 자료는 임칙서가 개인적으로 소장한 것으로서 1986년에 이르러서야 역사학자의 발굴을 통해 다시 세상의 빛을 보게 된다. 따라서 이 자료는 다른 중국인이 미국과 워싱턴을 이해하는 데 실질적인 영향을 미치지 못했을 것이라고 생각된다.

중국의 역사적 맥락에 워싱턴이 들어오다:
세계 정세를 이해하는 '지식 창고'의 초보적 구축

역사의 장면으로 다시 돌아가보자. 사실 중국인들이 워싱턴이란 사람을 알게 된 것은 임칙서 개인이 수집한 자료를 통해서가 아니다. 워싱턴이 중국인들의 지식 세계에 떠오르게 된 것은 선교사의 공로가 가장 크다고 할 수 있다.

동서(東西) 항로가 점차 원활해진 이후 서양의 기독교 교회가 동양에 '복음'을 전파하고자 하는 열정은 더욱 뜨거워졌다. 중국으로 말하자면, 19세기 기독교가 다시 중국에 들어오고 로버트 모리슨(羅勃 · 馬禮遜, Robert Morrison, 1782~1834)이 중국에 도착하면서 새로운 바람을 일으켰다. 1807년 9월 4일 영국 런던 선교회(The London Missionary Society)의 파송을 받은 기독교 선교사 로버트 모리슨은 마카오에 도착한 후 광저우에 들어오려 했지만, 청나라의 제재를 받아 중국 본토에서 선교활동을 전개할 수 없었다. 모리슨과 그 후계자들은 난양(南洋)을 전진기지로 삼고 서서히 중국 대륙에 진출하여 선교사업을 벌이고자 했다. 선교사들은 갖은 고생 끝에 어렵사리 동양 세계(특히 중국)에 왔지만, 그들이 이 땅에서 그리스도 '복음'의 씨앗을 심으려면 그동안의 어려움보다 더욱 심한 고난을 겪어야 한다는 것을 알게 되었다. 사람들의 선입견을 바꿔놓고 천주(天主)의 신앙세계로 인도하고자 하는 많은 선교사들은 간접적인 방식으로 '복음'을 전파했다. 그들은 각양각색의 간행물과 다양한 서적을 출간하여 기독교 교리를 당시 점차 관심이 높아져가던 서양 문명과 지식을 소개하는 글에 덧붙여 선전하였던 것이다. 따라서 이러한 간행물과 서적들은 '의도하지 않게' 서양 문명과 지식의 매개자 역할을 하게 되었다.

전체적으로 보자면, 1811년에서 1842년 선교사들은 총 138종의 중문 서적을 선보였으며, 그 중 32종이 세계 역사 · 지리 · 정치 · 경제 지식을 소개하는 것이었다. 이러한 서적들은 중국인들에게 외국[域外] 세계를 탐구하는 창을 활짝 열어주었다. 예컨대 미국의 역사와 그 전체 정세를 소개하는 서적을 보자. 중국에 온 최초의 미국 선교사 브리지먼(裨治文, Elijah Coleman Bridgman, 1801~1861)은 양식(梁植) 등 중국인의 도움을 받아 일찍이 1838년에 싱가포르에서 『미리가합성국지략(美理哥合省國志略)』(이후 내용을 지속적으로 보완하고 서명을 바꿔 출판)을 발행했으며, 1847년 중국에 도착한 영국 런던 선교회 뮤어헤드(慕維廉, William Muirhead, 1822~1900) 목사는 조국 영국의 역사를 중국인들에게 알리고자 자신을 주요 번역자로 하고, 중국인 장돈복(蔣敦復, 劍人, 1808~1867)의 도움을 받아 1856년에 영국 역사를 소개하는 전문서적

『대영국지(大英國志)』를 출간하였다. 그 밖에도 세계 역사·지리·정치·경제 등 지식을 소개하는 서적은 많아 여기에서 일일이 다루지는 않겠다.

브리지먼(E. C. Bridgman)

한편 1830년대 말에서 1840년대 초 이후, 서양 제국주의는 총포와 무력으로 중국의 문호를 열었으며, 세계 정세가 크게 변하였다. 이에 중국의 많은 지사(志士)들은 세계 정세를 인식하고 이해하는 사업을 더 이상 늦출 수 없다고 생각했다. 따라서 다양한 자료를 근거로 하여 세계 정세를 소개하는 작품들을 저술하고 편찬하는 데 심혈을 기울이기 시작했다.

예를 들어 미국에서 온 선교사 브라운(勃朗, Samuel Robbins Brown, 1810~1880) 목사는 머리(休·墨瑞, Hugh Murray, 생몰년 미상)가 편집한 『세계지리백과전서(世界地理百科全書)』(영어명 An Encyclopedia of Geography: Comprising a Complete Description of the Earth, Physical,

Statistical, Civil and Political: Exhibiting Its Relation to the Heavenly Bodies, Its Physical Structure, the Natural History of Each Country, and the Industry, Commerce, Political Institutions, and Civil and Social State of All Nations; 1834년 런던 출판)를 임칙서에게 보냈다. 임칙서는 1839년 12월부터 부하들에게 번역을 지시하였고『사주지(四洲志)』라고 이름 붙였다. 이후 임칙서는 출판되지 않은『사주지』를 위원(魏源, 1794~1857)에게 보냈다. 위원은 이 번역 원고를 저본으로 삼고 관련 문헌을 두루 수집하여 1842년『해국도지(海國圖志)』를 편찬·출판하였다(초판의 분량은 50권이었으나 이후 내용을 지속적으로 보완하여 100권이 되었음). 이후 1848년 서계여(徐繼畬, 1795~1861)가 편찬한『영환지략(瀛環志略)』이 발행되었고, 1846년 양정남(梁廷枏, 1796~1861)에 의해 그의 저서『합성국설(合省國說)』과 기타 저서를 한데 묶은『해국사설(海國四說)』을 완성하였다. 이 가운데『합성국설』은 중국인이 집필한 최초의 미국 역사 지리 소개서이기도 하다. 앞서 언급한 이 저서들은 중국인들이 세계 정세를 인식하고 이해하려는 강한 의욕을 보여주었으며, 사람들의 지식 여행을 돕는 '지식 창고(stock of knowledge)'를 구축하였다.

전체적인 흐름을 보면, 당시 '문화시장(cultural markets)'에서 선교사들이 지혜와 심혈을 쏟아 발행한 도서 및 신문과, 중국인들 자신이 혼신의 힘을 다해 발행한 도서는, 흡사 세상의 모든 것을 다 포괄하고 항상 건설 중이며, 그러나 영원히 완성되지 않는 '지식 창고'를 구축했다고 말할 수 있다. 지식인들은 자신들의 관심에 따라 이 '지식 창고'에 자유롭게 드나들 수 있었으며, 또한 '지식 창고'가 제공하는 '사상 자원(intellectual resources)'을 통해 자신만의 독특한 지식·사상적 여정을 전개할 수 있었다. 그들은 사상 서적을 읽은 후에 얻은 것으로 책을 만들어 자신의 주장을 펴든지, 편집을 하여 세상을 유익하게 한다든지, 또는 이익을 쫓든지 간에, 한 권 또 한 권의 책을 당시 '문화시장'에 내놓았으며 또한 널리 전파했다. 이를 통해 지식인들은 전체 사상계의 '개념 변화(conceptual change)'에 다양한 동력을 제공하였다. 워싱턴의 이미지와 그것이 시사하는 의미는 이러한 역사적 맥락에서 중국에 들어온 것이다.

물론 이 거대한 '지식 창고'를 구축한 인물들은 너무 많아 모두 헤아릴 수 없다. 서로 출신 배경이 다르고, 지식 수준이 달랐으며, 특히 많은 자료의 출처가 외국 선교사가 제공한 외국어로 된 저서였기 때문에 번역 과정을 거쳐야만 했다. 그러므로 외국의 각종 어휘들, 즉 인명·지명은 물론이고, 관리의 직급제도 명칭 또는 과학기술 발명과 관련된 어휘들의 중국어 번역 명칭은 번역자에 따라 다르게 나타났다. 이러한 현상은 오늘날의 중국어권에서도 마찬가지이다. 예컨대 미국의 샌프란시스코(San Francisco)는 모두 '구금산(舊金山)'이라고 하지만 '삼번시(三藩市)'라고도 불리어(심지어 다른 명칭도 있을 수 있음) 일치되기 어려운 실정이다. 이렇게 볼 때, 19세기 중국어권에서 '같은 것을 가리키나 다른 명칭'을 사용하는 현상은 더욱 심각했다고 말할 수 있다. 현재 사람들은 미국의 수도가 '워싱턴'(또한 여러 차례 생략하여 '華府'라고 불림)이며, 조지 워싱턴의 이름을 딴 것이라는 사실을 안다. 그러나 19세기 이 지역의 명칭은 통일되지 않았으며, 천태만상이었다. 뜻있는 인사들은 각종 기록을 모아 「각국도성지명 역음이동표(各國都城地名譯音異同表)」(감한(甘韓, 생몰년 미상) 편(編), 『황조경세문신편속집(皇朝經世文新編續集)』, 1902년 출판)을 펴냈다. 이 표에 따르면 당시 워싱턴이란 곳을 지칭하던 중국어 어휘는 '화성돈(華盛頓)', '화흥돈(華興頓)', '와승돈(洼申

頓)', '와승돈(瓦升頓)', '와흥등(瓦興騰)', '와승돈(瓦乘敦)' 등 적어도 6개
가 존재했다. 마찬가지로 '워싱턴'이란 인물을 가리키는 중국어 어휘
또한 '각자 표기'가 달랐다. 위원이 편집한『해국도지』를 예로 들면, 그
안에 수록된 자료에서도 '화성돈(華盛頓)', '와신돈(洼申頓)' 또는 '와승둔
(瓦升屯)' 등 명칭이 통일되지 않는다. 또 다른 예를 들면, 미국 선교사
앨런(林樂知, Young John Allen, 1836~1907)이 통역하고 정창엽(鄭昌棪, 생
몰년 미상)이 기술한『열국세계정요(列國歲計政要)』(1873년 출판)에서는 '화
흥돈(華興頓)'이 "북아메리카 대군을 통솔하여 영국에 저항한 후 미합
중국을 세운[統帥北亞美利加大兵拒英, 而立合衆民主國]" 사람이라고 하였
다. 비록 많은 사람들이 이미 '화성돈(華盛頓)'을 보편적으로 사용한 시
기인데도 불구하고 미국 선교사 셰필드(謝衛樓, Devello Zololos Sheffield,
1841~1913)는 그가 펴낸『만국통감(萬國通鑑)』(1882년 출판)에서 독특한
착상으로 '와성탄(漥性吞)'이라고 불렀다. 이것은 오늘날 우리가 '화성
돈(華盛頓)'과 '워싱턴'을 동일시하는 '공감대'가 사실은 역사적 시간의
터널에서 다른 역명(譯名)들을 도태시킨 결과이며, 근대 중국이 번역
과정을 거쳐 서양 문화를 인식하고 이해했던 매우 복잡한 역사적 과정
을 보여준다.

귀츨라프와 워싱턴 : 인식의 출발점

  현재까지 중국인들에게 최초로 워싱턴의 존재를 알린 사람은 프로
이센의 선교사 귀츨라프(Karl Friedrich August Gützlaff, 1803~1851, 중국어
이름은 '곽실렵(郭實獵)' 또는 '곽사력(郭士力)')라고 알려져 있다. 귀츨라프는

네덜란드 선교회(The Netherland Missionary Society)가 동아시아에 파송한 선교사로, 1827년 자카르타에 도착하여 동방에서의 선교사업을 시작했다. 그러나 귀츨라프는 중국인 선교에 열중하여 선교회 원래의 파송 취지에 부합하지 못하고 네덜란드 선교회를 떠나 독립된 선교사 신분으로 '복음'을 전파했다. 간행물 창간은 귀츨라프가 담당하는 선교사업의 중요한 부분이었다. 1833년 8월 1일, 그가 주관하여 편찬한 『동서양고매월통기전(東西洋考每月統記傳)』이 광저우에서 창간되었다. 당시 중국 영토 내에서 출판된 중국어 잡지로는 최초로 '현대적' 의미를 갖는 이 잡지는 중국 미디어사에서 중요한 위치를 차지한다. 워싱턴의 이미지는 이 잡지에서 처음으로 소개되었다.

1837년 출판된 『동서양고매월통기전』에는 장회체(章回體) 소설 기법으로 미국의 정황을 기술한 글이 게재되었다. 제목은 짧고 간단하게

귀츨라프(K. F. A. Gützlaff)

'논(論)'이라고만 되어 있다. 이 글의 내용은 다음과 같다. 오(吳)씨 성을 가진 장시성(江西省) 사람이 광저우로 여행을 갔는데, 광저우 시내에 '성조기'가 꽂혀 있는 건물을 보자 호기심에 이 깃발이 과연 어느 나라 것인지 알고 싶어졌다. 그의 궁금증은 통역의 도움으로 시원하게 풀렸다. 알고 보니 '성조기'는 '영국[英吉利]'을 벗어나 새로 성립된 나라인 '아메리카 연방[亞墨理駕總郡]'의 것인데, 이 나라가 생기게 된 것은 '워싱턴[華盛屯]'의 공로라는 것이다.

　　온 나라를 뒤흔든 이 군자는 워싱턴이라고 한다. 이 영웅은 요(堯)·순(舜)의 덕을 가지고 나라의 군사를 이끌어 적을 무찌르고 국민들이 화목할 수 있도록 최선을 다해 백성들을 구하고자 하였다고 알려주었다.
　　教授振擧國者之君子, 稱華盛屯, 此英傑懷堯, 舜之德, 領國兵攻敵, 令國民雍睦, 盡心竭力, 致救其民也.

　　워싱턴은 또한 그 공적을 자신이 차지하지 않고, "나라를 구하고 백성들을 해방시킨 후에도 권력을 잡지 않고 조용히 고향으로 돌아가 생활하였다[自從拯援國釋放民者, 不弄權而歸莊安生矣]"고 하여 확실한 영웅호걸의 이미지를 갖추고 있었다.
　　요·순은 중국 전통의 정치논설에서 줄곧 널리 추앙받는 성군(聖君)이다. 워싱턴의 이미지가 중국에 전해진 후 그는 성군인 요·순과 같이 거론되었으며, '요·순의 덕(德)을 가진' 인물로 비유되었다. 이렇듯 훌륭한 이미지의 기본적인 틀은 시종 불변하였으며, 이후 많은 정보들은 그의 훌륭한 이미지를 더욱 풍부하게 하였다.
　　얼마 후 1838년 출판된 『동서양고매월통기전』에서는 전적으로 워싱턴의 언행을 소개하는 글 「화성돈언행최략(華盛頓言行最略)」이 게재되었다. 이 글은 워싱턴을 '화성돈(華盛頓)'으로 번역한 최초의 시도였으며, 중국어권에서 처음 전문적으로 워싱턴을 소개하여 그의 삶에 대한 이해를 넓힌 글이었다. 이 글에서는 비록 워싱턴을 요·순과 같은 '성군'으로 비유하시는 않았지만, 워싱턴의 품격과 정치적 재능을 매우 높이 평가했다. 즉 "세상을 구제하고 풍부한 경륜을 갖춘 인재이며, 너그러운 사랑과 맑은 덕을 두루 베푼다[經綸濟世之才, 寬仁淸德遍施]"라고 그를 칭찬하였다. 또한 "충의(忠義)를 두루 갖춘 열사[忠義雙全之烈士]"로서 그와 비견할 사람이 없기 때문에 "워싱턴은 홀로 우뚝 서 비할 자가 없다[華盛頓獨立無比]"라고 하였다. 나아가 "가장 용기 있고 강하며[最有膽量, 雄烈過人]", "위험을 무릅쓰고 생명을 돌보지 않는다[赴湯蹈火, 不顧生命]"라고 하였다. 따라서 더 이상 영국의 '폭군' 통치를 견딜 수 없게 된 미국 사람들은 워싱턴이 "처음에는 분발하고 후반에 더욱 노력하며, 뜻을 끝까지 견지한다. 단호하게 일을 처리하며, 모습은 위엄 있고, 성품은 굳세며 올바르고 정직하다. 그는 나라를 위해 해로운 것을 제거하는 데 목숨도 기꺼이 바치고자 한다[奮於始而尤勵於終, 執志不錯, 辦事決斷, 面貌威嚴, 剛健中正, 甚願爲國除害, 雖死無怨焉]"라는 것을 알고 만장일치로 그를 '대원수(大元帥)'로 추대하였다. 그리고 영국에 대항하여 군사를 통솔하게 하였다. 미국 독립의 대업이 완수되자, 워싱턴은 곧바로 "고향으로 돌아가 조용히 농사를 지었으며, 정치에 관여하지 않았다. 비록 그의 세력이 세상을 뒤흔들 정도였지만, 권력을 장악하여 마음대로 하지 않았다[歸田安業, 而不干於政事, 雖勢浩大, 威震天下, 不弄權在掌握之中, 爲所得爲]." 그럼에도 불구하고 '백성[良民]'들은 모두 그가 "큰 뜻을 품고 훌륭한 계책을 가지고 있었기 때문에 나라의 원수로 세웠다[胸懷大志, 腹有良謀, 故立之爲國首領主]"고 하였다. 그러므로 그 역시 온 힘을 다해 나라를 다스렸으며, "백성의 소리를 기쁘게 듣고[悅聽民之聲]" "나라를 훌륭하게 다스렸다[治國如運於掌]"라고 하였다. 따라서 백성들은 "모두 그 덕분에 안정되었고[均藉福庇安康]", 그에 대한 '은덕(恩德)'을 감사하며 잊지 않았다. 그리고 워싱턴 자신은 더욱 "명성이 드높아져 후세에까지 전해졌다[名聲高著, 流芳百世]"라고 하였다.

귀츨라프가 주관하여 편찬한 『동서양고매월통기전』은 중국인들이 워싱턴을 알게 된 출발점이었다. 이 잡지를 통해 사람들은 비로소 워싱턴이 미국을 이끌어 영국의 통치에서 벗어나게 한 군사 지도자이며, 미국 최초의 통치자라는 것을 알게 되었다. 아울러 그가 인품과 덕성이 고상하고 공적을 자신이 독점하지 않았으며, 심지어 중국의 성군인

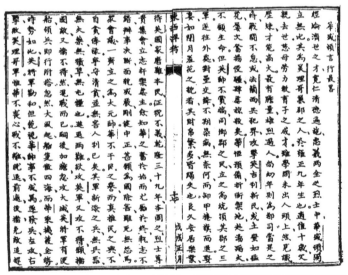

『동서양고매월통기전(東西洋考每月統記傳)』, 「화성돈언행최략(華盛頓言行最略)」

요·순과 같이 거론되는 인물이라는 것을 알게 되었다.

1830년대 말에 과연 어떤 사람들이 『동서양고매월통기전』을 읽었는지 현재 파악하기는 어렵다. 예컨대 양정남(梁廷枏)의 『합성국설(合省國說)』에서 일찍이 1834년 출판된 『동서양고매월통기전』의 문장을 인용한 석이 있으며, 위원(魏源)의 『해국도지(海國圖志)』에서도 여러 차례 『동서양고매월통기전』의 세계 지리 관련 문장을 인용한 바 있다. 통계에 따르면, 전체 『동서양고매월통기전』에 게재된 세계 지리 관련 문장 총 35편 중 『해국도지』 100권 속에 인용된 문장은 18편에 이른다고 한다. 이를 통해 양정남과 위원 모두 일찍이 이 잡지를 읽었다는 사실을 알 수 있다. 그러나 이들은 『동서양고매월통기전』의 워싱턴 행적 관련 문장을 인용하지 않았는데, 이것은 아마도 그들이 전체 『동서양고매월통기전』을 볼 기회가 없었기 때문일 것이다. 따라서 『동서양고매월통기전』 중 워싱턴을 묘사한 글이 어떠한 반향을 불러일으켰는지는 사실 알 수가 없다. 그러나 전체적인 정황으로 볼 때, 임칙서(林則徐) 개인이 수집한 자료나 『동서양고매월통기전』은 모두 같은 경향을 보인다.

즉 워싱턴이 중국인에게 알려지기 시작하던 시기부터, 그는 바로 숭고한 명예를 지닌 미국의 모범 인물이었던 것이다.

정부 공문서 속의 워싱턴

비슷한 시기의 다른 예를 들어보자. 미국 정부의 공문서에서도 워싱턴의 모범적인 이미지를 전달하고자 한 정황이 드러난다. 태평양을 건너 대청제국(大淸帝國)에서 『오구무역장정(五口貿易章程)』을 체결한 미국 특명 전권대사 쿠싱(顧聖, Caleb Cushing, 1800~1879)은 1844년 대리 양광(兩廣)총독 정율변(程矞采, 1783~1858)에게 보낸 외교각서에 『아미리가회방국기략(亞美理駕會邦國記略)』을 첨부하였다. 이것은 미국 역사를 올바로 알리고 '와전'되는 것을 방지하기 위함이었다. 이 글은 나라의 "권위를 대신하고 정권을 가진 자를 '프레지던트(President)'라고 부른다[攝理威權操持國柄者, 稱爲庇里西恬地]"라고 하였다. 또한 '워싱턴'이란 인물이 최초로 이 직책을 맡았는데, 그는 "위대한 장군이며, 지혜와 모략이 뛰어난 훌륭한 사람[大戰將, 極有智慧謀略之善人]"이라고 칭찬하였다. 이 나라는 "그의 지혜로 세워졌으며, 모든 법률 제정 또한 그로 인해 굳건해졌다[因其智而得立, 即所有之制法, 亦藉以堅穩]"라고 하면서 그의 공로를 존숭하기 위해 수도 역시 '워싱턴'으로 불렀다고 하였다. 고위층 관리인 정율변이 이러한 정보에 대해 어떠한 반응을 보였는지 알 수는 없지만, 이를 통해 워싱턴의 이미지가 다양한 경로로 중국인들에게 전해졌다는 사실을 알 수 있다.

중국인의 세계 및 미국 정세 이해가 심화되면서 워싱턴의 모범적 이미지는 점차 확산되어 사람들의 각종 상상을 연달아 자극하였다.

미국 정치체제의 특성

'지식 창고'에 내포된 지식은 미국 전체 상황에 대한 소개를 아우르고 있으며, 기본적으로 미국이 독립국가의 길을 가게 된 정보 또한 포함하고 있었다. 종합하면 그것들은 중국인이 미국의 역사·정치·문화 등 다양한 분야를 알고 이해하는 '지식 창고'를 구성했다는 것이다.

중국인들은 이 '지식 창고'를 통해 미국 정치제도의 기본 형식을 알 수 있었다. 예컨대 미국의 '원수'는 '선거'라는 과정을 통해 탄생하고 임기 제한이 있으며, 완비된 법률이 있어 지방정부에서 중앙정부에 이르기까지 일률적으로 준수되고 있다는 등등의 것이다.

물론 '지식 창고'가 아우르는 지식 내용에서 오류가 없을 수는 없다. 예컨대 양정남(梁廷枏)은 워싱턴이 대통령 임기 만료 후 "비록 추대하는 사람이 많았지만[雖戴之者衆]" 사퇴해야 했던 이유를 다음과 같이 설명했다.

> 관례에 저촉되기 때문에 부득이 애덤스를 선택하여 그가 승계하도록 하였다.
> 格於成例, 不得已, 乃擇阿丹繼之.

주지하듯이 미국 『헌법』에는 대통령 임기 제한 조항(현재는 제22조 수정안에서 제한하고 있음)이 없다. 워싱턴이 재연임을 거절하여 대통령 임기가 연임인 8년으로 '관례'가 된 것은 결코 "관례에 저촉됨[格於成例]"을 고려해서 만들어진 것이 아니다. 양정남은 또한 '부득이'라는 말을 붙였는데, 이것은 미국의 '국례(國例)'(즉 미국 『헌법』)를 '오해'한 것이 분명하다.

서계여(徐繼畬)가 설명한 미국 정치체제에도 상당한 오류가 있다. 예컨대 그는 미국 대통령 선출 방식에 대해 설명하면서, 대통령은 각 주(州)의 '정통령(正統領)' 중 이 직책을 맡을 수 있는 사람이 추대되어 '총통령(總統領)'[1]으로 선출된다고 생각하였다(미국 대통령은 국민투표[간접선거]를 통해 선출되는 것이지, 각 주의 통령(統領)들이 그들 중 한 명의 통령을 선출하는 것이 아님).

어쨌든 '지식 창고'를 통해 중국인들은 미국 민주주의 체제의 기본 내용 및 지식을 얻을 수 있었으며, 워싱턴에 관한 정보 또한 이를 통해 널리 전파되었다.

'지식 창고' 속의 저서들은 모두 미국 민주주의 체제가 세계사에서 차지하고 있는 독특한 위상과 모범적인 의미를 높이 평가하였다. 예컨대 『사주지(四洲志)』에서는 미국(원문은 '育奈士迭[United State]'라고 번역)이 "갑자기 부강한 나라[遽成富強之國]"가 된 것은 당연히 "백성의 근면함[部民之勤奮]" 때문이기도 하지만, 무엇보다 정치체제 덕분이라고 하였다. 따라서 미국은 "국왕을 세우지 않고[不立國王]" "오직 총령(總領)만을 세운[僅設總領]" 나라이지만, "국정(國政)은 여론에 따르고 말한 것은 반드시 시행하며, 해로운 것은 반드시 위로 전달하고 일은 간단하고 빠르게 처리하며, 금지할 것을 명령하여 현명한 임금이 통치하는 것과 다르지 않다[國政操之輿論, 所言必施行, 有害必上聞, 事簡政速, 令行禁止, 與賢辟所治無異]"라고 하였다. 그러므로 전통적인 중국의 정치체제와 비교할 때, 미국의 제도는 "봉건, 군현, 관가(官家)의 구도를 바꾸어 스스로 세계를 만든 것[變封建, 郡縣, 官家之局, 而自成世界者]"이기

---

1 슝웨즈(熊月之)의 고증에 따르면, 19세기 '프레지던트'에 대한 중국어 번역은 모두 9종류가 있었다. ① 頭人(1817년 蔣攸銛) ② 總理(1819년 麥都思) ③ 國主(1838년 郭實臘, 蔣敦復) ④ 酋, 大酋, 酋長 ⑤ 邦長(洪仁玕) ⑥ 統領, 總統領, 大統領, 總統(이러한 호칭은 브리지먼, 梁廷楠, 徐繼畬, 馮桂芬, 王韜 등 아편전쟁 이전부터 1870년대까지 많이 사용되었음) ⑦ 皇帝, 國君, 國皇 ⑧ 民主 ⑨ 음역한 伯勒格斯, 伯理喜頓, 伯理璽天德 등이 있다. 熊月之, 「晚淸幾個政治詞彙的翻譯與 使用」, 『史林』, 1999年 1期(역주).

때문에 중국 전통의 '봉건, 군현, 관가'의 경계를 넘어 독특하면서 높이 평가할 만한 제도라고 암시하였다.

서계여도 마찬가지로 "역사적으로 유래 없는 시대를 열었다"며 미국의 제도를 칭찬하였다.

> 미합중국은 국가로서 영토가 매우 넓지만, 왕과 제후의 칭호를 만들어 세습하는 제도를 따르지 않고 그 자리를 백성들의 뜻에 맡겼다. 이로써 역사적으로 유래 없는 시대를 열었으니 이 얼마나 놀라운 일인가! 서양의 고금 인물 중에 워싱턴을 으뜸이라고 하지 않을 수 있는가!
>
> 米利堅合衆國以爲國, 幅員萬里, 不設王侯之號, 不循世及之規, 公器付之公論, 創古今未有之局, 一何奇也! 泰西古今人物, 能不以 華盛頓爲稱首哉!

이러한 찬탄에는 세 가지 요점이 있다. (1) 왕과 제후의 칭호를 만들지 않음, (2) 세습하는 제도를 따르지 않음, (3) 그 자리를 백성의 뜻에 맡김이다. 서계여는 이렇듯 "매우 놀라운" 제도를 창설한 공로를 "서양의 고금 인물" 중에서 단연 "으뜸"이 될 만한 "워싱턴"에게 돌리고 있다. 따라서 그는 워싱턴에 대해 다른 사람들보다 더욱 높은 평가를 하였다(상세한 것은 후반부 참고).

위원(魏源) 또한 미국의 정치체제에 대해 찬양을 아끼지 않았다. 그는 미국이 "뿔뿔이 흩어진 27개 부락, 뿔뿔이 흩어진 수십만 명의 백성"으로 구성된 국가이며, 지도자는 "함께 뽑아[公擧]" 탄생한다고 하였다. 그 지위는 "자손에게 물려주지 않을[不世及]" 뿐만 아니라, 심지어 후임자를 다른 사람에게 맡기도록 "4년이 되기 전에 곧 그 자리를 넘겨준다[不四載即受代]"라고 하여 "기존의 국가기관의 형세를 크게 바꾼[一變古今官家之局]" 제도라고 하였다. 그러나 이러한 제도에서 "민심이 하나가 되고 화합하여[人心翕然] 큰 혼란이 없다는 것은 실로 '공(公)'에 합당한 이상적인 제도가 아닐 수 없다고 하였다. 아울러 미국이 실시하는 제도는 "의사 및 소송 심의[議事聽訟]"나 "관리의 등용[選官擧賢]"도 귀족의 뜻이 아닌 "모두 백성으로부터 시작한[皆自下始]" 것이며, "다수[衆]"의 의견에 따른다고 하였다. 또한 "다수가 찬성하면 허용하고 반대하면 불허하며, 다수가 좋아하면 받아들이고 싫어하면 거부한다[衆可可之, 衆否否之, 衆好好之, 衆惡惡之]"라고 하여 모든 정책의 결정은 대다수 백성들의 결정에 따른다고 하였다. 게다가 "아래에서 먼저 논의하는 자들 역시 이미 백성들에 의해 선출된 자[在下預議之人, 亦先由公擧]"이므로 매우 주도면밀한 제도라고 하였다.

미국의 정치제도에 대해 최고의 찬탄을 한 사람은 양정남이다. 그는 "육합내외(六合內外)"라는 무한한 천지를 범주로 삼아 "중국으로부터 저 멀리 있는 나라에 이르기까지[中華以迄夫海隅出日之鄕]" 그리고 "땅끝 외딴섬이나 유목민 부락에서도 사람들은 한 나라의 형태에서

위원(魏源)

생활한다[居國行國, 窮涯僻島, 氈帳部落]"면서 인간 사회에는 필연적으로 '군주'가 존재하여 만민을 다스리며 "상벌과 금지령[賞罰禁令]"을 내리는 권력을 가진다고 말하였다. 비록 정치권력의 계승 방식에는 "선양·계승·추대·찬탈[禪·繼·擧·奪]" 등의 차이가 있지만, "임금이 위에서 다스리고 백성이 아래에서 듣는[君治於上, 民聽於下]" 상황은 같다고 하였다. 그러나 양정남에게 있어서 미국(米利堅이라고 칭함)이라는 체제는 새로운 형식을 창조한 것이었으며, "건국 이래, 무릇 나라의 상벌과 금지령은 모두 백성들이 결의한 후 사람을 뽑아 지키게 하였다[立國以來, 凡一國之賞罰禁令, 咸於民定其議, 而後擇人以守之]" 즉 미국은 "통령이 있기 전에 먼저 국법이 있었다[未有統領, 先有國法]."라면서 '법'이 "여론[民心之公]"을 나타내는 것이기 때문에 먼저 '국법'을 세워 이로써 국가의 통치자를 결정하는 방식은 매우 높이 평가할 만하다는 것이다. 또한 실제적인 측면으로 말하자면, 미국의 '통령' 탄생 방식은 중국 전통의 "백성들로부터 보고, 듣는[視, 聽自民]" 이상(理想)이 어떻게 이루어지는가를 보여준다고 하였다. 즉 어떠한 인물이 통령을 맡더라도 모두 백성이 선출한 것으로 "선출 및 파면은 모두 백성에 의한다[其擧其退, 一公之民]"면서 '통령'은 "연수의 제한에 따라 바뀌어[限年而易]" 임기가 차면 "조심스럽게 물러나야[鞠躬下臺]" 하며, 절대로 "독점하여 물러나지 않으면 안 된다[不能據而不退]"라고 하였다. 아무리 가장 이상적인 인물이고 정치적 업적이 탁월할지라도 역시 "사람에 따라 법이 바뀐 적은 없다[未嘗以人變法]"면서 '통령'을 맡은 사람은 그의 직책과 권력이 모두 한시적이라고 하였다. 따라서 "오직 그 법을 힘써 지키며, 짧은 4년 동안 전력을 다하기 때문에 퇴임 이후의 생각은 미처 하지도 못한다[惟有力守其法, 於瞬四年之中, 殫精竭神, 求足以生去後之思]"

라고 보았다. 그러나 반대로 그가 성실하게 '통령'의 역할을 해내지 못하거나 "탐욕스럽고 포악하며[貪侈凶暴]", 공적인 이름을 빌려 개인적인 욕심을 채우게 되면 "백성들에게 성토할 만한 구실을 주어[貽其民以口實]" 반드시 역사에 오명과 악평만을 남기게 될 것이라고 하였다. 종합해보면 양정남은 미국 정치제도에 대한 전반적인 이해가 있었음을 알 수 있다. 그는 심지어 '통령'이 "연수의 제한에 따라 바뀌기" 때문에 "탐욕스럽고 포악한 것"을 막을 수 있다고 분석하였다. 따라서 당시 미국 정치체제에 대한 중국 지식인들의 이론적 이해에서 양정남은 타의 추종을 불허하고 최고의 성과를 거두었다고 평가할 수 있다.

앞에서 거론한 찬양의 말들을 정리해보면, '공(公)'과 '관천하(官天下)'라는 두 가지 공통된 관점·어휘를 볼 수 있다. 이것은 모두 중국 지식인들에게 낯설지 않은 관점 및 어휘이다. 중국 전통의 사유세계에서는 일찍부터 '공(公)' 자가 나타내는 이상적인 '대동(大同)'의 경지가 널리 받아들여져 있었다. 많은 사람들이 『예기(禮記)』의 "큰 도가 행해지면 천하가 만민의 것이 된다[大道之行也, 天下爲公]"를 칭송하였으며, '공(公)'의 관념 또한 역사적으로 제창되어왔다. 중국인들의 '역사적 경험'의 세계에서 "어진 자를 들어 선양²하는[擧賢禪讓]" 이야기는 일찍이 전국시대부터 신화처럼 기술되어왔다. 또한 '정통(正統)' 역사서에서 '관천하(官天下)'라는 어휘는 『한서(漢書)』 본문과 『사기(史記)』의 '정의(正義)'와 '색인(索隱)'에서 등장한 바 있는데, 그 의미는 백성들의 호응을 얻어 모두의 추천으로 탄생한 통치자가 그 자리를 자신의 자손이 아닌

---

2 왕이 살아 있으면서 자격 있는 후계자에게 양위하는 유가의 이상적인 정권 교체 개념(역주).

능력 있는 자에게 전해주는 '공(公)'의 표현이다. 따라서 중국 지식인들이 '공'과 '관천하'라는 두 가지 관점 및 어휘로 미국의 정치제도를 찬양하는 것은 과거의 '역사적 경험'과 정치제도 관련 신지식을 무리하여 비교한 결과라고 할 수 있다. 중국 지식인들은 미국의 제도를 정치 영역의 궁극적인 이상 실현이라고 생각하였다. 또한 미국의 제도가 이러한 성과를 거두게 된 원인을 '워싱턴'과 같은 '이국의 요순[異國堯舜]' 때문이라고 결론 내리기도 하였다. 워싱턴 개인의 긍정적인 이미지는 이렇듯 아름다운 정치 이상과 결합되었던 것이다.

제2장

'워싱턴 신화'의 형성과 복제

1837년에 출판된 『동서양고매월통기전(東西洋考每月統記傳)』은 중국인들이 처음으로 워싱턴을 알게 된 출발점이라고 할 수 있다. 당시 워싱턴은 이미 중국의 '성군(聖君)'인 요(堯)·순(舜)의 이미지로 묘사되었다. 이후 '지식 창고'에 축적된 많은 정보와 지식들은 날로 다양해져, 좀 더 명확하게 그의 긍정적인 이미지를 조형할 수 있게 되었으며, 이로써 오랫동안 전해질 '워싱턴 신화'를 만들어냈다.

'국부' 워싱턴

워싱턴의 긍정적인 이미지는 오래전부터 중국인들에 의해 묘사되어 왔다. 예컨대 양정남(梁廷枏)은 『합성국설(合省國說)』에서 워싱턴의 인품과 덕성에 대해 "사람들을 대함에 공정하기를 맹세하고, 권위를 행사하지 않고, 수고로움을 마다하지 않는다[爲人公正自矢, 不事威福, 不辭勞瘁]"라고 묘사하였으며, 워싱턴이 사임한 후 "항상 휴일에도 관리들을 이끌고 농민들과 함께 경작하기를 힘썼다[常以暇日率官紳人士與農並力耕作]" 하여 많은 이들의 존경을 받아 "백성들에게 미담으로 전해졌다[國中人傳爲美談]"라고 하였다. 그러므로 그가 죽은 후 모든 미국인들은 그를 그리워하여 "그가 나라를 지킨 공로를 생각하며, 국부(國父)

로 존경하였다. 지금에 이르러서도 이러한 그리움이 남아 있는 듯하다
[思其保障功, 群尊之曰國父. 至今言之, 若有餘思焉]"라고 그는 말한다. 한
편 앞의 설명 중 워싱턴이 죽은 후 "백성들이 국부로 존경하였다[群尊
之曰國父]"라고 하였는데, 이러한 어휘와 개념은 중국어권에서는 전혀
사용하지 않던 것이었다. 그 기원을 찾아보면 브리지먼의 『미리가합성
국지략(美理哥合省國志略)』에서 최초로 워싱턴을 미국의 국부라고 칭한
것이 있다. 그 원문은 다음과 같다.

　　가경(嘉慶) 5년에 워싱턴이 죽자, 미국 사람들은 그를 국부로 칭하였
다. 이것은 그가 나라에 큰 공로가 있었기 때문이다.
　　嘉慶五年間, 華盛頓卒, 國人呼之曰國父, 以其有大勳勞於國故
也.

브리지먼의 『미리가합성국지략(美理哥合省國志略)』

『합성국설』에서 여러 차례 『미리가합성국지략』이 인용된 것으로 볼때, 미국인들이 워싱턴을 존경하여 '국부'라고 칭했다는 양정남의 주장은 마땅히 브리지먼의 노력에 기초한 것이라고 할 수 있다. 아울러 『미리가합성국지략』의 이 구절은 『해국도지(海國圖志)』에도 인용되었다. 이후 미국 선교사 셰필드가 엮은 『만국통감(萬國通鑑)』에서는 비록 워싱턴을 '와성탄(洼性呑)'이라고 불렀지만, 그 역시 워싱턴이 죽은 뒤 "마치 아버지를 잃은 듯 온 백성이 슬퍼하고 오늘에 이르러서도 여전히 국부로 칭송한다[通國悲哀, 如喪其父, 至今美民猶稱之爲國父也]"라고 기술하였다. 이때부터 워싱턴은 '국부'의 위상으로 중국인들의 지식 세계에 들어오게 된 것이다.

『영환지략』이 만든 '상상' 공간

양정남의 『합성국설』과 비교해볼 때, 서계여(徐繼畬)의 『영환지략(瀛環志略)』은 그 기술과 평가에 있어 가히 상상력의 극치라고 말할 수 있다. 그는 워싱턴이 "나라를 안정시킨[旣定國]" 이후 군복을 벗고 고향으로 돌아갔으나, "백성들은 그를 놓아주지 않고 나라의 주인으로 열렬히 추대하였다[衆不肯捨, 堅推立爲國主]"라고 한다. 이에 워싱턴은 "백성들과 의논하여 말하기를[乃與衆議曰]"

"나라를 얻어 자기 자손에게 물려주는 것은 사사로운 것이다. 국민들을 다스리는 책임은 마땅히 덕이 있는 사람을 택하여 맡겨야 한다"라고 말하고, 곧 각 지역[部]의 옛 형태에 따라 각기 나라를 만들었다.

"得國而傳子孫, 是私也. 牧民之任, 宜擇有德者爲之." 仍各部之
舊, 分建爲國.

당시 '지식 창고' 속의 기술과 비교해볼 때, 백성들이 그를 떠나보
내기 아쉬워하고 그를 적극적으로 "나라의 주인[國主]"으로 추대한
것, 그리고 워싱턴이 "백성들과 의논하여 말한[乃與衆議曰]"것은 예전
에 볼 수 없었던 내용이다. 서계여가 시간의 터널을 건너 당시 상황을
직접 볼 수는 없기 때문에, 이러한 역사적 장면은 그가 '창조'한 것임
이 분명하다.

예컨대 브리지먼의 『미리가합성국지략』을 보자. 워싱턴은 독립전
쟁 이후 "고향으로 돌아가고자[亦歸田里矣]" 하였으나, 백성들은 "나라
가 안정되고 백성이 안정되려면 지도자를 세워 국법을 만들어야 한다
[國泰民安, 必須立首領, 設國法]"라고 말했다. 이에 "필라델피아[費拉地
費]"에서 회의를 열어 '국법'을 제정하고 워싱턴을 국가의 "지도자[首
領]"로 선출했다고 하였다. 오늘날 우리의 인식으로 말하자면, 미국
독립 이후 1787년 5월 14일~9월 17일 필라델피아에서 제헌회의(The
Constitutional Convention)가 열렸다. 회의에서 제정된 헌법은 각 주의 비
준을 거친 후 대통령 선거가 시작되었고, 이에 백성들이 바라던 워싱
턴이 1789년 초대 대통령으로 당선되었다는 것이다. 따라서 『미리가
합성국지략』의 기술은 기본적으로 사실에 가깝다. 이 밖에 위원(魏源)
의 『해국도지』 등도 이 제헌회의 개최를 언급하며 워싱턴이 이 회의 이
후 대통령에 당선되었다고 하였다. 이렇게 볼 때 서계여는 비록 워싱
턴이 "나라를 얻었지만, 자기 자손에게 전하는[得國而傳子孫]" '사(私)'적
인 욕심이 없는 모습을 생동감 있게 부각시켰지만, 본래의 역사적 상

황과는 매우 '동떨어진' 묘사를 했다고 할 수 있다.

서계여의 사상 세계에서 볼 때, 그가 이토록 '동떨어진' 기술을 한 것은 사실 그가 워싱턴을 지극히 존중했던 것을 반증한다. 그는 "서양 고금 인물 중에 워싱턴을 으뜸이라고 하지 않을 수 있겠는가!"라고 하며, "역사적으로 유래 없는 시대를 연" 미국의 정치제도를 오로지 워싱턴의 공로로 보았다. 그러므로 서계여는 다음과 같이 워싱턴을 칭송하였다.

> 워싱턴은 위대한 사람이다. 일을 도모하는 것은 진승(陳勝)과 오광(吳廣)보다 용감하고, 할거는 조조(曹操)와 유비(劉備)보다 대담하다. 이미 3척의 검을 뽑아 국토의 몇 만 리를 개척하고 제왕의 자리와 칭호를 만들지 않았으며, 자기 자손에게 물려주지 않고 추대하는 법을 만들었으니, 천하가 만민의 것이 되는 삼대[3]의 위대한 뜻에 가깝다.
> 華盛頓, 異人也. 起事勇於勝、廣, 割據雄於曹、劉. 旣已提三尺劍, 開疆萬里, 乃不僭位號, 不傳子孫, 而創爲推擧之法, 幾於天下爲公, 駸駸乎三代之遺意.

이러한 서계여의 설명은 그가 중국인에게 익숙한 역사적 실례로 워싱턴을 비유한 것임을 알 수 있다. 그는 "3척의 검을 뽑아 국토의 몇 만 리를 개척하고" 미국의 독립전쟁을 이끈 워싱턴이 진(秦)나라 말기에 민중 봉기를 주도한 진승, 오광보다 더욱 용감한 일이라고 생각했

---

3 삼대(三代)는 하(夏)·은(殷)·주(周) 왕조를 뜻하는 말로, 당우(唐虞), 즉 요(堯)·순(舜) 시대와 더불어 중국 역사 최고의 태평성대를 의미함(역주).

다. 또한 새로운 국가를 열어 대통령의 직책을 감당했기 때문에 동한(東漢) 말기 '할거(割據)'했던 조조나 유비보다 더욱 존경스러운 인물이라고 보았다. 게다가 워싱턴은 "제왕의 자리와 칭호를 만들지 않고, 자기 자손에게 물려주지 않으며, 선거법을 만들었다." 따라서 그의 행적은 "천하를 만민의 것으로 만들었으므로 삼대의 위대한 뜻에 가깝다"라고 하였다. 중국의 역사를 비추어 볼 때, 역사적으로 일을 '도모'하고 '할거'했던 인물은 헤아릴 수 없이 많다. 그들은 자신을 왕이라고 칭하지 않는 이가 없었으며, "세습하여[世及之规]" 천하를 자손에게 물려주고자 했다. 그러나 서계여의 칭송에서 나타나는 워싱턴의 행적은 전혀 다르다. 그는 스스로 왕이라고 칭하지 않았으며, 천하를 자신의 자손에게 물려줄 생각도 없었다. 오히려 "추대하는 법[推舉之法]"을 만들었으니, 그의 행위는 실로 "천하가 만민의 것이 됨[天下爲公]"과 "삼대의 위대한 뜻"이라는 이상에 가깝다. 서계여의 이러한 칭송의 기법은 중국인들에게 익숙한 '천하위공(天下爲公)'이라는 이상적인 경지와 훌륭한 '요 · 순 · 우의 이미지'를 취한 것으로서 독자들이 쉽게 받아들이고 이해할 수 있었다. 이같은 설명은 중국의 전통적 의식 세계에서 '성군' 관념이 천하의 법과 제도의 제정 기준임을 보여준다. 이 밖에도 워싱턴에 대한 그의 상찬은 미국 정치제도가 가지고 있는 이상적인 성격과 서로 호응을 이룬다고 할 수 있다. 이로써 서계여의 '상상'은 '워싱턴 신화'의 서막을 열었다.

서계여는 이러한 칭송으로 인해 미국 정부로부터 '감사'의 표시를 받았다. 미국 정부는 그에게 워싱턴 초상화 한 폭을 증정하였으며, 그의 저서『영환지략』중 "3척의 검을 뽑아 국토의 몇 만 리를 개척하고……"의 대목을 '워싱턴 기념탑(Washington Monument)' 10층에 새겨

서계여(徐繼畲)

주었다. 따라서 '워싱턴 기념탑'을 참관한 중국인들은 저절로 워싱턴을 찬양하게 되었다. 예를 들면, 1868년 총리아문(總理衙門)[4] 장경(章京)이며 기명해관도(記名海關道) 지강(志剛, 생몰년 미상)은 전임 대청제국 주재 미국 공사 벌링게임(蒲安臣, Anson Burlingame, 1820~1870)과 함께 중국과 여러 조약을 체결한 미국과 유럽 각국을 방문하였다. 지강과 동행했던 동문관(同文館) 학생 장더이(張德彝, 1847~1918)는 워싱턴에 도착하여 아직 미완성인 '워싱턴 기념탑[華盛頓碣]'을 보았다. 그 역시 워싱턴을 "그 나라의 영웅으로서 나라를 다스리고 안정시킨 공로

---

4 총리아문은 청 말기에 외국과의 교섭을 담당하던 관청이며, 장경은 총리아문의 책임자인 대신(大臣)을 보좌하던 관원이다. 능력이 뛰어난 장경은 대신의 천거[保奬]를 받아 해관도(海關道)가 될 수 있는 후보자, 즉 기명(記名)해관도가 되었다. 자세한 것은 이문걸의 「總理衙門總辦章京研究」(『史林』 2010年 5期) 참조(역주).

장더이(張德彝)

가 후손에게 전해질 만하다[彼中豪傑, 治國安邦, 堪垂後裔]"라며 "비석에 그 공로를 새기는 것이 마땅하다[勒石銘功, 亦其宜矣]"고 하였다. 그는 이러한 방식으로 워싱턴을 기념하는 것이 매우 당연한 일이라고 생각했던 것이다.

『영환지략』이 후세에 널리 읽히게 되면서, 이 책은 '지식 창고'에서 중요한 위치를 차지하게 되었다. 이후의 저술에서는 여러 차례 서계여의 논조를 복제하고 확장시켰으며, 지속적으로 '워싱턴 신화'를 칭송하였다. 결국 워싱턴의 '이국의 요순[異國堯舜]' 이미지가 만들어졌으며, 널리 전파되어 시종 바뀌지 않았다. 이렇듯 서계여는 워싱턴 이미지의 변화 과정 속에서 '가장 큰 역할을 했다'고 할 수 있다. 그는 워싱턴에 대한 무한한 상상 공간을 만들어낸 것이다.

『영환지략』속 '상상' 공간의 확장:
장돈복(蔣敦復) 글 속의 워싱턴

워싱턴이 "추대하는 법을 만들었다[創爲推擧之法]"라는 서계여의 '상상'에 대해 좀 더 살펴보자. 그는 워싱턴이 "나라를 얻어 자기 자손에게 물려주는 것은 사사로운 것이며, 백성들을 다스리는 책임은 마땅히 덕이 있는 사람을 택하여 맡겨야 한다[得國而傳子孫, 是私也. 牧民之任, 宜擇有德者爲之]"라고 하였다. 그는 워싱턴의 행위가 "천하가 만민의 것이 되는 삼대의 위대한 뜻에 가깝게[幾於天下爲公, 駸駸乎三代之遺意]" 실천하여 널리 영향을 미쳤다고 생각했다. 미국을 방문한 지강(志剛)이 워싱턴 묘지를 참관했을 때『영환지략』에 기술된 워싱턴의 행적이 떠올라 감회가 깊었던 것처럼, 서계여는 워싱턴이 단지 퇴역[退廢]한 군인[武職]이었지만, "백성의 마음이 분발하기를 생각하던 시기[人心思奮之時]"에 등장하여 미국 건국이라는 위대한 대업[數千里大業]을 완수했다고 말했다. 또한 "공을 세워 이름을 날린[功成名遂]" 후에도 권력과 지위에 연연하지 않고 "부귀공명에 빠지지 않고 물러났다[身退而不爲功名富貴所圍]"면서 그를 "진정한 시대의 영웅[固一世之雄也哉]"이라고 칭송하였다. 이렇듯 서계여의『영환지략』은 사람들이 워싱턴을 알고 상상할 수 있도록 사상적 기초를 마련해주었다. 그 뜻에 따라 얼마 후 중국 지식인들은 훌륭한 글 솜씨로 더욱 빈번히 세부적인 묘사를 더해갔다.

대략 1850년대 말부터 서계여의 '상상'을 잇는 사람들이 등장하기 시작했다. 한 인물은 일찍이 뮤어헤드를 도와『대영국지(大英國志)』를 번역한 장돈복(蔣敦復)이었다. 그는『해외양이전(海外兩異傳)』을 저술하여 카이사르(該撒, Julius Caesar, 100~44 B.C.)와 워싱턴의 삶을 심도 있고 세밀하게 그려내며 사론(史論) 기법을 활용하여 논평까지 덧붙였다. 특히 워싱턴이 미국 독립전쟁 종전 후 "망설임 없이 백성들과 작별하고 군복을 벗고 고향으로 돌아갔다[慨然辭衆, 謝兵柄, 歸田里]"며 생생하게 묘사하였다. 그러나 미국 "각 지역의 지도자, 여러 장교 및 병사, 그리고 백성들[各部酋長, 諸將校軍士, 百姓]"이 모두 모자를 벗어 공수(拱手)[5]하며 그에게 나아가 다음과 말했다고 한다.

대왕의 공덕이 드높으니 저희 신하들이 대왕을 우리나라의 주인으로 모시길 원합니다.
大王功德巍巍, 群臣願奉大王爲吾國主.

이에 워싱턴은 "군중에게 조령을 발표하여[大誥于衆]" 말했다.

나라를 자기 자손에게 물려주는 것은 사사로운 것이다. 중요한 지위를 오래 차지하는 것은 나라가 혼란해지는 원인이다.
有國而傳子孫, 私也, 權重而久居之, 亂之基也.

장돈복의 기술에 따르면, 워싱턴은 백성들의 요청을 거절하고 오히려 "제호(帝號)를 없애고 자기 자손에게 전하지 않으며, 나라의 권력을 평생토록 움켜쥐지 않아야 한다[罷帝號, 勿傳世, 勿終身執國柄]"라고 널리 선포하여 알렸다고 한다. 이에 "각기 주(州)를 세워[分建列邦]", 각

---

5 왼손을 오른손 위에 놓고 두 손으로 공경을 표하는 예(역주).

"주(州)[방(邦)]"의 백성들이 한 사람을 뽑아 그들을 다스리게 하고 "프레지던트[伯勒格斯]"라고 불렀다. 다시 "여러 프레지던트 가운데 한 사람을 대표 프레지던트로 선출하여[眾伯勒格斯中推擇一人爲大伯勒格斯]" 군사와 국정 관련 사안들을 결정하도록 하였다. 그러나 모든 정사(政事)를 "반드시 백성과 회의한 후 결정하여[必與眾會議乃成]" 한 사람이 "권력을 독점하지[獨占威福]" 못하도록 하였다. 더구나 "대표 프레지던트[大伯勒格斯]"는 임기 제한이 있어 "4년에 한 번 교체되며, 민중들이 만류하면 4년을 더 맡은 후 반드시 바뀐다[四載一易, 大眾請留, 更歷四載, 必易]." 즉 최대 8년만 역임할 수 있다고 하였다.

장돈복은 또한 워싱턴이 취임 후 "백성들과 휴식하며[思與民休息]", "폭력을 없애고 백성을 안정시키기[除暴安良]" 위한 칙령을 발표했다고 하였다.

이제부터는 만약 이익에 눈이 멀어 백성을 착취하고 해치는 사람은 백성과 더불어 용서하지 않고 처형한다.

繼自今以往, 如有貪利忘義, 削民膏, 殘民命者, 與吾民共誅殛之, 毋赦.

이때부터 미국은 "조화롭고 살기 좋으며, 풍속이 아름다워졌다[人和年豐, 化行俗美]." 따라서 이 모든 것을 훌륭하게 일궈낸 워싱턴은 당연히 명성이 드높았고, 그에 대한 미국인들의 "칭찬이 아직도 끊이지 않아[至今稱道弗衰]" 미국의 "수도[都城]"를 워싱턴으로 명명했다고 하였다.

물론 장돈복의 글 속에서 워싱턴의 성공은 '시대가 영웅을 만든다[時

勢造英雄'는 인상을 준다. 그것은 원래 영국의 후예였던 미국인(장돈복은 '아인(亞人)'이라고 칭했음)들이 "영국의 실책[英之失策]"으로 인해 "깊은 원한과 분노[積怒深怨]"를 품게 되었고, 이 때문에 영국에서 벗어나 독립하여 나라를 세웠다고 하며 영국의 실책을 비판했기 때문이다.

그렇지 않았다면 외진 골짜기의 병든 노인인 워싱턴은 그의 집에서 늙어 죽기만을 바랐을 것이다. 어찌 하늘을 뒤덮는 위대한 공로를 세워 그 시대에 명성을 남길 수 있었겠는가?

不如是, 華盛頓一窮谷病瘦, 得老死牖下爲幸, 烏能立蓋天之宏勳, 垂當世之大名乎哉.

이것은 장돈복이 워싱턴 이야기에 내린 결론이다. 서계여의 높은 평가와 비교해볼 때, 어느 정도 차이를 보인다. 이 밖에도 장돈복은 미국 대통령 선출 방식에 대해 "여러 프레지던트 가운데 한 사람을 대표 프레지던트로 추대한다"면서 "대표 프레지던트는 프레지던트의 자격을 갖추어야 한다"라고 하였다. 이것 역시 정확한 설명이 아니다. 이와 관련하여 그는 서계여와 같은 오류를 범하기는 하였지만, 각 주의 주지사를 '프레지던트[伯勒格斯]'라고 하고 대통령을 '대표 프레지던트[大伯勒格斯]'라고 칭한 것은 매우 기발한 생각이다(서계여는 '정통령(正統領)'과 '총통령(總統領)'이라고 하였음). 그는 특별히 '프레지던트'의 의미를 "군주와 백성이 함께 다스리는 것을 일컫는다[君民共政之稱]"라고 설명하였는데, 이것은 미국 정치체제에 대한 그의 인식이 서계여보다 다양하며 이론적인 색채가 강하다는 것을 보여준다(이와 관련된 장돈복 개인의 인식 토대는 여기서 자세히 설명하지 않겠음). 그는 워싱턴의 대통령직 수행 과정과 그 영향에 대해 새로운 견해를 보여주었다고 말할 수 있다.

　서계여의 '상상' 속에서 "나라를 얻어 자신의 자손에게 물려주는 것은 사사로운 것이다[得國而傳子孫, 是私也]"라고 했던 워싱턴의 '겸허함'은 장돈복의 뛰어난 글솜씨에 의해 더욱 구체화되었다. 이러한 '겸허함'이 바로 "각 지역의 지도자, 여러 장교 및 군사, 국민들[各部酋長, 諸將校軍士, 百姓]"로 하여금 한마음으로 "공덕이 매우 높은[功德巍巍]" 워싱턴을 "대왕(大王)"으로 추대한 원인이었기 때문이다. 장돈복은 미국 "백성들의 마음이 그에게 향한[萬民歸心]" 현장을 목격할 수는 없었지만, 서계여의 '상상'의 기술을 토대로 하여 심도 있고 세밀하게 묘사하였다. 마치 서계여의 '상상'이 확보한 '정확성'을 확장시킨 것처럼 말이다.

『영환지략』 속 '상상' 공간의 복제

　'지식 창고'에 내포된 미국과 워싱턴의 지식은 오랜 역사의 흐름 속에서 지속적으로 발전하였다. 그러나 이러한 관련 지식의 '양적' 증가가 '질적' 성장을 의미하지는 않는다. 많은 저술들은 사실 '지식 복제'의 방식으로 재생산되었다. 서계여의 글 속 '상상'의 서술은 지식 복제자들의 흔한 인용(조금 거칠게 말하면 '베끼기') 대상이 되었다.

　『영환지략』은 출판 이후 마치 '경전(經典)'처럼 여겨져 중국이나 외국 사람들 모두에게 높이 평가받았다. 영국 런던선교회 목사 뮤어헤드의 또 다른 저서 『지리전지(地理全志)』(1853~1854년 출판, 현재 전해지는 것은 1859년의 '화각본(和刻本)'인 일본 재판본임), 주극경(朱克敬, 생몰년 미상)의

『통상제국기(通商諸國記)』, 그리고 고후혼(顧厚焜, 생몰년 미상)의 『미국지리병요(美國地理兵要)』는 모두 이를 토대로 한 지식 복제의 결과물이다.

뮤어헤드의 『지리전지』는 1850~1860년대 선교사가 주관한 상하이 묵해서관(上海 墨海書館, London Missionary Society Press)의 중요한 출판물 중 하나이다. 일본에서 다시 인쇄된 점으로 볼 때, 이 서적의 영향은 중국에만 국한된 것이 아니었음을 알 수 있다. 이 책은 시대의 변천에 따라 내용이 보완되고 지속적으로 출판되어 '지식 창고' 중 세계 지리 및 역사 개황의 중요한 서적으로 꼽을 수 있다. 주극경의 『통상제국기』는 '여러 통상국가'의 정황을 소개하는 저서로, 이 책을 저술한 것은 강한 현실적 의도에서 기인한다. 그는 이 책을 통해 '뜻있는 자'들이 여러 통상국가들의 강성한 이유를 알아내어 "자신의 약점에 분개하고[憤我之弱]", 나아가 "미루어 자신에게 구하여[推求諸己]" "풍속과 민심[風俗人心]"을 변화시키길 원했다. 또한 집권 '권력자[有位者]'는 "정치 및 교육 관련 인재를 널리 구하여[博求諸政敎人才]" 개혁 방안이 "기계 및 선박과 차량[器械舟車]"의 영역에만 국한되지 않기를 바랐다. 고후혼의 『미국지리병요』는 그의 시찰보고서 중 하나인데(이 밖에 별도로 『파서지리병요(巴西地理兵要)』, 『파서정치고(巴西政治考)』 등의 저서가 있음), 그가 명을 받아 유람·시찰한 성과가 드러나 있다. 그러나 뮤어헤드·주극경·고후혼은 미국 관련 내용에서 모두 『영환지략』의 서술을 높이 평가하였다. 또한 각각 『영환지략』 중 "나라를 얻어 자기 자손에게 물려주는 것은 사사로운 것이다. 백성을 다스리는 책임은 마땅히 덕이 있는 사람을 택하여 맡겨야 한다[得國而傳子孫, 是私也. 牧民之任, 宜擇有德者爲之]"라는 워싱턴에 대한 묘사 부분을 약간 수정하거나 베꼈다. 이와 관련된 내용을 다음과 같이 표로 정리하였다.

저서	내용
『영환지략 (瀛環志略)』	워싱턴은 백성과 의논하여 말하였다. "나라를 얻어 자기 자손에게 물려주는 것은 사사로운 것이다. 백성을 다스리는 책임은 마땅히 덕이 있는 사람을 택하여 맡겨야 한다. 각 지역[部]의 옛 형태에 따라 각기 나라를 만들었다. 각 지역의 정통령(正統領)은 하나이다. ……각 부(部)의 정통령 중 한 명의 대통령을 추대하여 조약 및 전쟁 관련 사안을 주관하게 한다. 頓(華盛頓)乃與衆議曰：得國而傳子孫，是私也．牧民之任，宜擇有德者爲之．仍各部之舊，分建爲國．每國正統領一 …… 各國正統領中，又推一總統領，專主會盟戰伐之事……
『지리전지 (地理全志)』 (1859년판)	워싱턴은 국민들과 의논하여 말하였다. "나라를 얻어 자손에게 물려주는 것은 사사로운 것이다. 백성을 다스리는 책임은 마땅히 덕이 있는 사람을 택하여 맡겨야 한다. 각 지역[部]의 옛 형태에 따라 각기 지역[部]을 만들었다. 각 지역에는 정수령(正首領)이 하나이다. ……각 부(部)의 정수령 중 한 명의 대통령을 추대하여 여러 지역의 정사(政事)를 감독·관리하도록 한다. 頓(華盛頓)乃與衆議曰：得國而傳子孫，是私也．牧民之任，宜推有德者爲之．仍各部之舊，分違(建)爲部．每部一正首領 …… 各部之中又推一總統領，督管合部政事……
『통상제국기 (通商諸國記)』	워싱턴이 말하기를 "나라를 얻어 자기 자손에게 물려주는 것은 사사로운 것이다. 백성을 다스리는 지도자는 마땅히 덕이 있는 사람을 택하여 맡겨야 한다. 각 지역[部]의 옛 형태에 따라 각기 나라를 만들었다. 각 나라의 정통령(正統領)은 하나이다. ……또한 여러 통령(統領) 중 한 명을 맹주(盟主)로 추대하여 조약 및 전쟁 관련 사안을 주관하게 한다. 이것을 합중(合衆)이라고 한다. 華盛頓曰：得國而傳子孫，是私也．君以牧民，宜擇賢者爲之．仍各部之舊，分建爲國．每國正統領一 …… 又於衆統領中公推一人爲盟主，主會盟戰伐之事，號曰合衆……
『미국지리병요 (美國地理兵要)』	워싱턴은 나라가 안정되자 군복을 벗고 고향으로 돌아갔다. 백성이 강력하게 그를 국왕으로 추대하자, 그는 국민들과 의논하여 말하였다. "나라를 얻어 자기 자손에게 물려주는 것은 사사로운 것이다. 백성을 다스리는 책임은 마땅히 덕이 있는 사람을 추대하여 맡겨야 한다. 각 지역[部]의 옛 형태에 따라 각기 지역[部]를 만들었다. 각 지역에는 정수령(正首領) 한 명을 세운다. ……각 지역[部]에서 대통령을 추대하여 여러 지역[部]의 정사(政事)을 감독·관리하도록 한다. ……그러나 대통령을 추대하는 것은 모두 동부(東部)에서 한다. 서부(西部)에서는 참여하지 않는다. ……조약과 전쟁 관련 사안 및 관리의 승진·좌천 등은 대통령이 주관하며, 각 지역[部]은 모두 이 명령을 따른다. 頓(華盛頓)既定國謝兵權歸里．衆堅推立爲國王．頓乃與衆議曰：得國而傳子孫，是私也；牧民之任，宜推有德者爲之．仍各部之舊，分建爲部．每部設一正首領 …… 各部之中又推一總統領，督管合部政事 …… 但推擇總統領皆由東部，西部不與焉 …… 會盟戰伐之事、升遷調降，則推總統領爲主，各部皆聽命焉．

비교하여 살펴보면 이 저서들은 여전히『영환지략』의 워싱턴 '상상'을 계승하였으며, 미국 대통령 탄생 방식의 잘못된 서술도 계승하였다. 그러나『통상제국기』와『미국지리병요』는 상대적으로 늦게 나온 저서이기 때문에 비교적 새로운 정보를 제공해주었다. 예컨대 전자는 "여러 통령 중 한 사람을 맹주(盟主)로 추대하여……합중(合衆)이라고 한다[衆統領中公推一人爲盟主……號曰合衆]"라 한다. 후자는 미국 대통령을 선출할 때 "모두 동부(東部)에서 한다. 서부(西部)에서는 참여하지 않는다[皆由東部, 西部不與焉]"라고 하였는데, 이것은 모두『영환지략』에는 없던 내용이다. 한편 지속적인 증보판을 발행해온『지리전지』가 이후의 판본에서도 새로운 정보를 추가했는지는 여기에서 상술하지 않겠다(물론 그들이 제공한 정보가 모두 정확한 것은 아니며, 상세한 고증이 필요함).

이후 만청 시기의 미국과 관련된 다양한 저술에서,『영환지략』을 거리낌 없이 복제하거나 베끼는 일은 너무나 흔했다. 예컨대 '기려주인(杞盧主人)'이 편집한『시무통고(時務通考)』(1897년 출판)에서는 미국을 간략하게 설명하면서『영환지략』속의 워싱턴이 "백성과 의논하여 말한[乃與衆議曰……]" 내용과 미국 대통령의 선출 방식을 한 글자도 빠짐없이 옮겨왔다. 이러한 '표절[文抄公]' 행태는「미국연기(美國緣起)」와 같은 글에서도 볼 수 있다.「미국연기」는 미국 건국역사를 간명하게 기술한 글이다. 문체가 간결하며 내용 또한 완벽하지만, "형식만 바꾸고 내용은 바꾸지 않아[換湯不換藥]", 제목만 고치고『영환지략』의 내용을 그대로 베꼈다. 더욱 흥미로운 것은「미국연기」가『영환지략』보다 더 널리 전해졌다는 사실이다. 소지당(邵之棠, 생몰년 미상)이 편집한『황조경세문통편(皇朝經世文統編)』(1901년 출판)과 하량동(何良棟, 생몰년 미상)이 편집한 『황조경세문사편(皇朝經世文四編)』(1902년 출판)에 모두 「미국연기」가 수록되었다. '경세사상(經世思想)'은 만청 시기의 중요한 사조(思潮)이다. 당시 각종 '경세' 관련 글을 모은 다양한 『경세문편(經世文編)』이 잇따라 발행된 것은 이러한 사조의 구체적인 표현이었다. 그러나 「미국연기」와 같이 '표절' 저술노 『경세문편』에 수록된 것은 편집자의 독서 범위가 그다지 폭넓지 못하여 식견의 한계를 드러낸 것이라 말할 수 있다. 또한 이러한 저술이 수록된 것은 '경세사상'이라는 사조의 '사상적 독창성'의 한계라고 볼 수 있다. 그러나 시각을 바꿔보자. 비록 '표절'한 저술이거나 이러한 저술의 '사상적 독창성'이 부족했다 하더라도, 독자들이 문제를 인식하는 데 도움을 주고, 특정 나라의 정세를 알게 해준다면 '경세'의 현실적 효용에 부합한다고 할 수 있다. 따라서 이러한 저술은 『경세문편』에 수록될 수 있었으며, 이는 '경세사상'의 '실용적(pragmatic)' 또는 '공리적(utilitarian)' 색채를 중시했던 당대의 사상적 특징을 보여준다.

『영환지략』의 '지적 매력'은 20세기 초엽까지도 여전히 식지 않았다. 예컨대 당시 학계에서 명성이 높았던 학자 왕셴첸(王先謙, 1842~1917)은 '5대륙이 크게 왕래하는 세상[五洲大通之世]'에서 생활하지만, '연로하여[年力衰謝]' 전 세계를 주유하면서 '포부를 넓히는 것[開拓胸臆]'이 불가능하기 때문에 다양한 서적을 통해 '책으로 유람'[紙上臥遊]할 수밖에 없었다. 그러나 세계 지명이 중국어로 번역될 때 '역음(譯音)이 서로 달라' 동일한 지방임에도 불구하고 번역된 지명이 달랐다. '같은 지방을 가리키지만 명칭이 다른[譯音互殊]' 현상이 사람들을 곤혹스럽게 만들었던 것이다. 왕셴첸은 이에 발분하여 『오주지리지략(五洲地理志略)』(1910년 출판)을 엮어서 각종 서적의 기록을 정리·고증하여 통일된 번역명을 찾고 독자들을 위해 '세계 각지에 대한 고증[方隅之考求]'을 하였다. 이러한 그의 노력은 당시 '망망한 책의 바다[茫茫書海]'에서 헤매는 사람들에게 실용적인 세계지리도본(世界地理圖本)을 제공하기 위함이었다. 그러나 미국에 관한 내용에서는 그 역시 『영환지략』의 워싱턴이 "백성과 의논하여 말하였다……[乃與衆議曰……]"는 부분과 미국 대통령 선출 방식 부분을 한 자도 빠짐없이 그대로 옮겼다. 물론 그는 1848년 발행된 『영환지략』에서 볼 수 없는 새로운 정보―예컨대 워싱턴 주(州)가 1853년 비로소 미국의 한 주(州)가 된 사실―를 다른 자료를 통해 보충하기도 했다. 그러나 기본적으로 『영환지략』이 집필의 토대였다. 이러한 사실은 워싱턴과 미국 대통령 선출 방식에 대한 그의 지식 수준이 약 60년 전 서계여의 '상상' 범주에서 크게 벗어나지 못했음을 보여준다. 이에 반해 이 시기 '지식 창고'에는 워싱턴과 미국 대통령 선출 방식(혹은 미국의 정치체제) 관련 자료가 풍부하고 다양했다. 따라서 왕셴첸의 이러한 노력은 쓸모없는 '지식 노동'에 불과했던 것이다.

워싱턴의 이미지 메이킹에 대해 종합해 보면, 다른 저서들이 『영환지략』을 복제하거나 베꼈다는 것은 워싱턴에 대한 서계여의 '상상'이 '정확'하여 사람들의 공인(公認)을 받았으며, 시간이 흘렀음에도 도태되지 않았음을 보여준다. 따라서 서계여는 최초로 '워싱턴 신화'를 엮어냈을 뿐 아니라, 이러한 신화가 청말 지식인의 지식 세계에 확산되도록 한 인물이라고 말할 수 있다.

이역에서 온 '상상' 공간

물론 이러한 '지식 창고'에 포함된 미국 및 워싱턴 관련 지식들은 헤아릴 수 없이 많다. 또한 이러한 지식들이 모두 『영환지략』에만 의존한 것은 아니었다. 다만 서계여의 노력이 후세에 이르러 자주 복제되거나 베껴진 것처럼 당시 다른 자료의 관련 서술 또한 동일한 과정을 겪었다.

이역(異域)에서 온 선교사는 일반적으로 '지식 창고'를 구축하는 데 대단히 필수적인 '엔지니어'였다. 예컨대 브리지먼은 『해국도지』와 같은 서적이 자신의 『미리가합성국지략』을 인용하자 영광스럽게 생각했다. 그러나 『미리가합성국지략』의 원판이 유실되어 다시 찍어낼 수 없게 되었고, 독자들의 수요에 부응할 수 없게 되자 브리지먼은 이를 '증보 개정'한 『대미연방지략(大美聯邦志略)』(1861년 출판)을 펴냈다. 이로써 중국인들이 미국을 이해하는 '표준 독본' 중 하나라는 의미가 더욱 부각되었다(다만 이 책에서는 워싱턴을 미국의 국부(國父)라고 부르는 내용을 삭제하였음). 30여 년 이후에도 브리지먼의 노력은 변함없이 인정받았다. 예컨대 1897년 8월, 후난(湖南)에서 출판된 『상학신보(湘學新報)』는 이 책을 「사학서목제요(史學書目提要)」에 게재하였으며, 그 책은 당시 과거(科擧)라는 '출세의 길'을 통해 '세상에 이름을 떨치고자' 하는 일반 지식인들의 필독서가 되었다. 후난 학정(學政) 서인주(徐仁鑄, 1863~1909)는 1898년 보경부(寶慶府)에서 과거시험 문제를 출제하였다. 그는 '전고[掌故]' 문제 중 『연방지략(聯邦志略)』이라는 문제를 출제하였는데, 아마도 『대미연방지략』을 읽어보지 못한 응시자들은 눈이 휘둥그레졌을 것이다.

선교사들은 전문서적의 번역 및 편찬 외에 다양한 간행물을 창간하였다. 앞에서 말한 『하이관진(遐邇貫珍)』·『중외신문칠일록(中外新聞七日錄)』 및 『만국공보(萬國公報)』 등은 모두 상당한 주목을 받았으며, 어느 정도의 독자층을 가지고 있었다. 『하이관진』에서는 '워싱턴과 앵두나무' 이야기를 서술하면서 워싱턴을 "문(文)·무(武)의 재능을 겸비하였으며, 나라에 충성하여 진정으로 공(公)을 위해 사(私)를 버리고, 나라를 위해 가정을 버리는 자[才兼文武, 爲國效忠, 眞所謂公爾忘私, 國爾忘家者也]"라고 칭송하여 멋진 이미지를 그려냈다.

이역에서 온 선교사들은 외국의 정치·경제·사회 등 정책 관련 소개 글을 자주 썼는데, 이 글 중에서 워싱턴 관련 정보들이 제공되기도 했다. 예컨대 1870년대 말 화베이(華北) 지역 가뭄 피해 모금활동을 이끌어 중국인들에게 '양놈 어르신[鬼子大人]'으로 불린 영국 선교사 리처드(李提摩太, Timothy Richard, 1845~1919)는 서양 각국의 '세금 인상[加稅]'에 관한 논저인 「가세개지의(加稅開地議)」라는 글을 썼다. 이 글은 미국의 상황을 건국 초기의 정책부터 기술하여 어떻게 워싱턴이 "침착하고 용감하게 능력을 발휘하여 탁월하게 일어섰으며[奮起沈雄之才, 卓然崛起]", 춘추전국시대 초(楚)나라 약오(若敖)와 분모(蚡冒)의 "개국 초기 모진 고생을 하며 나라를 세우는[篳路藍縷, 以啓山林]" 기세처럼 영국과 "여러 해 치열한 전쟁[血戰多年]"을 벌여 미국의 독립적인 지위를 획득하였는지 자연스럽게 소개하였다. 또한 워싱턴이 "자체적으로 합중국의 법을 세우고[自立合衆之法]" 수년간 다스렸고, "땅이 넓고 인구가 많아져 여러 유럽 대국들과 필적할 기세[地廣人衆, 勢與歐羅巴諸大國抗衡]"가 되었다고 하였다. 이후 광시(廣西) 지역 순무(巡撫)로 임명된 왕지춘(王之春, 1842~?)은 대략 1879년 『국조유원기(國朝柔遠記)』(현재는 『청조유원기(淸朝柔遠記)』라는 이름으로 통용)를 편찬하였는데, 이는 대청제국의 건국부터 1874년까지 세계 각국과의 외교관계사를 편년체 방식으로 기술한 것이다. 이 책은 '중국과 서양의 상호 교역 및 교류와 관련된 일들[中西互市成和諸事]'을 사람들에게 제공하기 위한 실용도서라고 할 수 있다. 왕지춘(王之春)은 워싱턴이 독립전쟁을 이끄는 단락에서 리처드와 거의 일치된 서술을 하였다. 내용에는 워싱턴이 "침착하고 용감하게 능력을 발휘하여 탁월하게 일어섰다[奮起沈雄之才, 卓然崛起]"고 되어 있으며, 약오와 분모의 비유 또한 들었다. 아직까지는 리처드와 왕지춘 글의 '표절' 관계를 단언할 수 없지만, 이를 통해 워싱턴 관련 정보와 지식이 날로 풍부해지고 다양해지는 경향을 알 수 있다.

시야를 넓혀보면 '지식 창고'를 구축하는 '엔지니어' 역할의 일본인 또한 발견할 수 있다. 앞에서 말했듯이 '기려주인(杞廬主人)'이 편집한 『시무통고(時務通考)』와 주대문(朱大文)이 엮은 『만국정치예학전서(萬國政治藝學全書)』는 모두 일본인 오카모토 칸스케의 『만국사기(萬國史記)』에서 소재를 얻은 것이다. 같은 시기 왕석기(王錫祺, 1855~1913)가 펴낸 『소방호재여지총초(小方壺齋輿地叢鈔)』(1891년 출판되었으며, 『속편』 및 『증보편』은 각각 1894년, 1897년에 출판되었음) 역시 같은 경우인데, 이 책 제12질에 수록된 「미국기(美國記)」는 전혀 거리낌 없이 『만국사기』를 베낀 것이다.

일본에서 공급한 '지식 창고'의 구축 동력은 오카모토 칸스케에게서만 나온 것이 아니었다. 오카 센진(岡千仞, 1833~1914)과 고노 미치유키(河野通之, 1842~1916)가 공역한 『미리견지(米利堅志)』 역시 매우 훌륭한 저서이다. 이 책의 원저는 퀘이큰보스(G. P. Quackenbos, 1826~1881)의 *Elementary History of the United States*(현재까지는 이 책의 최초 판본이 1869년에 발행되었다고 알려져 있음)이지만, 역자들은 원서의 미흡한 부분을 『영환지략』과 『대미연방지략』 등을 참조하여 보충하였다고 한다. 이러한 점은 당시 일본의 지사들이 중국의 '지식 창고'를 드나든 흔적을 보여주기도 한다. 좀 더 자세히 살펴보면, 이 책은 일본에도 지적 양분을 공급하였다. 예컨대 『미리견지』는 워싱턴이 자신을 국가원수로 추대하는 부하들을 거절하는 내용을 다음과 같이 묘사하고 있다.

오직 큰 덕과 명망이 있어 세상을 평정할 만한 사람이 하늘을 대신하여 만민을 다스려야 한다. 만약 각국의 제왕이 지혜로운지 어리석은지를 묻지 않고 자기 자손에게 세습한다면 그것은 가장 사사로운 일로서 나 워싱턴은 알지 못한다.

唯宿德重望, 足鎭四海者, 宜代上帝統治億兆. 若夫各國帝王, 子孫世襲, 不問賢愚, 即私尤大者, 非頓所知也.

이러한 워싱턴의 '정의롭고 엄숙한 언사'는 오카모토 칸스케가 쓴 『만국사기』의 토대가 되었음이 분명하다.

오직 큰 덕과 명망이 있어 세상을 평정할 만한 사람이 하늘을 대신하여 만민을 다스려야 한다. 만약 각국의 제왕이 지혜로운지 어리석은지를 묻지 않고 자기 자손에게 세습한다면 그것은 세상에서 가장 사사로운 일로서, 나는 알지 못한다.

唯宿德重望, 足鎭四海者, 宜代上帝統治億兆. 若夫帝王世襲, 不問賢愚, 是私天下之最大者, 非某所知也.

오카모토 칸스케(岡本監輔)

　이로써 오카모토 칸스케의 저작 활동 또한 근간이 있다는 것을 알 수 있다. 『만국사기』는 청말(淸末) 독자들에서 지속적인 추앙을 받았으며, 량치차오(梁啓超)의 「독서학서법(讀西學書法)」(1896년 저술)과 마찬가지로 당시 '독서 입문 지도'의 의미를 지닌 저서였다. 이 책은 또한 '서양사 부문[西史之屬]'의 추천도서 중 하나로 꼽혔는데, 이를 통해 당시 지식인들의 독서 세계에서 차지했던 위상을 짐작할 수 있다. 지식인들은 『미리견지』를 보지 못했더라도 『만국사기』(또는 『만국사기』에서 소재를 얻은 다른 저서들)를 통해 워싱턴의 '사심 없는' 모습을 존경하는 마음으로 상상할 수 있었다.

　중국의 박식한 인사나 서양·동양에서 온 외국의 문필가들은 모두 '지식 창고' 구축사업에 참여하였다. 물론 일부 인사들이 벌인 '지식 생산' 활동은 단지 다른 사람의 노력과 결실을 재포장하여 '형식만 바꾸고 내용은 바꾸지 않는' '표절[文鈔公]' 행태에 불과했다. 그러나 사람들은 미국과 워싱턴에 관한 지식을 얻기 위해 '중국 내 진귀한 서적' 또는 '정통의 것만 고집할' 필요가 없었다. 오히려 그들은 각종 경로를 통해 다원화 되고 풍부한 내용의 '지식 창고'를 자유롭게 드나들었음을 알 수 있다. '워싱턴 신화'가 지속적으로 만들어지고 확장될 수 있었던 '상상 공간'은 실로 무한하였다.

제3장

‘워싱턴 신화’의 다중주

서계여(徐繼畲)의 『영환지략(瀛寰志略)』에서는 미국의 독특한 정치체제 확립을 모두 워싱턴의 공으로 돌리고 있다. 또한 그가 처음 시도한 '지도자를 추대하는 법[推擧之法]'은 '천하가 만민의 것이 됨[天下爲公]'과 '삼대의 위대한 뜻[三代之遺意]'이라는 이상에 가깝다고 칭송하였다. 이러한 관점은 이후 워싱턴을 기술하는 기본 논조가 되었다. 물론 '워싱턴 신화' 및 그 '상상 공간'은 『영환지략』을 원형으로 하지만, 기타 관련 정보 · 지식과 더불어 전파되어 무궁무진한 복제 및 재생산 과정이 진행되었다. 이로써 워싱턴의 이미지는 더욱 '확대'된다.

'워싱턴 신화'의 표현 양식 1: 미국 민주제도의 창설자

전체적으로 보면 청말 지식인들의 지식 세계에서 '워싱턴 신화'의 기본 표현 형식은 대부분 워싱턴이 미국 독립전쟁의 지도자 및 초대 대통령이며, 미국 민주제도를 개창하고 입법시킨 사람이라고 명확하게 소개하는 것이다.

예컨대 청(淸)의 초대 영국−프랑스 주재 흠차대신(欽差大臣)[6] 곽숭도

---

6 중대한 국가적 사건을 처리하기 위하여 황제의 명령으로 파견되는 전권대신(역주).

(郭嵩燾, 1818~1891)는 1875년 3월 베이징에서 미국 대사 에이버리(艾忭敏, Benjamin P. Avery, 1828~1875)를 만나, 이듬해 미국 건국 100주년을 기념하여 거행될 '건국 100주년 기념대회[立慶百年大會]'를 거론하였다. 이 대화는 곽숭도가 워싱턴이 '합중국'의 건립자라는 사실을 알고 있음을 분명히 보여준다. 1876년 미국 건국 100주년을 맞아 필라델피아에서 박람회가 열리자 닝보(寧波) 해관에 봉직했던 장닝(江寧) 출신 이규(李圭, 생몰년 미상)는 나라의 명을 받아 참석하게 되었다. 그는 미국 방문을 통해 보고 느낀 '크고 작은 일들'을 모두 기록하여 『환유지구신록(環游地球新錄)』을 엮었다. 귀국 후 이규는 이 책을 총리각국사무아문(總理各國事務衙門)에 올렸고 '3천 권까지 출판할 수 있는 자금'을 지원받았다. 이 책은 당시 지식인들이 '서방국가의 정치와 예술 현황'을 이해하는 참고자료가 되었으며, '지식 창고' 구축에 일조하였다. 이규의 기술을 보면 워싱턴은 미국의 "건국 시조"이며, 미국 대통령(그는 '伯理璽天德[President]'라고 표현함)제도의 창시자라고 하였다. 그러나 그는 서계여와 같은 실수를 범하였다. 왜냐하면 미국 대통령은 각 지방의 "독무(督撫) 중 한 사람이 추대되어[督撫中公舉一人]" 맡게 된다고 했기 때문이다. 청의 미국 주재 흠차대신 최국인(崔國因, 1831~1909)은 1889년부터 미국 대륙을 돌아다니며 그곳의 문화와 풍속을 체험하였다. 그는 미국의 번영을 보고 미국의 "모든 국가 제도는 워싱턴이 직접 만들었기[一切國例, 皆華盛頓所手創也]" 때문에 "온 나라가 태평하고 세계에서 가장 부유하다[國中承平, 富甲地球]"라고 하였다. 나아가 "워싱턴은 참으로 뛰어난 인물이다![華盛頓, 誠人傑哉!]"라고 칭송하며, 워싱턴이 제정한 "미국 건국 헌법[美國開國之律]"은 권력 분립(權力分立)을 함의하고 있다고 말했다.

미국 건국 헌법은 워싱턴이 제정하였다. 국가 운영은 세 곳에서 맡는다. 입법은 의회에서 하며, 법의 시행은 대통령이 한다. 그리고 법의 유지는 감찰원에서 한다. 의회는 입법권이 있고 국가의 중대한 사안은 의회에서 주관한다. 대통령은 단지 그것을 받들어 행할 뿐이다.

美國開國之律由華盛頓訂定. 政歸三處: 立例者, 議院; 行例者, 總統; 守例者, 察院. 議院有立例之權, 則大事議院主之, 總統不過奉行焉耳.

물론 최국인의 서술이 실제 미국 '권력 분립'의 상황과 일치한다고 할 수는 없지만, 워싱턴이 미국 민주제도의 창립자라는 그의 인식은 확인가능하다. 그러나 최국인은 처음에 워싱턴이 단지 8년간 대통령직을 맡았고 대통령 임기를 "8년으로 제한[只以八年爲限]"하는 "제도[定例]"를 세웠다고 말했다가, 나중에는 미국인이 "워싱턴을 대통령으로 추대하여 10년 후 사임했다[擧華盛頓爲總統, 又十年辭位]"라고 하였다. 이러한 사실은 미국 제도에 대한 그의 '어설픈' 이해를 보여주며, '워싱턴 신화'의 기본 구성을 분명하게 나타내주었다.

워싱턴이 창설한 정치체제의 의미를 가장 간명하게 전달한 사람은 청말 상하이 문화계에서 활약했던 저우타오(鄒弢, 1850~1931)이다. 그는 '외국인 조계지역이 많은' 상하이에서 '재능 많은 인재'로 손꼽혔으며, 많은 저서가 있었다. 『해상진천영(海上塵天影)』과 같이 '협사소설(狹邪小說)'로 분류되는 작품도 썼지만, 『태서각국신정고(泰西各國新政考)』와 같은 '경세제민(經世濟民)'의 실용도서[經濟有用之書](1894년 청일전쟁 이후 출판된 것으로 추정됨) 편찬에도 심혈을 기울였다. 저우타오는 이 책에서 세계 각국을 '국토 · 정세 · 역사 · 군사제도[版圖 · 形勢 · 歷代沿

革‧兵制' 등으로 나누어 소개하며, 권말에 세계사의 중요한 사건을
「각국 역사 연표[列國編年紀要]」로 제작‧수록하여 당시 보기 드문 사
전으로서 인정받았다.

저우타오(鄒弢)

저우타오는 미국의 전반적인 정세 맥락에서 건국의 유래와 대략적
인 상황을 간명하게 기술하였다. 그는 미국이 독립하여 건국될 수 있
었던 것은 "워싱턴의 공로[華盛頓之功也]" 때문이라고 하였다. 또한 워
싱턴은 건국 이후 "민주제도를 창립하고 각 지역에서 추대되어 대통
령이 되었다[創爲民主, 由各部推擧總統]"라며, 이것은 세계의 여러 "자
주독립국가[自主之國]" 중 "다른 국가에는 없는[他國未有]" "초유[首創]"
의 제도라고 역설했다. 또한 이 책의 「잡고(雜考)」에서는 그가 특별히
서술한 「미국남북교전기략(美國南北交戰紀略)」이 수록되어 남북전쟁에

대한 독자들의 명확한 이해를 돕고자 하였다. 이 글은 간단명료한 설명으로 시작된다.

미국은 워싱턴이 민주주의의 기틀을 마련한 것에서 시작하여 나라가 안정적으로 통치되고 강성하게 되었다.

美國自華盛頓創成民主之基, 制治保邦, 金湯永固.

다만 "노예를 부리는 것[行奴]"(즉 흑인 노예를 사용하는 것)에 대해서는 남북 양측의 의견이 달라 결국 전쟁이 일어났다고 하였다. 종합하면 저우타오는 워싱턴을 '다른 국가에는 없는' '민주제도'의 창설자로 보고, 그로 인해 "나라가 안정적으로 통치되고 강성하게 되었다"라고 설명하였다. 이러한 설명은 실로 요점을 잘 포착한 표현이라고 할 수 있다.

저우타오의 이러한 간명한 표현은 당시 '지식 창고'에 포함된 보편적 이해로서, 사람들 또한 이를 자신의 주장을 뒷받침하는 근거로 삼았음을 알 수 있다. 예컨대 캉유웨이(康有為, 1858~1927)는 1898년 '무술변법(戊戌變法)'을 일으키고 청말민초에 '공자교[孔教]'를 제창한 인물이다. 그의 제자 천가오디(陳高弟, 생몰년 미상)는 '스승의 가르침'을 널리 전파하기 위해 세계적으로 "공자교가 성행하는[孔教大行]" "상황[盛況]"을 글로 논하였다. 그는 "민주제도[民主之制]"가 일찍이 공자와 맹자에 의해 주장된 이상적인 경지였지만, "후세 사람들이 이러한 뜻을 이해하지 못하여[後世不明此義]" 임금이 "백성들의 생사를 결정하고[決生民之脈命]" "백성들의 고혈을 짜내는[割天下之脂膏]" 포악한 지경에 이르렀다고 하였다. 기상천외하게도 워싱턴이 공맹(孔孟)의 이상을 알고 있었다며, 워싱턴이 "그 소식을 듣고 매우 기뻐하여[聞其風而大悅]" 백성들에게 "나라를 얻어 자신의 자손에게 물려주는 것은 사사로운 것이다. 백성을 다스리는 책임은 마땅히 덕이 있는 사람을 택하여 맡겨야 한다[得國而傳子孫, 是私也, 牧民之任, 宜擇有德者爲]"고 선언했다고 기술하였다. 또한 워싱턴은 '통령(統領)제도'를 창건하여 "통령 외에 따로 대통령을 세우도록[統領外又別立一總統]" 하였는데, 통령과 대통령 모두 임기 제한이 있어 "4년 임기를 기준으로 한다[以四年任滿爲率]"라고 하였다. 이로써 "삼대가 남긴 위대한 뜻[駸駸乎三代之遺意焉]"인 "천하가 만민의 것이 되니 존귀하거나 비천한 자가 모두 동등한[天下爲公, 尊卑一例]" 이상적인 경지가 실현되었다고 하였다. 따라서 천가오디는 "공자의 태평(太平) 제도를 약 2천 수백 년 늦게 세계 여러 나라에서 보게 될 줄은 생각지 못했다[不料孔子太平之制, 遲之二千數百餘年而又見之萬國版圖之外也]"라며 감탄하였다. 그의 이러한 기술은 확실히 서계여의 '상상'을 계승하였으며, 새로운 '민주제도'에 대한 설명은 저우타오의 논조와 동일하다. 사실 천가오디의 기술이 역사적 사실과 부합하는가는 중요하지 않다. '지식 창고'의 수많은 사상적 지식은 그에게 '공자교'가 이미 "여러 나라에서 성행했다[大行於諸國]"는 논증의 자료가 되어주었으며, 나아가 그가 '공자교'의 정당성을 당당하게 선양할 수 있도록 만들어주었다.

같은 캉유웨이 문하 제자인 쉬친(徐勤, 1873~1945)은 '만목초당(萬木草堂)[7]의 10대 제자[萬木草堂十大弟子]' 중 하나였다. '캉유웨이 문하'에

---

7 캉유웨이는 고향에 사숙(私塾) 만목초당(萬木草堂)을 열고 량치차오 등을 교육하였다 (역주).

서 그의 위상은 천가오디보다 높았지만, 그는 천가오디와 마찬가지로 워싱턴의 행적을 '민주'로 표현하였다. 마카오에서 출판된 『지신보(知新報)』는 1890년대 중·후반 '변법유신(變法維新)'을 호소하는 대표적인 간행물 중 하나였는데, 이 신문의 주요 기고자가 바로 쉬친이었다. 그는 끊임없이 글을 썼다. 예컨대 「지구대세공론총서(地球大勢公論總序)」에서 세계 정세 변화의 큰 흐름을 논하며, 중국과 서양의 역사는 모두 일정한 법칙이 존재한다고 지적하였다. 그는 중국의 경우 진(秦)나라 "진시황이 무도(無道)하여 백성을 우매하게 만들어 속박한[嬴政無道, 愚黔首以爲囚]" 이후, 서양의 경우 "로마가 갑자기 흥성하여 유럽 서부지역을 통일한[羅馬暴興, 合歐西而一統]" 이후 모두 "지방 관리의 시대에서 군주의 시대로 변화되었다[由土司之世而變爲君主之世]"고 하였다. 따라서 이후 역사적 변화·발전 과정에서 "지식과 학문은 경쟁적으로 발전하였고, 이로 인해 세계가 떠들썩하였다[智學競開, 萬國雜沓]"라는 것이다. 이후 워싱턴이 등장하자 "민주에 대한 정의가 확정되고[民主之定義定]", 나폴레옹이 등장한 후 "군주의 운명이 쇠락하였으며[君主之運衰]", "의회가 세워지고, 민권이 중시되었다[巴力門立, 而小民之權重]"며, 이때부터 "군주의 시대에서 민주의 시대로 변화되었다[由君主之世而變爲民主之世]"고 설명하였다. 요컨대 쉬친은 워싱턴을 "민주의 정의[民主之定義]"를 "확정시킨[一錘定音]" 인물로 보았다. 그는 또한 맹자의 '미언대의(微言大義)'를 설명한 「맹자대의술자서(孟子大義述自序)」를 지어 '옛것의 좋은 점을 취하여 현실에 도움을 주고자[古爲今用]' 하였다. 쉬친은 맹자가 "백성을 위하는[爲民]" 마음이 있고 널리 존경받는 인물이라고 하면서, "서양의 지식인이 그의 책을 번역하는 것 역시 그를 존경하기[西土譯是書, 亦敬服焉]" 때문이라고 하였다. 따라서 "백성을 위하는 것"은 역사적으로 불변하고 세계적으로 모두 일치하는 판단 기준이며, 워싱턴이 "서양의 많은 지혜로운 지도자[泰西賢君衆矣]" 중 "오늘날 유독 칭찬받는[今人獨稱]" 것은 그가 "민주를 변화시켜 백성들을 위했기[變民主而爲民也]" 때문이라고 하였다. 쉬친의 이러한 주장은 워싱턴을 '민주제도'의 창설자로 보는 그의 동문 선후배와 완전히 일치한다.

대략 1890년대 중·후기 사람들은 이미 '민주제도'의 창설자라는 워싱턴의 이미지에 공감하였으며, 이러한 공감대는 이후에도 지속되었다. 예컨대 1922년 중국의 오래된 신문『신보(申報)』는 창간 50주년 행사에 장이린(張一麟, 1867~1943)을 초대하여 지난 50년간의 국사(國事) 관련 견해를 밝히도록 하였다. 이에 장이린은 16세 때『영환지략』을 볼 기회가 있었다고 회고하며 다음과 같이 말했다.

워싱턴의 이야기를 읽게 되자 나는 곧 그에게 매료되었고, '민주제도를 경험하고 직접 볼 수 있기나 할까?'라고 생각했다. 신해혁명 이후 공화정치가 이루어지자 나는 미친 듯이 기뻐하며 그것이 꿈인지 실제인지 의아해했다. 우리나라에 정말 워싱턴이 있었다면 백성들의 재앙은 그쳤을 것이며, 이렇게 혼란스럽지는 않았을 것이다.

讀至華盛頓故事, 輒爲心醉, 自忖民主政體安得及吾身而親見之? 及辛亥革命, 政造共和, 則狂喜, 以爲夢耶? 信耶? 誠吾國而有華盛頓其人者, 則生民之禍可息, 何至泯泯棼棼若是哉!

사실『영환지략』의 내용 중 워싱턴 칭송이 많기는 하지만, 16세 청년인 장이린이 이 책을 읽고 "민주제도를 경험하고 직접 볼 수 있기나 할까?"라고 상상했다는 소감은 아마도 그의 삶을 회고하면서 과장한 말일 것이다. 왜냐하면 『영환지략』에는 세상에 '민주주의' 국가가 있다는 언급이 전혀 없었기 때문이다. 또한 『영환지략』에서 말한 제도적인 측면을 '민주'라고 개괄할 수 있었던 것도 '워싱턴 신화'가 지속적으로 퍼진 결과였다. 이 일을 통해 알 수 있는 것은 그동안 형성된 '워싱턴 신화'가 장기간 사람들의 의식 세계에 영향을 주어, 사람들은 자연스럽게 중국의 정치체제가 군주에서 민주로 변화 · 발전한 것으로 보았고, 『영환지략』과 같은 저서 '덕분에[歸功]' 자신들의 의식이 변화되었다고 생각했다는 것이다. '워싱턴 신화'는 이렇듯 간결하고 명확한 표현 형식으로서 중국인의 지식 세계에 형성 · 구축되어 오늘날에 이르기까지 여전히 변하지 않고 있는 것이다.

'워싱턴 신화'의 표현 양식 2: '이국의 요순' 워싱턴

『동서양고매월통기전(東西洋考每月統記傳)』은 일찍이 워싱턴을 중국 전통의 '성군(聖君)'인 요(堯) · 순(舜)의 이미지로 묘사한 바 있다. 이후 그에 대한 찬미와 칭송들은 이러한 인식을 더욱 계승하여 워싱턴의 이미지를 다양하고 풍부하게 만들었다.

워싱턴에 대한 많은 칭송 가운데 어떤 것들은 매우 간결하게 표현되지만 그 논조는 웅장하다. 예컨대 앨런이 구역(口譯)한 『열국세계정요(列國歲計政要)』에서는 워싱턴의 행위를 단지 '공천하(公天下)'라고 말했다. 그러나 화려하고 설득력 있는 글과 어휘를 구사하여 어떻게 워싱턴을 '이국(異國)의 요순'으로 간주할 수 있는지 서술하기도 하였다.

대청제국이 '국제 사회(the family of naions)'에 들어가는 데 큰 영향을 끼친 『만국공법(萬國公法)』은 1864년 윌리엄 마틴(丁韙良, William. A. P. Martin, 1827~1916)이 번역하여 세상에 선보였다. 이 책은 중국어로 번역된 국제법 텍스트이다. 『만국공법』의 출판으로 당시 청 조정과 민간은 국제 '게임의 법칙'을 이해할 수 있는 가장 좋은 근거를 마련하였다. 이것은 또한 국제법이 과거 200년 동안 전 지구화되고 보편화되는 과정에서 큰 의미를 갖는 증거물이다. 이후 대청제국 주(駐)일본 부사(副使)였던 장사계(張斯桂, 생몰년 미상)가 이 책에 「만국공법 · 서」를 써서 세계 각국의 대세를 논하였는데, 각국이 서로 각축하는 국면을 중국의 춘추시대로 비견하고 "세계 최고의 부자 나라[富甲天下]"인 미국을 춘추시대의 제(齊)나라에 비유했다. 따라서 장사계는 미국의 개국 군주인 워싱턴을 다음과 같이 크게 칭송했다. "미국은 당초 영국의 속지[美利堅初為英之屬地]"로서 영국의 "혹독한 통치[苛政]"를 받았다. 워싱턴은 "혹독한 통치에 시달린 백성을 불쌍히 여겨 대의(大義)를 주창하고[憫苛政, 倡大義] 8년의 악전고투 끝에 나라를 세웠다. 그러나 이후 "대통령의 자리를 세습하지 않고 덕 있는 사람에게 물려주었다[官天下, 未嘗家天下]." 그의 행동은 "그야말로 선양(禪讓)의 유풍이라고 할 수 있다[儼然禪讓之遺風]." 워싱턴이 다스린 미국에서는 "백성이 관리를 선출하고, 농민들도 군사훈련을 받아[官則選於眾, 兵則寓於農]" "내정과 외교정책이 모두 훌륭하다[內資鎮撫, 而不假人尺寸柄; 外扞強禦, 而不貪人尺寸土]." 이에 대해 장사계는 "워싱턴은 100명의 왕을 뛰어넘는다[華盛頓, 邁百王哉]"라고 찬양하였다.

장사계는 본래 "서학 도입에 앞장선[銳意西學]" 인물로, 일찍이 1860년부터 "서양 인사를 소개하고 각종 서적 번역[延西土翻譯各書]"에 뜻이 있었다. 이 점으로 볼 때 그의 지식과 시야는 매우 넓었음을 알 수 있다. 청말 사상계의 거물 왕도(王韜, 1828~1897)는 그가 최초로 세계 각국의 각축 상황을 춘추시대로 비유했다며 높이 평가했다. 이처럼 '관천하(官天下)'의 개념과 '선양의 유풍'으로 워싱턴을 해석하는 행위는 장시계처럼 '서학'의 세례를 받은 지식인들의 뇌리에 깊이 자리 잡았다.

왕도(王韜)

인생 역정이 다채로웠던 왕도 본인은 '열독(閱讀) 세계'의 '판도(版圖)' 역시 대단히 광활했다. 1864년 그는 『해국도지』와 『영환지략』이 "시간·공간적 사실에서 오류가 있을 수밖에 없다[時地事實, 不免訛誤]"고 여겨 『독해국도지(續海國圖志)』를 펴내고자 하였다. 그 외 윌리엄의 『대영국지』, 브리지먼의 『연방지략』 등도 모두 그의 열독 대상이었다. 평생 끊임없이 글을 썼던 왕도는 '지식 창고'의 건설자 중 한 명이기도 했다. 대략 1870년대 초 그는 프랑스 역사와 밀접한 관련이 있는 두 권의 저술을 출간했는데, 곧 『법국지략(法國志略)』(혹은 『중정법국지략(重訂法國志略)』이라 명함. 이하 후자로 통일함)과 『보법전기(普法戰記)』이다. 이들 저서는 모두 19세기 중국인이 인식한 프랑스사의 연혁과 현황에 있어 중요한 근거 자료에 속했다. 『중정법국지략』은 프랑스사의 연혁, 토지와 물산, 인구 등등의 종합적 기록으로, 독자가 프랑스라는 국가의 '역대 치란(治亂)[8]과 흥폐(興廢)의 발자취'를 충분히 파악할 수 있게 해주었다. 한편 『보법전기』는 1870년 발발한 양국 전쟁의 전면적 양상을 그려낸 것으로, 사람들이 전쟁의 원인과 결과 그리고 그 경과를 이해하는 데 일조했다. 이처럼 당시 세계 정세에 대한 왕도의 인식은 바로 광범위한 독서와 글쓰기의 지식 기초 위에서 형성되었기 때문에 다른 사람보다 탁월할 수밖에 없었다. 다만 그가 1892년 『만국공보(萬國公報)』에 발표한 글 「콜럼버스 전찬[9](哥倫布傳贊)」 속의 워싱턴 예찬은 시대에 동조하는 동일한 목소리였다. 그는 콜럼버스의 미주(美洲) 발견 400년의 맥락에서 "콜럼버스의 미주 개벽"은 미처 짐작할 수 없는 '하늘'의 뜻이 있어 그가 "신세계를 창조"하는 결과를 본 것이라 찬양했다. 그러므로 "세상 모든 일은 크게 변화되고 찬란하게 새로워진다.[世上一切事, 丕然一變, 煥然一新]" 이에 따르면:

미국의 탄생은 워싱턴이 수많은 재산을 헌신짝 내버리듯 하고, 공(公)

---

8 잘 다스려지는 세상과 어지러운 세상을 동시에 일컫는 말(역주).
9 특정 인물에 대한 역사가의 전기적 기록 및 평가를 의미함(역주).

으로 천하를 다스리고 사(私)를 부정하며, 국가의 통치권을 자식이 아닌 현인에게 물려준 것에서 기인한다. 이는 멀리 거슬러 가보면 요순시대 읍양(揖讓)[10]의 기풍과 같다······.

美國挺生, 華盛頓蔽屣萬乘, 公天下而無私, 俾有國家者傳於賢而不傳於子, 遠追唐虞揖讓之風······.

왕도의 이러한 관점은 『만국공보』가 주창한 것이 아니다. 앞서 서술한 바와 같이 이미 1879년 5월 17일판 『만국공보』에는 '예현회선도자(禮賢會宣道子)'라는 필자 서명과 함께 「워싱턴 미국 건국[華盛頓肇立美國]」이라는 글이 게재되었다. 여기서 워싱턴은 바로 '요·순'과 같은 성왕(聖王)과 나란히 거론되는 위대한 인물로 제시되었고, 필자는 각종 화려한 미사여구로 워싱턴의 미덕을 예찬하였다.

워싱턴의 사람됨에는 단지 일반인과 다른 무용(武勇)만이 아니라 학문적 재능 또한 겸비되어 있었다. 집에서는 많은 서적들을 두루 열독했고 암기하지 못하는 것이 없었으며, 나라에서는 백방의 길을 내어 전심으로 백성을 다스렸다. 국가에 일이 발생하면 온 힘을 다해 변방의 적을 방어했고, 조정(朝庭)과 민간이 태평한 시기에는 논밭을 관리하는 생활로 돌아가 여유롭고 자유롭게 지냈다. 적은 인원으로 다수의 적을 막아냈고 이겨도 벌하지 않았으며, 스스로 개국하였지만 자식에게 양위하지 않았다. 충신(忠信)으로 사람을 대했고, 정성으로 일을 주도했다. 게다가 불의의 재물에 대해서는 조금도 취하지 않았고, 성실치 못하다거나 나

---

10 혈통과 상관없이 능력 있는 후대에게 평화롭게 왕권을 넘겨주는 것을 뜻한다(역주).

쁜 평판은 사람들로부터 받지 않았다. 소인에서부터 노인이 되어서까지 시종 한결같아서 설사 고대의 요 · 순이라도 이보다 나을 수는 없을 것이다.

> 頓(華盛頓)之爲人, 不但武勇超群, 兼且文才出衆. 在家則博濫(覽)群書, 無事不諳; 爲國則謀猷百出, 盡心治民. 國家有事之秋, 效力疆場以禦敵; 朝野昇平之日, 歸治田畝而逍遙. 以寡敵衆, 勝而不伐; 以己肇國, 子亦不傳. 忠信以待人, 虔誠以事主. 而且不義之財, 分毫不取; 無實浮名, 衆與不受. 自幼至老, 始終如一, 雖古堯、舜, 不啻如是.

워싱턴의 숭고한 인격을 증명하기 위하여 그는 '워싱턴과 앵두나무' 이야기 이외에 다른 이야기 하나를 더 진술했다. 워싱턴이 독립전쟁을 승리로 이끈 후 사직하고 고향으로 돌아가고자 할 때, "나라의 모든 사람들이 그에 대한 그리움을 버리지 못하고, 금 1만 5천으로 사례하여 감사의 마음을 표하려 했다." 그러나 그가 "일말의 재물도 취하지 않고 작별을 고한 후 돌아갈 줄"은 사람들도 예상치 못했다.

왕도와 비교해 보면 '예현회선도자'의 찬양은 사실 매우 짙은 선교의 의미가 담겨 있었다. 그는 워싱턴의 공적을 '하느님의 은혜'로 간주하여 "하느님이 워싱턴으로 하여금 미국의 기초를 닦게 한 것은 미국을 인도하여 흥기하게 함이 아니리요?[上帝之所以遣頓肇美基者, 蓋欲藉以啓美之興起歟]"라고 했다. 분명 그는 걸출한 글쓰기 재능으로 워싱턴의 형상을 주조했는데, 여기에는 바로 그의 필명과 동일한 '선교[宣道]'의 의의가 있었다.

이외에도 『만국공보』에는 최소 두 차례에 걸쳐 워싱턴의 초상이 게

앨런(Y. J. Allen)

『만국공보』의 워싱턴 초상 두 편

재되었다. 첫 번째는 앨런에 의해 선별된 그림으로, 장기 연재된 「환유지구략술(環遊地球略述)」에 게재되었다(1881년 5월 28일). 이 그림은 문장과 조화롭게 어우러져 내용을 더욱 생동감 있고 풍부하게 만들었다.

이 글의 서두에서 미국은 "법은 모두 민주에서 나오고, 통치자가 권력을 잡지 않는[法皆民主, 權不上操]" 국가라고 간명하게 설명되었다. 또한 "대중이 지도자를 추대하여[公擧民主]" 국가원수를 선출하는데, "한 임기가 4년이고, 재임 시 8년을 채운다"고 하며, 때가 이르면 반드시 직에서 물러나 "정해진 예대로 퇴위한다[定例退位]"고 되어 있었다. 워싱턴은 "개국 이래 첫 번째 국가원수[開國以來第一民主]"이며, 그의 "공훈은 위대하고 정견(政見)은 탁월"했기에 '연임'으로 8년 임기를 모두 채우게 되었는데, "민심은 매우 감격했으며 그의 퇴위를 기뻐하지 않았다"고 한다. 그러나 워싱턴은 "정해진 법을 충실히 따라 8년 동안 재임했으니 양위하겠다[恪遵定例, 菰任八載, 立志讓位]"고 하였다. 이를 통해 "백성에게 애군의 마음이 있음[民有愛君之心]"을 엿볼 수 있으며, 그런즉 "군주는 국정의 법을 따르게 되어" 법도가 정연하게 정돈되었다는 것이다. 『만국공보』의 해당 호를 볼 수 있었던 사람들은 이 글을 통해 이러한 사실을 알게 되었고, 그 이미지를 볼 수 있었는데, 그들에게 어떠한 반향이 있었는지 지금은 알 수 없다. 1890년 11월 출판된 『만국공보』는 「대미국 원수 워싱턴 초상[大美國民主華盛頓像]」만을 실었을 뿐 어떠한 해설도 달지 않았다. 선교사가 주관하는 『만국공보』는 신지식인 '서학(西學)' 소개를 매개로 중국에 '천주 복음(天主福音)'을 선전하는 간행물이었다. 『만국공보』는 여러 번 워싱턴 정보를 게재하면서 독자들에게 '독서의 유익함'을 주는 동시에 중국에서의 기독교 개척 가능성을 높였다.

이처럼 해외의 신지식을 서술하여 선교사업에 유리하도록 하는 이들의 행적에 대해, 미국 선교사 셰필드를 도와 『만국통감(萬國通鑑)』 편찬사업을 추진했던 자오루광(趙如光, 생몰년 미상)은 다음과 같이 명확하게 말하였다.

서양의 선교사가 동방으로 건너와 진정한 도를 선양하고 전파한다. 항상 성서 외에도 많은 저작이 있다. 이는 헛되이 괴이함을 뽐내는 것이 아니라 실로 선교를 위한 하나의 방편이다.

西士東來宣播眞道, 每於聖書而外多所著作, 非徒炫奇, 實爲傳道 之一助耳.

물론 『만국통감』 뒤에 「예수교 교화를 덧붙여 논함[附論耶穌敎之風化]」 부분을 배치했지만, 이 책의 워싱턴(책에서는 워싱턴을 '와성탄(窪性呑)'으로 표기)에 대한 서술은 종교적인 색채를 띠지 않았다. 『만국통감』 은 워싱턴에 대해 다음과 같이 묘사한다. "말수가 적고 진중한 위엄 과 태도, 강인한 성정을 갖췄으며, 노련하게 숙고하고 심지어 항상심 도 갖추었다. 내부의 일을 분별 있게 판단하고, 자신에 대한 평가에 흔 들리지 않으며, 위급한 문제가 있어도 흔들림이 없다. 그는 오직 마음 을 다하여 자신이 행해야 할 바를 해낼 따름이다[寡言語, 愼威儀, 性情堅 定, 謀慮老成, 甚有恆心, 辦理分內之事, 且寵辱不驚, 危疑不動, 惟專心盡己所 當行之事而已]." 이상과 같은 훌륭한 인격적 특징 외에도 『만국통감』은 독립전쟁의 승리 후 '국비 지출'로 인하여 군량을 제대로 지급받지 못 한 '관변사졸(官弁士卒)'들이 모두 가슴에 불만을 품었고, 심지어 워싱 턴에게 스스로 왕이 되길 요구했다고 서술한다. 그러나 워싱턴은 "일 어나 그들을 책망"하였다. 대저 워싱턴은 "충심보국(忠心保國), 불변존 영(不變尊榮)"의 사람인데, "어찌 왕위를 탐하겠는가?[豈貪王位乎]"라는 것이다. 이 책은 또한 워싱턴이 "공명정대하며 선으로 국가를 다스린 [公正廉明, 善於治國]" 통치자였다고 한다. 그러므로 "8년의 재위 기간에 미국의 기초는 안전하고 견고하게 세워졌다[在位八年, 將美國基業安立堅

固]." 그야말로 "권력을 탐하지 않고, 명성에 집착하지 않으며, 일생 동안 국가를 위해 복무"했기에, 미국의 "역대 모든 국민이 그의 선정(善政)을 잊을 수 없는 것[歷代國民不忘其善政也]"이라 하였다." 『만국통감』은 비록 요순을 들어 워싱턴과 직접 비유하지는 않았지만, 여전히 워싱턴을 "어찌 왕위를 탐하겠는가" 식의 화법에 어울리는 무욕(無慾)의 모범 형상으로 아로새겼다.

셰필드의 『만국통감』은 또 다른 미국 선교사 윌콕스(蔚利高, Myron C. Wilcox, 생몰년 미상)가 편찬한 『대미국사략(大美國史略)』(1899년 출판)의 저본 중 하나가 되었다. 이 책에서 윌콕스는 워싱턴의 훌륭한 인격적 특징을 다음과 같이 서술하였다. "말수가 적고 진중한 위엄과 태도를 갖추었으며, 숙고하여 판단을 내리고, 강인한 성정을 갖추었다. 내부의 일을 분별 있게 판단하며, 비록 위급하고 어려운 문제가 있어도 흔들림이 없다. 오직 충성과 신의에 복종하는 것만 알 따름이다[寡言語, 慎威儀, 深謀果斷, 心性堅定, 於辦分內事, 雖歷艱危心不爲動, 惟知以忠信爲主而己]." 대부분이 『만국통감』에서 나온 것과 같은 모양새이다. 윌콕스를 도와 이 사업을 진행했던 황내상(黃乃裳, 1847~1924)은 책의 「서(序)」를 쓰며 워싱턴의 공훈이 전 세계를 밝혔음을 찬양한다. 그는 워싱턴이 단지 미주 수천만의 생명과 토인 및 흑인의 "자애롭고 세심하며 영민하고 용맹한 군주[仁明英武之主]"일 뿐만 아니라, 유럽 · 아시아 · 아프리카 · 호주 등 모든 대륙에서 "만국의 운수와 기회를 회복[挽回萬國運會]"시킨 "숱한 무리 가운데 탁월한 자[出類拔萃者]"라고 보았다. 왜냐하면 그가 이미 '요순시대 읍양(揖讓)의 세상[唐虞揖讓之天]'을 회복시켰고, "사람들로 하여금 자주의 기쁨을 얻게 하고, 다시금 가혹한 폭정의 고통을 받지 않게 했기 때문[使人人各得其自主之樂, 而不在聞苛政暴

斂之苦]"이다. 비록 워싱턴은 8년간 재위에 있었지만, 그것만으로 이미 "천하를 뒤흔들었다[擧地球爲之震動]." 미국의 역임 대통령 또한 그와 그의 은덕을 우러렀으며, 나라는 날로 번영하기에 이르렀다.

동쪽 바다를 건너 섬에서 온 『미리견지(米利堅志)』는 워싱턴에 대한 아주 풍부한 서술을 보여주었다. '시식 창고'에 축적된 기존의 서술과 대비하면, 그것 역시 밝고 활기차게 '워싱턴과 앵두나무' 이야기를 묘사하고(그러나 워싱턴이 베어 넘긴 것이 '앵두나무'라는 것은 알지 못했다), 이것이 워싱턴의 "성실하고 속이지 않는 성품[誠信不欺]"을 예증한다고 말한다. 이 책은 또한 말하길, 워싱턴이 대통령을 맡아 명망이 높아진 시기에 사람들은 그를 칭하여 "나라님[國爺]"이라 했는데, 어떤 이는 그가 연임하자 '권세를 탐하는 자'라고 비판했다고 한다. 이때 백성의 반응인즉 "우리나라가 망하면 나라님이 나라를 보존하고, 우리 백성이 병들면 나라님이 그것을 소생시키니, 나라님의 은혜를 어찌 잊으리오[我國已亡, 國爺存之; 我民已病, 國爺蘇之; 國爺之恩, 豈可望乎]"라며 그를 극진히 옹호하였다는 것이다. 이러한 서술은 '지식 창고' 내에 이미 쌓여 있던 워싱턴을 숭배하여 '국부'로 인식하는 것과는 완전히 다른 양상이다. 그러나 여러 일본인이 『미리견지』에서 워싱턴에 대해 펼친 예찬과 경탄의 서술은 중국의 '워싱턴 신화'가 연주하는 악장(樂章)과 서로 조화를 이룬다. 등야계(藤野啟, 생몰년 미상)가 찬술한 『미리견지』 발(跋)」에는, 브리지먼의 『연방지략(聯邦志略)』을 읽은 후의 감상이 서술되어 있다. 그는 『연방지략』이 단지 "정치를 세우는 대체적 내용"만을 서술했으며, "개국 이래의 치란(治亂)과 연혁, 오늘의 번영에 이르기까지의 발자취[開國以來治亂沿革, 所以致今日之盛之跡]"에 대해서는 상세하게 논의하지 않은 것에 깊은 유감을 느꼈다고 했다. 그러나 미국 역사에 대해 "손바닥을 손가락으로 가리키는 듯 명백하게[歷歷指掌]" 서술한 『미리견지』를 읽은 후에는 그 책이 "400년의 치란과 연혁의 발자취에 달관하고, 국체(國體) 세우기를 완수했던 방법을 구하는" 데 실제로 독자에게 도움을 준다고 느꼈다. 또한 "대의에 지극하고 사사로움을 버리는 것을 기본으로 삼는[以至公無私爲基本]" 워싱턴의 행위에 대해 다음과 같이 칭송했다.

> 워싱턴은 대란(大難)을 물리치고 신국(新國)을 창건했으며, 백성들이 인재를 선택하게 하고 중의(衆議)에 따라 정치와 법률을 정했다. 그는 거대 권력을 국회로 귀속시켰으며, 대의에 지극하고 사사로움 없이 복무하는 것을 기본으로 삼았으니, 그 공이 위대하도다.
>
> 華盛頓排大難, 創新國, 擧人才於民選, 決政法於衆議, 以大權歸國會, 務以至公無私為基本, 其功偉矣.

『미리견지』의 번역자는 전서(全書)의 끝에 전통 중국 역사서에 나오는 '논찬(論贊)'의 화법을 취하여 워싱턴을 평가했는데, '워싱턴 신화'와 비교할 때 거의 차이는 없었다. 이미 논한 바, 워싱턴이 주창한 '4년 후 다시 세우는 법'의 정신은 "공자, 맹자가 상찬한 당(唐), 우(虞)의 변치 않는 인륜의 표준"과 전혀 다른 것이 아니었다. 이들 모두 정치적 권위는 "주고받는 것과 취하고 베푸는 것이 하늘의 뜻과 인심이 향하는 바대로 결정되어야 한다"고 본 것이다. 또한 말하길, 워싱턴은 "전국의 어른과 부녀가 그 덕에 감격하여 눈물을 흘리는" 기회를 빌려 "전 국토를 차지"하거나 칭제(稱帝) 및 세습을 하지 않았으며, 임기가 끝나자 "퇴직하여 논밭에서 경작하는 생활로 돌아갔다"고 했고, 실제로 "천하와 후세를 걱정하는 일념과, 토지와 인민을 모두의 것이라 여기는 마음[優天下後世之念, 公土地人民之心]"을 가졌다며 아름답게 표현했다. 그러므로 워싱턴의 "성덕대업(盛德大業)은 당(唐), 우(虞)와 비견해도 손색이 없을 것"이라고 높이 평가했다. 거기에 또 한 자락을 덧붙여 워싱턴을 "이국(異國)의 요순"이라 노래하기도 했다.

마찬가지로 동쪽 바다를 건너온 『만국사기(萬國史記)』는 비록 워싱턴을 공식적으로 '이국의 요순'이라 평가하지는 않았지만, '세상에 드문 위인[曠世之偉人]'이라 예찬했고 또한 흥미로운 '워싱턴 일화'를 기술하였다. 그가 영국과의 항전에서 총사령관에 천거되었을 때 "관례로 월 500원의 봉급을 지급받게 돼 있었으나, 워싱턴은 이를 받지 않고서, 제군과 함께하고 대업과 함께하는데 어찌 자신의 안위를 도모하겠느냐며 말했다." "공(公)에는 빠르고 사(私)는 망각[急公亡私]"하는 이미지로 워싱턴을 새겨낸 것이다.

설령 『만국사기』의 워싱턴이 '이국의 요순'은 아니더라도, 그 책의 독자는 책의 풍부한 서술에 의거하여 워싱턴의 이러한 형상을 짐작할 수 있었다. 소지당(邵之棠)이 편집한 『황조경세문통편(皇朝經世文統編)』에는 지금도 출처를 알 수 없는 한 편의 글이 수록되어 있었다. 바로 「독『만국사기』 총론(讀『萬國史記』叢論)」(55권)으로, 글쓴이는 분명 『만국사기』를 숙독한 인물일 것이다. 내용인즉 '태서군주'의 현명함과 우매함에 대해 기탄없이 이야기한 것이다. 이 글은 유럽의 군주들 중에서 '프랑스의 나폴레옹, 러시아의 표트르, 미국의 워싱턴'이 가장 유명하다고 지적하며, 비록 3인 모두가 '영주(英主)'지만 오직 "워싱턴만이 가장 이상적이고 흠이 없는 인물[華盛頓最爲完善無疵]"이라 평했다. 그 이유는, 나폴레옹은 "공적의 크기에 대해 기뻐했기"에 "워싱턴의 소박

하고 집착 없는[華盛頓之簡而不煩]" 모습과 거리가 멀고, "표트르는 성
정이 가혹하고 잔인하여" 더욱이 "워싱턴의 위엄 있고 난폭하지 않은
[華盛頓之威而不猛]" 모습과는 비견될 수 없다는 것이었다. 그리고 워
싱턴을 예찬하길 "자신에 대해서는 청렴하고, 타인에 대해서는 너그
럽다[自待也廉, 其待人也寬]"고 하였다. 또한 『만국사기』에 등장하는 워
싱턴이 월봉 500원을 거절한 '일화'를 함께 인용하여, "월봉을 받지 않
고 서둘러 대업을 일으키는 것을 주요 업무로 삼았다"고 말했다. 또한
워싱턴은 비록 "전쟁터의 공훈으로 나라를 정했지만", "학문과 교육으
로 나라를 통치했다"고 칭송했으며, 대통령이 된 후에는 "법규를 만들
어 조치하고, 최선의 노력을 당연시했다[規畫措置, 罄無不宜]", "모든 정
치와 종교, 법령은 화평과 올바름을 구하지 않음이 없었고[一切政教法
令, 莫不和平中正]", 워싱턴의 통치하에서 미국의 만백성이 "모두 즐겁
고 평화로워 마치 삼대의 번영과 같았다[皆熙熙皞皞, 如三代之盛焉]"고
했다. 그리하여 다음과 같이 예찬한다. "아름답도다, 워싱턴이여. 실
로 미주(美洲)의 요순이로다[美哉, 華盛頓, 實美洲之堯舜也]." 『만국사기』
와 같은 서적은 단지 독자의 지식의 창을 연 것뿐만이 아니라, 독자의
상상력이 질주할 공간 또한 개방했던 것이다.

워싱턴을 '이국의 요순'으로 묘사하는 소재는 '지식 창고' 내에 축적
된 것 중에서도 다양하고 무한하여, 사람들이 논의를 펼치고 주장을
전개할 수 있는 공간 또한 광활하기 그지없었다.

후난(湖南) 출신으로 보이는 구양중곡(歐陽中鵠, 1849~1911)은 심지어
워싱턴을 미증유의 "요·순·탕·무를 합한 1인[堯·舜·湯·武合爲一
人]"의 형상으로 그려내, 실제로 "서양의 성자[西方之賢者]"라 했다. 전
에 제창된 '서학'이 여력을 잃어버리지 않아 입론이 이에 이른 것이다.

구양중곡의 영향하에 후난의 비옥한 곳에는 '산학관(算學館)'이 설립되어 '신학문'의 기지로서 기능했다.

1890년대 중반, 후난의 '신정(新政)'이 발흥하기 시작했다. 몸소 구양중곡의 가르침을 받은 당재상(唐才常)은 후난에서 『상학신보(湘學新報)』의 편집 업무를 주관했다. 그는 여론 측이 추동한 '신정'이 개시됨에 따라 거듭하여 저술을 통해 생각을 펼쳤다. 각종 신학문·신지식을 소개했을 뿐만 아니라 서양의 민주제도 이론과 사례들을 폭넓게 번역하였는데, 여기서 워싱턴은 바로 그가 찬양해 마지않는 대상이었다. 당재상은 워싱턴이 '민주 연방정치 체제[民主聯邦治體]'의 창시자라고 말했고, 그를 예찬하길 "높고 위대하도다. 천하에 다시없는[巍巍乎有天下而不與]" 모범적 풍채라 했다. 또한 그가 통치하던 미국은 "병사는 많이 기르지 않고, 학교는 숲과 같이 많아[養兵不繁, 而學校如林]" '부강(富强)'의 수준에 이르렀으며, 후세 자손들은 "그 복을 먹고 누리게 되었다[仰食其福]." 따라서 '민주'는 '통치에 도움'이 되는 제도로 알려졌고, 워싱턴은 당연히 후세에 '민주'를 희망하는 자가 앙망하고 본받으려 하는 대상이었다. 당재상은 또한 '나폴레옹'을 워싱턴과 비교하여, 전자는 "민주가 비교적 워싱턴에 앞서고" 게다가 "미국을 도와 자립[助美自立]"하게 했지만, "홀로 사사로이 천하를 소유하려 하여" 칭제(稱帝)를 했고, 결국에 "육신은 죽어 수풀로 돌아가고 천하의 웃음거리가 되는" 국면에 처했다. 또 지적하길, '민주'의 실제적인 측면으로 볼 때 '국회'는 "서양 각국의 명맥[泰西各國之命脈]"이 특별히 중요하다고 했다. 각국 중 특히 미국의 '국회'는 "명백히 인심에 맡겨지는[犁然當於人心]" 제도이며, 그 창설은 워싱턴의 공에 있다고 보았다. 그것은 그가 "손수 정한 태평(太平)의 위업"이고, 나아가 이미 견고하여 훼손될 수 없는 규범이 되었으며 "법령이 되었다[著爲令甲]." 당재상은 다시 말하길, 이는 워싱턴이 "공천하(公天下)의 마음"을 창제한 것이며, 이에 따라 "권력 쟁투의 악습을 일거에 척결한 것"이라 했다. "태평의 공리(公理)와 어진 가르침의 진리[太平之公理, 仁學之真詮]"를 실현했다는 것이다.

당재상(唐才常)

'지식 창고'를 자유롭게 종횡무진하며 폭넓은 독서를 해온 당재상은 『상학신보』에 여러 차례 「서양 역사서 목록[西史書單]」을 실어 뜻있는 사람들에게 도움을 주고자 했다. 그런데 어떻게 나폴레옹을 워싱턴에 앞서 배치하고 "미국을 도와 자립"하게 했다고 서술하는 오류를 범했는지는 알 수 없다. 그러나 그가 워싱턴이 "공천하의 마음"을 창제했다고 쓴 '국회' 관련 서술은 분명 과거에 단지 "아들이 아닌 현명한 이에게 전한다[傳賢不傳子]"는 데 주목한 것을 뛰어넘는다. "관천하(官天

下)하고 가천하(家天下)하지 않았다"는 지향은 곧 '워싱턴 신화'의 화려한 악장이 되어 아름답고 놀라운 새 악상을 몰고 왔다.

당재상이 나폴레옹과 워싱턴을 대비하여 논의한 것을 살펴볼 때, 사람들이 워싱턴을 칭송하는 시야가 갈수록 확장되는 것이 명료히 드러난다. 또한 그를 다른 저명한 인물과 상호 비교하는 것은 워싱턴의 독특한 지위를 세상에 더욱 널리 알리는 역할을 했다고 할 수 있다. 캉유웨이의 또 다른 제자 여조건(黎祖健, 연치(硯治), 생몰년 미상) 같은 이는 말하길, 만약 『한서·고금인표(漢書·古今人表)』와 같이 「지구제황표(地球帝皇表)」를 9등으로 나누어 등급을 매겨본다면, 워싱턴과 요·순은 반드시 같은 '제1등급'에 위치할 것이라 했다. 왜냐하면 그들은 모두 '공천하(公天下)'의 무리이기 때문이다. 반면 진시황 영정(嬴政), 명 태조 주원장(朱元璋), 나폴레옹 같은 부류는 반드시 '제9등급'에 속할 것인데, 대저 그들은 모두 '사천하(私天下)'의 무리들이기 때문이다. 당연히 이러한 시각 속에서 워싱턴의 이미지는 더욱 굳게 섰다.

'이국의 요순'으로서의 워싱턴 이미지는 만청 사상계에 심후한 궤적을 남기고 무한한 매력을 발산하여, 심지어 옌푸(嚴復, 1854~1921)와 같은 선구적 사상가도 그를 거부할 수 없었다. 영국에서 유학한 옌푸는 서양의 형세에 대한 첫째가는 인식을 갖고 있었다. 근대 중국이 수용한 서양 학술사조의 전체적 추세로 볼 때, 그는 일류 서양 학술경전을 번역하였다. 예를 들어 애덤 스미스(亞當·斯密, Adam Smith, 1723~1790), 몽테스키외(孟德斯鳩, Charles de Secondat, Baron de Montesquieu, 1689~1755) 등 세계적 사상가의 저작은 모두 그의 번역 대상이 되었다. 선교사가 서구 문화 및 사상 수용의 매개였던 풍경은 점차 그림의 마지막 부분이 되어 가고 있었다. 당연하게도, 옌푸의 번역사업 역시 현실과 결합해야 했다. 애덤 스미스의 지명도에 못 미치는 영국 학자 젠크스(甄克思, E. Jenks, 1861~1939)의 책『정치학 약사(*A Short History of Politics*)』를『사회통전(社會通詮)』(1904년 출판)이라는 제목으로 손수 번역한 것이 한 사례가 될 것이다. 옌푸가 선택하여 번역한 이 책의 의도는 젠크스가 이 책에서 쓴 인류 및 사회 진화의 '보편규율'에 기대어, 당시 팽배했던 '만주족 배척', '민족주의'를 호소한 혁명 주장을 간접적으로 비판하는 데 있었다.

옌푸(嚴復)

옌푸는 번역 텍스트 속에서 되풀이하여 '자신의 생각[按語]'을 덧붙였다. 거기에는 자신의 현실적 관심과 사고가 도달한 부분뿐 아니라 독자를 일깨우는 효용도 있었다. 옌푸는 젠크스가 "국가 행정권의 남용은[國家行政權之太用]" 백성이 "자립하는 기풍을 깨뜨리는[隳其自立

之風]" 악한 결과를 생산한다고 논증한 단락을 번역하면서, 워싱턴을 들어 '코르시카 섬(戈悉噶島)'(즉 Corsica, 지금은 '科西嘉島'으로 번역함. 나폴레옹의 고향으로 현재 프랑스에 속해 있음)의 '파올리(保利)'(즉 Pasquale Paoli, 1725~1807, 당시 코르시카를 독립공화국으로 만든 인물)와 대비하는 자기 생각을 첨가하여 젠크스의 논증을 강화시켰다. 옌푸는 파올리 역시 "한 시대의 훌륭한 군주"이며, 그가 행한 일들은 "큰 틀에서 미국의 워싱턴과 같다"고 말했다. 그러나 워싱턴의 "명망과 위업은 탕·무를 앞지르고 요·순보다 높이 오대주에 떨쳐 있었고[聲望功烈, 偉然軼湯·武, 蹐堯·舜·著於五洲]", 파올리는 "칭송의 목소리가 잠잠한 작자[寂寂無頌聲作者]"에 불과한 것은 코르시카와 미국의 "크기 차이"로 인해 사람들이 대국의 명군(名君)에 대해서는 잘 알고, 소국의 영주(英主)에 대해서는 모르기 때문이 아니라고 하였다. 그 이유는 다음과 같았다. 워싱턴은 "백성을 통치함에 있어 그들의 자립을 추구하는 것을 종지로 삼았지만[治其民, 宗旨在求其衆之自立]", 파올리는 그와 반대로 "백성을 성가시게 했다. 마치 자애로운 아비가 친애하는 아들을 대함과 같았다[其擾民也, 如慈父之於愛子]." 하지만 그 '감독과 통솔', '지도'가 너무 주도면밀한 결과, "일단 감독하고 통솔하는 지도자가 죽으니, 그 덕은 기만을 행한 것이 되고 그 재능은 무뢰한 것[一旦督率、指導者去, 於德則行其欺, 於才則見其無賴]"이 되어버렸다는 것이다.

옌푸의 이러한 '자기 생각' 삽입은 당연히 독자가 젠크스의 논증을 이해하는 데 도움을 주기 위해서였지만, 그러나 그는 뜻밖에도 워싱턴을 요·순·탕·무와 병론하여 칭송하였다. 이는 워싱턴이 지닌 '이국의 요순' 형상이 사람들의 마음에 깊숙하게 침윤되어 있었음을 잘 나타내는 것이다. 한 발 물러나 말하자면, 옌푸가 진정으로 워싱턴을 '이국의 요순'이라고 믿었다고는 할 수 없다. 그러나 옌푸의 다른 서술에 따라서도 워싱턴은 기본적으로 모범적 인물이었다. 옌푸의 글 중 칭송 받는 유명한 정론 「원강(原强)」의 수정본에는 반드시 '민력(民力)'을 진 동시켜야 하고, '민지(民智)'를 계발해야 하며, '민덕(民德)'을 배양해야 한다고 되어 있다. 만약 그렇지 않으면 설령 "워싱턴의 입법과 같이 지 극히 정밀[華盛頓立法至精]"하다 해도, 여전히 "뇌물을 주고받는 기풍 [苞苴賄賂之風]"을 박멸시킬 방법이 없다는 것이다. 물론 옌푸의 입론 이 담긴 문장은 모두 비유에 가까웠으며, 그는 사람들이 모두 숙지하 고 있는 워싱턴의 예증을 사용했다. 이는 '워싱턴 신화'가 당시 사상 계에 광범위하게 유포되었던 양상을 구체적으로 반영하는 것이기도 했다.

장사계, 왕도, 구양중곡, 당재상과 옌푸 등은 모두 당시 지식계의 핵심이었으며, 공통적으로 워싱턴을 '이국의 요순'이라 찬양하고 그의 웅장한 기세를 높였다. 한편 같은 흐름에서 '워싱턴 신화'는 사람들을 고무하는 각종 논설의 영감의 원천이 될 수 있었다.

예를 들어 소지당이 편집한 『황조경세문통편(皇朝經世文統編)』에는 작자 및 출처 미상의 「회사의 이익을 논함[論公司之益]」(63권)이라는 글 이 실려 있었다. "회사의 이익"을 적극적으로 격려하는 논자는 당면한 세계가 "경제 전쟁의 천하"라는 총체적 추세에 있기 때문에, 중국의 "각종 사업을 하나의 거대 회사로 집성시켜" 서로 "어려운 상황에서 구제"해야만 '외인[外人]'과 맞서 싸울 수 있다는 것이다. '회사'는 민중 의 자본을 모아서 이룩한 것이므로 "티끌 모아 태산을 이룰 수 있다[積 腋成裘, 聚沙成塔]"고 하였다. 곧 "민중의 뜻이 성을 이룬다[衆志成城]"는 구체적인 표현은 바로 워싱턴이 논증한 "여러 사람의 지혜를 합쳐 지혜를 이루고[合衆人之智以爲智]", "천하의 힘을 모아 힘을 이루어[聚天下之力以爲力]" 대적을 물리칠 수 있다는 예증의 하나였다.

그는 미국이 영국의 학정(虐政)을 견딜 수 없었기에 "워싱턴이 떨쳐 일어나 전국의 호응을 만들어냈고[華盛頓振臂一呼, 全洲響應]", 8년간의 혈전을 겪고시 "마침내 사주국을 세웠다"고 말했다. 그리고 이후 워싱턴은 곧 "대중이 국가원수를 추대하는 제도를 창설하고, 6년을 임기로 하는 법을 세웠으며", 이러한 제도하에서 "국가원수는 공정하며 인재 등용은 더욱 선하여 하늘이 내리는 만민평등의 뜻을 훌륭하게 구현했다[民主從公, 選擧尤爲善美, 深得上天生人一律平等之旨]"고 하였다. 이로 인해 자연히 "폭군이 방종하는 폐단"을 완전히 없앨 수 있었다는 것이다. 그의 글에서 워싱턴은 "천하를 헌 신발 보듯 하고 사사로운 이익에는 털끝만큼의 뜻도 두지 않았다. 세습을 고쳐 현인에게 양위하게 만들었으니, 요순의 선양이라 해도 어찌 그보다 나을 것인가[視天下猶敝屣, 毫無自私自利之意, 改傳子爲傳賢, 雖堯舜之禪讓, 無以逾焉]"와 같이 수식되는 이상의 극치에 이른 인물이 되었다.

또 다른 예로 여러 보헌(寶軒)에서 편집한 『황조축애문편(皇朝蓄艾文編)』을 들 수 있다. 여기에는 작자 및 출처 미상의 「학교에서 유래한 미국의 번영을 논함[論美國之盛由於學校]」(14권)이라는 글이 수록되어 있었다. 이 글은 미국이 '학교'의 발흥으로 국가 번성과 부강을 일으켰다는 내용으로, 중국 또한 이를 모범으로 해야 한다고 부르짖는다. 이 글 또한 미국 정치제도의 이상적 방향성에 경탄을 보내며, 워싱턴 이래로 "선거의 방식[衆擧之例]"을 준수하여 국가원수를 선거로 뽑았고 "기한이 차면 퇴직하여[期滿則奉身而退]" 결코 "다른 것을 도모하는[異圖]" 자가 없었다고 설명한다. 대저 "천하를 살펴 공(公)을 위하고 사(私)를 부정하며", "정권을 욕보이거나 자기 몫이 아닌 것을 훔치는[妄干神器, 竊據非分]" 자가 있을 수 없어서, 중국 요순시대의 치세[唐虞治世]와 비교해도 기실 모자람이 많지 않고 "그것과 동등일 뿐[亦如是而已]"이라 했다.

물론 이러한 서술과 기존 '지식 창고'의 내용 간에는 모순이나 오류의 부분이 존재한다(「회사의 이익을 논함」에서 워싱턴이 '6년을 임기로 하는 법'을 만들었다고 한 것이 그 예이다). 그러나 '이국의 요순'으로서의 워싱턴 형상은 각 방면의 논자들의 사상 세계 속에 깊이 각인되어 있었다는 것이 뚜렷이 나타난다. 글을 지어 입론을 펼치던 시기에 그들은 뜻대로 필치를 휘날릴 수 있었으며, 이와 같은 집필 방식에 의거하여 논증을 펼쳤다. 이는 명확히 독자들의 마음속에 깨달음이 있으며 그 인용 및 비유의 의의를 알고 있다는 것을 전제로 한 것이었다.

워싱턴의 이미지는 청말 지식계에서 복제와 재생산의 과정을 거쳐 상세히 궁구하기 어렵다. 사실 지속적인 '워싱턴 신화' 만들기는 청말 지식계의 집단적 사상 운동의 하나로 볼 수 있다. 워싱턴의 이미지는 각종 경로의 유통과 전파를 거쳐 심후하게 축적되었고, 사람들이 함께 우러러 보는 대상이 되었다. 그것은 엘리트 지식인이나 일반 문인들이 세계를 인식하고 이해하는 기초 지식 중 하나가 되었다. 또한 '워싱턴 신화'의 다중 악장을 위해 아름다운 음표를 제공하였다. '워싱턴 신화'의 표현 형식에서 보면, 워싱턴은 '민주제도'의 창시자이며 '이국의 요순' 형상으로서 흔들림 없이 우뚝 서 항상 뒤를 잇는 이들의 기억 속 깊은 곳에서 맴돌았다. 비록 이러한 '신화'가 현실에서는 불가능한 것들이었다 해도 이상으로는 영원히 찬양받을 수 있었기에, 사람들은 그것을 현실적 기준 및 기초로 삼아 평가하거나 반성하는 데 충분히 활용했다. 나아가 그것은 정치제도의 변혁 방안을 설계하는 '사상 공간'을 열어젖혀, 정치 효과를 생산하는 '사상 자원'이 되었다.

제4장

워싱턴 신화의 정치적 효과

청말 지식인은 '지식 창고'에서 워싱턴 신화에 대한 다양한 근거를 얻을 수 있었다. 그러나 사람마다 학문을 하는 방식과 독특한 지식 세계가 있듯이, 각기 나름의 상상을 펼치게 마련이다. 독서라는 넓은 공간에서 세밀한 사고력을 가진 지식인의 경우는 더더욱 일방적으로 '워싱턴 신화'의 매력에 끌리는 것이 아니라, 그 속에서 워싱턴이 갖는 상징적 의미를 발견하고 일종의 '이론적' 함의를 도출하고자 했다. 이를 통해 '워싱턴 신화'에 이성적인 사고를 불어넣고, 이러한 '신화'의 실현 가능성을 위한 '사상 공간'을 열었다.

워싱턴 신화의 이론적 고찰: 이선란

이선란(李善蘭, 1811~1882)은 청나라의 유명한 수학자로 역사에 기록되어 있다. 그러나 그의 사상 세계 속에는 숫자와 방정식만이 존재하는 것은 아니었다. 예컨대 그가 일본의 오카 센진(岡千仞)과 코노 미치유키(河野通之)의 공동 번역서 『미리견지(米利堅志)』를 위해 쓴 「서문[序]」을 보아도 알 수 있다. 이선란은 1874년 윌리엄 마틴의 소개로 이 「서문」을 쓰게 되었는데, 훗날 이 글은 일본에서 재판된 『미리견지』에 게재되었을 뿐만 아니라 더욱 널리 알려져 같은 해 11월에는 베이징에서 출판된 『중서문견록(中西聞見錄)』에도 실렸다.

이선란(李善蘭)   『미리견지(米利堅志)』

　이선란은 이 「서문」에서 여느 저자들과 마찬가지로 워싱턴에 대해
찬사를 아끼지 않았다. 그가 8년 동안 대통령을 역임하고 부통령에게
자리를 내준 후 물러났고, 이것을 제도화한 것에 대해서 "비범한 인물
이었기에 이같이 비범한 공적을 이룰 수 있었다[非常之人, 始能成此非常
之功]"라고 높이 평가했다. 하지만 이선란이 고찰했던 것은 워싱턴 개
인의 행위 자체보다는 그 가운데 내포되어 있는 시사점이라고 할 수
있다.
　이선란의 사상은 전통 중국 사회의 "백성을 위하여 군주를 세운다
[爲民立君]"라는 논리에서 출발하여 '군주'가 인류 사회에 가지는 의미
와 작용이 무엇인지를 묻고 있다. 그의 관점에서 볼 때 하늘이 백성을

낳아 그들에게 군주를 세웠으니, 이는 군주로 하여금 백성을 위해하는 요소를 없애고 흥왕케 하며, 백성들을 가르쳐 그들의 생활을 윤택하게 하고 자급자족과 양보의 미덕을 이루기 위함이다. 이럴 때 비로소 군주로서 책임을 다한 것으로, 하늘을 우러러 부끄러움이 없는 것이다. 따라서 만약 군주의 자리를 한 가문의 사업으로 여겨 세습하게 될 경우, 앞서 말한 군주의 책임을 다하기 위해서는 세세손손 모두 성현이 배출되고 하늘의 마음을 잘 헤아릴 줄 아는 인재여야만 할 것이다. 하지만 지난 중국의 역사적 경험에서 비추어볼 때, 이는 단지 기대에 불과할 뿐 실현 가능성이 매우 낮다. 예를 들어 하우(夏禹), 상탕(商湯), 주문왕(周文王)과 주무왕(周武王)은 모두 성현명군(聖賢明君)이었으나, 그들의 왕위를 이어받은 하걸(夏桀), 상주(商紂), 주유왕(周幽王)과 주려왕(周厲王)은 모두 불초하여 역사적으로 악명 높은 폭군이었다. 때문에 이선란은 오랜 기간에 걸쳐 내려온 중국 정치의 난제를 묻고 있는 것으로, 성군은 얻기 쉽지 않은 반면, 폭군은 역사책에 자주 등장하는 문제를 어떻게 극복해야 하는지 고민했던 것이다.

이선란은 불현듯 거울삼을 수 있는 일종의 '본보기'가 있으면 좋겠다는 생각이 들었고, 그것이 바로 미국의 '선거 및 4년 임기제도[通國公擧, 四年讓位之法]'였다. 그는 미국의 13주 공회가 필연적으로 존재하는 난제를 염두에 두고 이러한 제도를 탄생시켰다고 보았다. 하지만 법 자체가 스스로 작용하지 못하듯, 이선란은 "워싱턴이란 인물이 대란을 잠재우고 드높은 공적을 이룬 후[華盛頓戡定大亂, 勳績甚偉]", 결코 자만하지 않고 오히려 "의회제를 도입하고 자신은 자리에서 물러남으로써 영원한 모범이 되었다[能一遵公議, 首先避位, 以爲永法]"라고 평가했다. 또한 대대로 이를 지켜온 결과 미국은 태평시대를 맞이하여 날로 부강해졌으며, 서방국가 중 미국을 두려워하고 중시하지 않는 국가가 없다는 것이다. 이렇듯 워싱턴은 '비범한 인물'이었기 때문에 '이같이 비범한 공적'을 이루었다. 이선란은 역사를 되돌아보건대, 세계 만방에 동서고금을 막론하고 중국의 요순 이외에 이와 같이 행할 수 있는 자가 있었던가를 묻고 있다.

비록 선거와 4년 임기제도 자체가 이상적인 측면도 있지만, 이선란은 워싱턴과 같은 비범한 인물이 존재하지 않았다면 이러한 비범한 공적이 나오기 힘들었다고 보았다. 그는 이러한 제도가 성립될 수 있었던 이유를 워싱턴의 개인적 덕행에서 찾고자 했다. 어쩌면 그의 논의는 '워싱턴 신화'의 기존 틀을 벗어나지 못한 것일 수도 있다. 하지만 주목할 점은 미국을 본보기로 삼아 중국 정치의 난제를 풀어나갈 수 있는 가능성을 봤다는 것이다. 또한 흥미롭게도 그는 시선을 돌려 일본의 메이지 유신 당시 변화를 추구했던 역사적 배경을 고찰하며 의미 있는 주장을 펼쳤다. 이선란은 일본이 '동국지주(東國之主)' 메이지 천황의 영도하에 봉건제에서 군현제를 실시했으며, 크게는 형법·병법에서 작게는 의식주까지 서방국가의 법도를 본보기로 삼아 국가제도를 개혁하는데, 이는 메이지 천황 또한 '비범한 인물'임을 입증하는 것이라 했다. 그렇다면 오카 센진과 코노 미치유키가 공동 번역한 『미리견지』에는 과연 다른 숨은 뜻이 내포되어 있었을까? 즉 이 책을 통해 미국을 본보기로 삼자고 호소하고 있는 것인가? 이선란은 이에 대해 명확한 답을 제시하지는 않았으나 다음과 같이 평가하였다.

동국(일본, 역자)에서 수천 년 동안 한 가문이 대대적으로 왕위를 계승하였으나 덕행을 벗어난 바 없다고 들었다. 때문에 왕위를 현인에게 물려주든 자손에게 세습하든 모두 오래도록 국가를 평안히 다스릴 수 있으며, 한 가지 방법만을 고집할 필요도 없다.

顧我聞東國數千年來一姓相傳, 亦未有失德. 傳賢, 傳子, 皆可以長治久安, 亦不必執定一法焉.

다시 말해, 만약 한 가문이 세습 속에서도 덕행을 벗어나지 않는다면 왕위 계승자가 현인이든 자손이든 반드시 미국을 본보기로 삼아야 할 이유가 없었다. 이것이 바로 이선란이 고찰을 통해 얻은 결론이었다. 여기서 알 수 있듯이 그는 시대적 한계를 뛰어넘어 대담하게 미국식 제도를 도입하자는 주장을 펼치지는 못했다. 하지만 그가 남긴 「서문」을 읽은 사람은 이러한 질문을 가질 수 있다. 만약 한 가문이 세습하여 덕행을 지킬 수 없다면 하우 이후의 하걸, 그리고 상탕 이후의 상주와 같은 현상은 또한 어떻게 볼 것인가? 어쩌면 이선란의 고찰은 간접적·비유적 방식으로 미국의 선거나 4년 임기와 같은 제도가 중국 정치의 난제를 돌파하는 데 갖는 장점과 가치를 보여주고 있는 것이다.

역사적 맥락에서 이선란의 이와 같은 사고를 앞서 양정남(梁廷楠)의 논의와 견주어볼 때, 이들은 모두 '워싱턴 신화'의 이론적 사상 활동을 펼쳤다는 공통점을 갖고 있다. 오늘날의 표현으로 말하자면, 이들은 민주체제가 통치자의 권력 남용을 제한하고 방지하는 것에 대한 기초적 이해와 성찰을 가졌던 것이다. 양정남은 미국 정치제도에 대한 이해를 토대로 미국의 대통령은 임기 제한이 있기 때문에 탐욕적인 폭군이 나올 수 없다는 논리를 펼쳤다. 이선란의 경우, 선거 및 4년 임기제를 통하면 단지 성현군자를 얻기 힘든 난제를 극복할 수 있을 뿐만 아니라, 하걸, 상주 또는 주유왕, 주려왕 같은 폭군이 나오기 힘들것이라 여겼다. 이들의 사고는 기초적 민주 이론의 잠재력을 내포하고 있다고 도 할 수 있다.

이러한 서양 민주 전통의 이론적 관점에 견주어 다음을 생각해 보 자. 1787년 미국 제헌회의는 헌법을 제정한 후 각 주의 비준을 기다 리는 과정에 있었다. 알렉산더 해밀턴(漢米爾頓, Alexander Hamilton, 1755~1804), 제임스 매디슨(麥迪遜, James Madison, 1751~1836)과 존 제이 (傑·約翰, John Jay, 1745~1829)가 힘을 합쳐 1787년 10월 27일부터 부 단히 뉴욕의 신문을 통해 의견을 피력한 것도 각 주의 헌법 수용을 위 한 노력이었다. 이 지면 운동은 이듬해 8월 15일까지 지속되었는데, 총 85편의 글이 『연방론(聯邦論, The Federalist 혹은 The federalist Papers)』 이라는 책으로 묶여 출간되었다. 이 책은 미국 헌법에 대한 해석으로 가장 가치 있는 도서이자 인류 문명의 정신적 유산으로 평가되고 있 다. 이들은 『연방론』을 통해 굉장히 흥미로운 논리를 펼쳤다. 예를 들 어 의회가 의회 자신보다 사람들을 제한하는 법을 통과시키는 것을 방지하기 위해 상시 선거(frequent elections)를 시행해야 한다고 주장했 다. 다시 말해 이는 "선거의 끝은 폭정의 시작(Were annual elections end, tyranny begins)"이라는 통념이 현실화되는 것을 막는 가장 좋은 방법이 라는 것이다. 따라서 미국 헌법 규정에 따르면 상원 및 하원 모두 임기 제한이 있으며, 각 대표의원의 고정적이고 적절한 임기를 통해서 입법 권의 과도한 팽창을 미연에 방지하고 있다.

물론 양정남과 이선란의 사상을 『연방론』의 논지와 비견하기는 어렵 다. 『연방론』의 저자들은 농후한 서양의 민주적 전통과 풍부한 사상 자 원이 뒷받침해주고 있는 데 비해, 19세기는 중국이 미국의 민주체제를 그야말로 처음 접한 시대였고 이러한 상황에서 양정남과 이선란이 이와 같은 사상을 펼칠 수 있었던 것은 실로 당시 중국 지식인들의 민주적 전통에 대한 이해 가운데 가장 높은 성과라고 해도 과언이 아니다.

그러나 '워싱턴 신화'가 끊임없이 전파됨에도 불구하고, 양정남과 이선란의 이론적 고찰은 내정제국의 현실 속에서 실현 가능성이 없어 보였고, 그들 또한 이를 이론에서 행동으로 옮기고자 하는 강한 의지가 없었던 것으로 보인다.

'신화'와 현실의 거리

워싱턴 신화가 '지식 창고'를 통해 세상에 알려진 이후 이에 대한 찬사는 주로 워싱턴의 이상적인 인격을 중심으로 이루어졌다. 중국의 요순시대와 같은 본토의 사상 자원과 비교할 때 '워싱턴 신화'는 '이야기', '감회' 중심으로 이루어져 있다. 하지만 미국의 제도는 현실적으로 존재하는 명백한 사실이므로 현실을 점검할 수 있는 하나의 기준이 되었다. 즉 '과거로 오늘날을 평가[以古證今]'함으로써 현시대 미국 정치체제의 각종 폐단에 대한 비평과 함께 아쉬움을 남기기도 했다.

19세기 중엽의 미국 정치사를 돌아보면, 미국은 남북전쟁 후 대대적인 '정당 이익 배분의 시대(the great age of the spoilsmen)'에 들어섰다. 이때 직접 미국 땅을 밟고 이러한 정치 운영의 실제를 바라볼 수 있던 사람들은 정권과 관직을 위한 세력 다툼과 각종 편법 및 수단을 접할 때마다 미간을 찌푸리게 되었다. 남북전쟁의 영향에서인지 당시 미국 정당에 대한 주요 호칭은 '남당(민주당)'과 '북당(공화당)'으로 나뉘었고,

이처럼 민주당과 공화당의 경쟁은 남당과 북당의 다툼이라 불렸다. 당시 해외 시찰 관원이었던 구후혼(顧厚焜)은 이를 두고 "미국은 비록 풍요로우나 위아래로 상호 의견 차가 커서 남·북당으로 나뉘었다"라고 보았다. 즉 "언쟁이 총칼을 겨누는 전쟁"으로 치달아 결국 "전쟁의 화를 면치 못하고 갈등이 오래도록 지속되었다[兵連禍結, 久不能解]"는 것이다.

남당과 북당의 다툼에 대해 가장 구체적으로 나타나는 대목이 바로 4년에 한 번 찾아오는 백악관의 보좌를 위한 정치적 쟁탈전이었다. 그 치열하고 기나긴 경쟁 과정을 지켜본 사람은 모두 이해할 수 없다며 고개를 절레절레 흔들었다.

현재, 최초로 이에 대해 그려 기록으로 남긴 사람은 1868년 미국을 방문했던 동문관(同文館) 학생 장더이(張德彝)로 파악되고 있다. 당시 그는 갓 20세를 넘긴 청년이었다. 하지만 1년 동안 미국 양당이 각자 대통령 후보자(그는 '伯理璽天德', 즉 '프레지던트'라는 용어를 사용했다)를 두고 치열하게 경쟁하는 모습을 지켜본 후, 이에 대해 부정적인 반응을 보였다. 장더이는 당시 미국의 크고 작은 관료들은 모두 '평등당(平行黨, 즉 공화당)' 소속이거나 아니면 '신분존비당(身分尊卑黨, 즉 민주당)'의 당원으로 "각기 자신의 사욕을 위해 으르렁거렸다[各懷私意, 彼此不睦]"고 회상했다. 그해 미국 대선의 '평등당' 후보는 그랜트(戈蘭達, Ulysses S. Grant, 1822~1885)였고, '신분존비당'의 후보는 시모어(希墨, Horatio Seymour, 1810~1886)였는데, 양측의 치열한 경쟁을 두고 장더이는 "양당이 이처럼 다투니 그 후환을 면키 힘들 것"이라고 염려했다. 하지만 그의 이러한 기록은 당시에 공개되지 않아 '지식 창고'에 수록되지 못했고, 이에 관한 구체적인 반응을 이끌어내지 못했다.

훗날 장더이는 관운이 형통하여 대청제국의 흠차대신(欽差大臣)으로 대영제국에 파견되었다. 하지만 그보다 사상적 능력이 탁월하고 시로 명성을 떨쳤던 황준헌(黃遵憲, 1848~1905)의 경우, 관직이 순탄치 못해 한 번도 청의 흠차대신이라는 자리에 오르지 못했다. 1884년 황준헌이 대청제국 주미 샌프란시스코 총영사를 역임하던 당시, 그는 대통령 선거판을 직접 목도할 수 있었다. 그의 서술에 따르면, 그해 '합중당(민주당)'과 '공화당'이 각기 후보를 내세워 대통령직을 두고 선거 기간 내내 양당 쟁탈전을 벌인 결과, 최종적으로 클리블랜드(姬利扶蘭, S. Grover Cleveland, 1837~1908)가 승자가 되어 백악관의 주인이 되었다. 황준헌은 당시 양당의 쟁탈전을 보고 일종의 반감을 느꼈고, 이러한 안타까운 심정을 한 수의 시로 남겼다.

　　오호라 워싱턴이여, 오늘로부터 100년 전, 그가 세운 독립의 깃발 아래 더 이상 압제는 없었네.

　　인종과 피부색 구분 없이 모두 평등함으로써 사람마다 자유를, 만물은 이로움을 얻었네.

　　백성의 지혜와 국부가 날로 발양(發揚)되어 대국의 풍모는 보는 이의 감탄을 자아냈다네.

　　허나 대통령 선거로 기괴한 일이 생기니, 서로 총칼을 겨누며 옥새를 쟁탈한다네.

　　크게는 변란이 일고 작게는 서로 공격하니, 허다한 사람들과 관원들 줄줄이 잡혀들어갔다네.

　　공사 구분은 온데간데 없고 폐단만 남았음이니, 현인을 선출한들 보좌는 허무하도다.

당쟁이 없는 곳에 비로소 태평성세가 있음이라.

吁嗟華盛頓, 及今百年矣. 自樹獨立旗, 不復受壓制.

紅黃黑白種, 一律平等視. 人人得自由, 萬物咸逐利.

民智益發揚, 國富乃倍蓰. 泱泱大國風, 聞樂嘆觀止.

烏知擧總統, 所見乃怪事. 怒揮同室戈, 憤爭傳國璽.

大則釀禍亂, 小亦成擊刺. 尋常瓜蔓抄, 逮捕遍官吏.

至公反成私, 大利亦生弊. 究竟所擧賢, 無愧大寶位.

倘能無黨爭, 尙想太平世.

황준헌(黃遵憲)

황준헌이 볼 때, 미국은 워싱턴 건국 이후 500여 년의 역사를 거쳐
평등, 자유와 같은 이상을 실현하였을 뿐만 아니라 지혜로운 백성과
국부(國富)를 창출하여 자랑스러운 대국이 되었다. 하지만 대통령 선

거 때 각종 괴이한 현상이 끊임없이 나타나 원래 지공무사(至公無私)한 제도와 계략이 결국 사리사욕이라는 굴레를 벗어나지 못했다는 것이다. 따라서 아무리 현명한 사람을 선출한다 하여도 대통령 '보위(寶位)'의 영광은 이미 그 빛을 잃었다고 할 수 있으니, 당쟁의 추악한 모습이 사라진 후에야 사람들이 바리 마지않는 태평시대가 도래한다고 하였다. '워싱턴 신화'에 내포된 미국 제도를 '공의'로 삼는 인식이 황준헌의 사상 기저에도 자리 잡고 있음을 엿볼 수 있다.

1885년 황준헌은 잠시 관직에서 물러나 샌프란시스코의 총영사직을 내려놓고 귀향, 『일본국지(日本國志)』 집필에 심혈을 기울였다. 이듬해 대청제국의 신임 주미 및 주페루 등의 흠차대신 장음환(張蔭桓, 1837~1900)이 황준헌을 다시 관직으로 불러들이려 했으나, 그는 일언지하에 거절했다. 장음환은 당시 청조가 진행하고 있던 양무운동의 핵심 세력으로 승승장구하고 있었는데, 황준헌이 이러한 실세자의 손길을 뿌리친 것도 훗날 그의 관직이 순탄치 않은 것에 한몫했을 것이라 추측된다. 장음환은 양무운동을 통해 이름을 알린 후 해외에 파견 나갈 기회를 얻자, 더욱 인정을 받기 위해 상당히 두꺼운 저서『삼주일기(三洲日記)』를 1896년에 발간함으로써 확실한 실적을 쌓았다. 이 책에는 최초로 전체 미국 헌법의 한문 번역본이 수록되어, 그가 이와 같은 성과를 보이기 위해 얼마나 노력했는지를 보여준다.

장음환은 미국에서 4년 거주하는 동안 1888년 대통령 선거판의 혼란스러운 현장을 직접 목도할 수 있었다. 예를 들면 그는 남당, 북당의 지지자들이 수도 워싱턴에 집결하여 군악에 맞춰 거리 시위를 하다 결국 소동이 일어나는 장면을 보게 되었다. 또한 뉴욕에서는 현지 언론이 선거 상황을 보도하기 위해 무대와 조명을 설치하여 각 주의 투표 결과를 보여주고, 길거리마다 신문을 파는 사람들이 여기저기 보이며, 부호들의 경우 연회를 열어 같은 정당 사람들을 초청하고 함께 선거 소식을 듣는 광경을 보았다. 따라서 훗날 장음환이 뉴욕의 '워싱턴 100년회[華盛頓百年會]'에 대한 소식을 접하자 다음의 생생한 화면을 그려낼 수 있었던 것이다.

영국인들을 몰아내고 십수 년 은거한 워싱턴을 대중들이 원수로 추대했네. 13개 주로 시작하여 국토는 날로 넓어졌으나 당쟁이 날로 치열하여 건국 당시의 규율은 온데간데없구나. 식자들은 통일된 지 오래되면 반드시 분열되는 것을 우려하네.

華盛頓拔出英籍, 後林居十數年, 衆乃推爲民主. 時祇十三省, 近則版圖日拓, 黨禍日深, 創國成規亦不深遵守, 識者慮其久合必分也.

워싱턴이 십수 년을 은거한 끝에 원수로 선출되었다는 그의 기록은 잘못된 것이다. 그러나 미국의 정당정치를 당쟁의 화근이자 건국의 규율에 어긋나는 것이라 간주한 데서, 미국의 현실이 워싱턴 당시의 이상적 상황과 크게 다르다는 점을 그가 인식했다는 것을 알 수 있다.

장음환의 뒤를 이은 후임자 최국인(崔國因) 역시 미국의 대통령 선거판에 대해 탄식하였다. 1892년 대선 전날 밤, 수많은 청운의 뜻을 품은 자 가운데 미국의 '외부대신', 즉 오늘날의 국무장관인 블레인(布連, James G. Blaine, 1830~1893)이 대선 참가를 위해 장관직을 사임했다는 소식이 들려왔다. 아직까지 누구인지 밝혀지지는 않았으나 당시 '선문(宣文)'이란 사람은 이러한 상황이 별로 탐탁지 않았다. 그는 유감스럽게 말하기를, 매번 미국 대선 때 출마자들이 떠들썩하게 각기 정당 세력을 펼치고 표심 얻기에 여념이 없다고 하였다. 페루와 칠레 등의 국가에서 대통령 보좌를 얻기 위해 서로 총칼을 겨누는 상황과 비교해봤을 때, 미국의 선거판이 그 정도는 아니었다. 그러나 '선문(宣文)'과 같이 바른 소리를 하며 연줄에 의지하지 않는 사람이 대선에 출마하지 않고, 사람들 또한 그러한 사람을 선출하지 않는 현실을 두고, 최국인은 다음과 같이 안타까움을 금할 수가 없었다. "어찌 삼대의 덕행이 오늘날까지 이어져오지 않는가? 이것은 결국 워싱턴이 건국한 이래 제정한 각종 제도의 본뜻이 아닐 것이다![豈三代眞道不行於今歟? 蓋非華盛頓創制之本意矣!]" 이처럼 그는 '워싱턴 신화'와 현실 사이의 간극에 탄식했고 워싱턴 당시의 제도를 수립하고 입법의 위대한 뜻이 모두 헛되이 돌아갔다고 보았다. 때문에 전통 중국 사회가 칭송해 마지 않았던 '현인 선출[選賢與能]'의 이상이 오늘날에 와서는 이미 실현 가능성이 없어 보였던 것이다.

최국인은 현지 조사를 통해 미국의 미래 전망에 우려를 나타냈으며, 앞으로 미국은 외우내환이 교차하는 곤경에 처하게 될 것이라고 내다보았다. 그는 미국이 여타 대국과 동떨어져 있고 같은 미주(美洲)대륙에 있는 국가가 모두 소국인 관계로 패권을 차지할 수는 있지만, 실로 다른 열강국가들과 비견할 만한 상대는 아니라고 평가했다. 미국의 건국시조 워싱턴은 역사에 드문 영웅이었으며, 그의 인도하에 대영제국도 미국을 이기지 못하고 열강들이 감히 미국을 넘보지 못했지만, 오늘날의 상황은 이미 종전과 크게 다르며, 미국은 워싱턴 당시의 모습이 아닐뿐더러 더 이상 인의를 추구하지 않는다고 하였다. 오히려 군주와 신하들이 득의양양하여 의회가 천하를 내려다보며, 남북 양당은 서로를 적으로 삼고 내정에서 외교까지 모두 어긋나 있다고 볼 수 있었다. 즉 외교적으로는 다른 국가들을 얕보고 내부적으로는 각 세력의 사리사욕을 채우므로 반드시 자업자득의 결과를 가져올 것이며, 이는 곧 국외 열강에 밀리고 국내 양당으로 인한 우환을 겪게 될 것이니 그야말로 위기의 상태에 놓여 있다는 것이다. 최국인이 볼 때, 미국의 국부 워싱턴이 도입했던 제도와 선한 뜻은 후대에 와서 이미 변질되었다. 그는 '워싱턴 신화'를 미국의 현실을 평가하는 척도로 삼아, 자신의 이같은 심경을 드러냈다.

황준헌, 장음환, 최국인과 같이 외국 거주 경험이 있는 당시의 중국 지식인들은, 이처럼 다른 체제의 정치 운영을 새로이 접하며 일종의 민주적 경험을 맛보았으나, 미국 정치판의 경쟁 구도에 회의를 느끼는 동시에 워싱턴의 행적을 미국 평가의 근거로 삼게 되었다. 물론 '워싱턴 신화'는 수많은 칭송을 받으며 이상적인 모든 것을 상징해왔지만, 현실의 추악함은 더더욱 '워싱턴 신화'가 그저 '신화'일 수밖에 없다는 것을 여실히 보여주었고, 이상과 현실 사이의 괴리가 얼마나 큰지 실감케 하였다. 만약 '워싱턴 신화'가 사람들로 하여금 이상을 추구하게 하는 원동력이 된다면, 그 이상을 실현하기까지는 또 다른 계획이 동반되어야 할 것이었다.

워싱턴 신화의 방향 선회

민주제도의 설립자 이미지가 강한 워싱턴을 '이국의 요순'으로 일컫고, 그가 "천하를 다스리되 사욕을 추구하지 않는[官天下而不私]" 점을 높이 평가하는 모습은 기존의 '지식 창고'에서 흔히 볼 수 있었다. 하지만 황권이 지배하는 중국의 현실적 상황에서 '워싱턴 신화'라는 이상이 실현될 여지는 별로 없어 보였다. 더군다나 당시 지식인들의 미국 대통령 선거에 대해 묘사한 내용을 보더라도 좋은 평가를 찾아보기는 힘들었다. 이와 동시에 만청 시기이 사조 변화로 '워싱턴 신화'의 이상적인 성격 또한 점차 방향을 선회하게 되었다. 더 이상 국가 원수의 탄생 방식에 집중하는 것이 아니라, 정치제도 변혁 방안을 위한 사상적 공간을 열어두어, 정치적 효과를 가져다주는 사상 자원으로 거듭나게 된 것이다.

만청 시기 사상 변천사의 흐름에서 볼 때, 1870년대 중반 또는 말기부터 서양의 의회체제에 주목하는 담론이 다양한 흐름으로 발전하게 되었다. 이에 '의회론'이라는 개혁적 주장이 점차 논의의 대상에 오르게 되었다. 예를 들면 매판(買辦) 출신인 정관잉(鄭觀應, 1842~1921)은 1870년대 말에 이미 저서 『이언(易言)』을 통해 중국이 서양 국가를 배우는 대상 범위에 의회체제를 포함시킬 것을 주장하였다. 또한 1884년에 별세한 양광총독 장수성(張樹聲)의 경우, 조정에 올린 「유접(遺摺)」에서 서구에 부강을 가져다준 학당과 의회를 본받아야 한다고 주장했다. 이게 바로 그가 호소했던 '백조의 노래'였으나 실제적인 효과는 보지는 못했다. 다만 봉강대리(封疆大吏)조차 이러한 의견을 피력한 점으로 미루어 볼 때, '의회론'은 이미 관료계층 혹은 문인들이 주장하는 개혁의 범주에 속한 개념이 되었다고 볼 수 있다. 예를 들면 저장(浙江)성의 거인(擧人) 진규(陳虯, 1851~1904)는 1890년 산둥(山東) 순무(巡撫) 장요(張曜)에게 보낸 서한[條議]에서 의회가 서양 각국 부강의 길이라고 말하며 이에 관한 구체적인 계획과 방안을 내놓기도 하였다. 이처럼

'워싱턴 신화'의 방향 선회는 시대적 사조의 총체적 변화 추이와 밀접한 관계에 있다.

먼저 최국인의 예를 들어보면, 그는 미국 대선이 황당하고 변질되었다고 평가했다. 그런데 그가 1890년 12월 3일 미국 의회 회의 현장을 참관하고 그 운영 방식을 보니 오히려 접대의 번거로움, 복잡한 전통, 격식의 제약 등은 찾아볼 수 없고, 실사구시를 추구하는 이상적인 모습을 발견할 수 있었다. 이에 굉장히 깊은 인상을 받았고 입에서 칭찬이 떠나지 않았으며, 더욱더 이러한 의회제도를 창설한 워싱턴을 높이 평가하여, 워싱턴이야말로 시대를 넘나드는 인중호걸이라 하였다. 여기서 보이듯, 최국인 개인의 사상적 변화만 놓고 볼 때 '워싱턴 신화'가 갖는 계몽적 의미 또한 전환기를 맞이한 것이었다.

'워싱턴 신화'가 이와 같은 전환을 맞게 된 계기는 당시 '지식 창고'에서 움트기 시작했다. 예를 들어 1890년 1월에 출판된『만국공보(萬國公報)』에서 '득일용인(得一庸人)'의「중외문견략술(中外聞見略述)」이라는 문장이 하나의 근거가 된다. 이 저자는『영환지략』을 읽는 가운데 새로운 의미를 발견하고 워싱턴의 행적이 민주적 행동이었다고 말했다. 즉 워싱턴은 미국이라는 나라를 세운 뒤 타국의 기존 법규를 따르지 않고 전대미문의 독창적인 제도를 만들어 냈다. 바로 "공적인 일은 공적인 도리로 다스리는[公器付之公理]" 민주제도를 창설한 것이다. 그에 따르면 워싱턴은 국가가 비단 한 사람에 속한 '사국'이 아닌 만백성의 '공국'임을 구체적인 내용으로 표현하였다. 저자가 볼 때 워싱턴의 행동은 깊은 이론적 기초를 바탕으로 하였는데, 각 사람마다 자질과 지혜가 다르지만 모두 평등하며 세상에서 유일한 존재라는 것이다. 하지만 인위적인 요인 때문에 각종 편견과 불평등한 상황이 생겨

났고, 귀천(貴賤)과 관민(官民)은 그야말로 천양지차이다. 또한 역사적으로 어느 국가를 막론하고 영웅의 자리를 위한 다툼이 끊임없이 일어나게 되었다. 따라서 오직 "백성을 귀하게 여길 때 백성이 나라의 근본[以民爲貴, 民爲邦本]"이 되는 이상이 실현될 것이며, 만약 "자신을 귀하게 여김으로써 백성을 천하게 삼고, 자신을 지혜롭게 여김으로써 백성을 우매하게 삼으며, 자신의 태평을 위해서 백성을 학대[賤其民以自貴, 愚其民以自智, 虐其民以自安]"한다면 이것은 마치 "사람의 머리를 베는 것과 같고, 나무의 뿌리를 자르는 것과 같고, 물의 근원을 막는 것[戮人之首, 戕樹之根, 塞水之源]"과 같으니, 어찌 "사람이 세움을 받고, 나무가 울창하며, 물이 흐르기[人之成立, 水之暢茂, 水之長流無滯]"를 기대할 수 있을까? 워싱턴은 바로 이러한 도리를 알기 때문에 병폐를 고치려 하였고, 이에 따라 "천하의 도리와 공의를 살피고, 백성을 중심으로 나라를 세워[體天道之公, 立國以民爲主]" 백성들을 위한 공의를 실현하였다.

그렇다면 워싱턴은 어떤 방법으로 이를 행동에 옮길 수 있었던 것일까? 저자는 워싱턴이 다음과 같은 제도적 준비를 했다고 보았다.

> 국회와 의회를 설립하여 모든 공적인 일은 크고 작음을 막론하고 반드시 공적인 의논을 거쳐 정한다. 독재적으로 권력을 장악하지 않고 강권적으로 법을 적용하지 않는다.
> 建公議院, 設議會, 凡公事, 無論鉅細, 皆由公議而定. 權不獨操, 法無强制.

또한 상의원과 하의원 모두 각 주의 선출을 거쳐 백성을 대신하여 논의를 하는 사람들로서 만약 다른 주에만 유리하고 어떤 주에는 이익이 돌아오지 않는 방식으로 법을 입안할 경우, 그 주에 속한 의원은 반드시 이를 밝히고 변론하여 모두에게 이익이 돌아가도록 최선의 방법을 강구해야 한다는 것이다. 나아가 저자는 이러한 실천 과정을 통해 여러 가지 효과를 가져올 수 있었다고 말한다. 그는 "백성을 위한 정치는 민심을 항상 살피고 나라가 백성을 위해 존재할 때, 모든 백성은 애국심이 생기게 되어[以民議政, 無政不洽輿情; 以國屬民, 無民不心愛國]", 이로써 내외적으로 모두 태평하니 "외적으로는 기회를 엿보는 적국이 없음이요, 내적으로는 악인이 창궐하지 않게 되었다[外無敵國之窺伺, 內無小醜之跳梁]"고 하였다.

서계여의 『영환지략』에서는 워싱턴의 행동을 '민주'라고 칭한 적은 없었으나, 워싱턴에 대해 칭송하기를 "참칭(僭稱)[11]과 세습을 하지 않고 선거법을 창설하여 천하를 만민 모두의 것으로 삼으며[天下爲公] 삼대의 위대한 뜻[三代之遺意]을 받들어 이상을 실현했다"고 하였다. 또한 '득일용인'은 새로운 점을 관찰해냈는데 워싱턴이 의회를 세운 것을 통해서 그의 행동이 갖는 이상적 의미를 설명한 것이다. 이와 같이 '워싱턴 신화'의 방향 선회가 이루어졌음을 잘 알 수 있다. 더욱이 '득일용인'의 논의는 의회를 주목했던 시대적 사조와도 맞아떨어졌다.

당시 널리 이름을 알리지 못했던 '득일용인'보다 사상적으로 탁월했던 수많은 지식인들 또한 시대적 사조와 같이 가는 성찰을 보여주었다.

만청 시기의 사상계와 정계에서 이름이 알려졌던 탕전(湯震, 수참(壽

---

11 분수에 넘치게 스스로를 왕 등으로 일컫는 것(역주).

僭), 1857~1917)은 『위언(危言)』이라는 저서(1890년 발간)를 남겼는데, 이는 혁신을 주장했던 당시의 명작 중의 하나로 꼽힌다. 그는 '이세(夷勢)'에 대한 분석을 통해 시국을 중재하는 사람은 지피지기로 양측 상황을 면밀히 관찰해야 함을 주장하며 당시의 세계적 추이를 예로 들었다. 특히 당시 미국의 국세가 날로 드높아져 서양 국가들 사이에서 군림하는데, 이러한 성황의 공로는 모두 워싱턴에게 있다고 보았다. 기본적으로 탕전의 이러한 주장은 서계여의 '상상'을 이어받은 것으로, 그 또한 워싱턴을 미국의 기인[異人]이라 여겼으며, 용맹함으로 거사를 일으켜 시대의 영웅이 되었을 뿐만 아니라 8년간의 혈투 끝에 나라의 안정을 찾은 후 참칭과 세습도 하지 않았다는 것이다. 그는 이와 같은 현상에 대해 당시 시대적 배경이 민주적 정치를 이행하고자 하는 인물을 수용했기 때문이라고 보았으나, 워싱턴의 행동으로 그 뜻을 생

탕전(湯震)

각하건대 그야말로 '요순의 읍양(揖讓)'과 비견할 만하다고 보았다. 그의 이러한 평가는 당시 워싱턴을 '이국의 요순'이라 보는 사조와도 잘 부합하는 것이었다. 하지만 탕전은 워싱턴에 대한 찬사에 그쳤을 뿐, 이를 통해 '요순의 읍양'을 어떻게 실현할 수 있는가를 고찰하지는 않았다. 오히려 정치체제 개혁 방안의 구체적인 방향을 두고 그가 선택한 것은 의회제도였으며, 이것이야말로 중국이 다시 부강해질 수 있는 열쇠라고 보았다.

마찬가지로 만청 시기의 사상 무대에서 영향력이 있었던 진치(陳熾, 1855~1900) 또한 이와 비슷한 논지를 펼쳤다. 진치는 1886년 군기장경(軍機章京)에 통과하여 핵심 국정에 참여하였고, 후일 호부(戶部)에서 일하여 상당히 풍부한 경력을 가지고 있었다. 그는 『용서(庸書)』(1896년경 발간)라는 저서를 남겼는데, 이 또한 만청시기 변법과 개혁 주장에서 유명한 저서이다. 진치는 '서구의 의회제도법'을 주장하며 이는 각국이 "강병부국하고 세계에 위력을 떨칠 수 있는 근원[强兵富國、縱橫四海之根源]"이라고 보았다. 또한 의회제의 이상적인 측면을 강조하고 이를 실현하는 이론적 근거로 삼기 위해 '서구의 의회제도법'이 "군주와 백성을 하나로 묶고 위아래로 모든 사람의 마음이 하나가 되는 데[合君民爲一體, 通上下爲一心]" 긍정적인 의미를 갖는다고 하였다. 그는 유럽 의회의 기원에서 폭군과 민란의 관계를 발견하고 민주제도와 의회법규의 효과에 대해 비유를 들어 설명했다. 즉 수백 년 전에 유럽 대륙 또한 여러 혼란스러운 일을 겪어 군주는 포악함을 즐거움으로 삼았고, 백성들은 난동을 일으켜 대항하는 것이 일상이 되어 태평한 나라도, 난동이 일어나지 않은 세기도 없었다는 것이다.

그는 원래 일개 백성이었던 워싱턴이 영국의 포악한 정치를 더 이상 참을 수가 없어 파죽지세로 미주 대륙을 부상시켰다고 보았다. 또한 워싱턴이 나라를 얻은 후 이를 사유화하지 않고, 오히려 민주제도와 의회 법규를 세워 국정을 모두 투표로 결정하는 방식으로 공론에 맡긴 것을 굉장히 이상적이라고 평가했다. 이렇게 함으로써 서양 각국이 이를 본받고 백성은 평안하며 군주의 위상은 날로 높아졌다. 따라서 그가 볼 때, 의회제는 민심이 상달되고 서로 화합하게끔 하며 '천심'과 '민심'이 하나 되어 큰 힘으로 작용하게 하기 때문에 청나라도 이를 따라 실천해야 한다고 주장하며 이를 위한 구체적 실행 방안을 내놓았다. 진치는 워싱턴이 권력을 사유화하지 않은 것을 높이 샀으나, 기존 중국 지식인들이 자손보다는 현인에게 군주 자리를 계승하고 '관천하(官天下)'를 실현한 워싱턴을 칭송했던 방향을 선회하여 워싱턴의 행동 중 민주제도와 의회제를 세운 것에 가장 주목하였다.

이처럼 워싱턴을 민주제도의 창시자로 보는 시각이 당시 풍조를 이루었으나, 일부 학식과 사상이 깊은 지식인들은 이에 동의할 수 없었다. 만청 시기 사상계에서 비중 있는 인물로 알려진 쑹수(宋恕, 1862~1910)의 경우 이러한 담론의 실현 가능성이 낮다고 보았으며, 사람들이 워싱턴을 서구 민주제도의 창시자로 여기는 견해를 반박하였다(그가 1895년 집필한 『육자과재진담(六字課齋津談)』 참조).

쑹수는 일찍이 기원 전 1,000여 년 당시 가나안 선지자 사무엘이 "왕이 없음이 있는 것보다 나음이라[有王不如無王]" 주장한 것을 서구 민주적 담론의 시초라고 보았다. 또한 그리스 아테네야말로 민주정치를 시작한 국가로 워싱턴보다 1,800여 년 앞선 것이라 했다. 로마 성세(盛世)에 정치체제가 자주 변동하여 때로는 군주제, 때로는 민주제를 시행하다 옥타비아누스 시대에 들어서 10년 임기의 규정을 세웠는

데, 쑹수에 의하면 이 또한 워싱턴보다 1,700여 년 앞선 것이다. 또한 미국인이 영국을 떠나 자주(自主)의 길을 가야 한다고 처음 주장한 사람은 워싱턴이 아닌 패트릭 헨리라 하였다. 하지만 수많은 서구의 영웅 가운데 프랑스의 나폴레옹과 영국의 크롬웰(格蘭空, Oliver Cromwell, 1599~1658)의 경우는 일종의 민주당에서 출발하였으나 권력을 손에 넣은 후 모두 세습을 도모했던 것에 반해, 오직 워싱턴만 사람들의 황제 추대와 세습 요청을 거절하였고 이는 그의 가장 독특한 행동이었다고 평가하였다.

쑹수는 '지식 창고'에서 수많은 서적을 탐독했던 사상가로, 예를 들어 오카모토 칸스케의 『만국사기』를 반드시 정독해야 하는 도서로 꼽았다(여기서 그의 독서 세계에 대한 상세한 설명은 하지 않겠다). 때문에 워싱턴이 서구 민주제도의 창시자라고 여기는 일반적인 견해에 대해서 그가

쑹수(宋恕)

예시를 통해 반박한 것은 이러한 도서들을 통한 것이겠지만 그 내용을 일일이 확인하기가 어렵다. 또한 이러한 반박의 옳고 그름을 여기서 논할 필요는 없을 것이다. 하지만 '지식 창고'에 내포된 이러한 '워싱턴 신화'의 표현 양식은 그가 글로써 오류를 증명하도록 자극했다고 할 수 있다.

비록 쑹수가 반박론을 펼쳤지만 워싱턴의 공로를 부정하는 것은 아니었다. 예를 들어 저장(浙江) 성 하이닝(海寧) 숭정서원(崇正書院)에서 가르치던 1896년 가을 당시, 그가 서원 학생들에게 내준 과제 중 하나가 바로 「워싱턴론[華盛頓論]」이었다. 이러한 제목(다른 제목과 마찬가지로)은 당시 사상적으로 그만큼 앞서가지 못했던 그 지방 인사들의 반대를 샀다. 지방 인사들이 해당 관부의 간섭을 요청하는 등의 사태가 발생하자 쑹수는 당황했다. 또한 쑹수 본인은 일찍이 1892년에 이홍장(李鴻章)에게 상서하여 변법을 요구함과 동시에, 그의 『육자과재비의(六字課齋卑議)』 원고에서 의회 설립을 주장하였는데, 이로써 군주, 신하, 관리와 백성을 하나로 연결해주는 정치적 효과를 기대했다. 그는 후일 정식으로 발간한 『육자과재비의』(1897년 말경 발간)를 통해 학교, 의회, 신문사[報館]는 넓은 세상 속에서 한 나라가 태평성세를 이룰 수 있는 강령임을 주장하며, 이 세 가지 강령을 실행할 수만 있다면 당우(唐虞) 삼대의 성세를 재연하여 영국, 독일, 프랑스, 미국과 같은 강국을 이룰 수 있다고 내다보았다. 여기서 알 수 있듯이 워싱턴의 이미지 역시 쑹수의 사상 세계를 이루는 중요한 요소였다. 그러나 그는 정치 개혁에서 의회제를 중요한 요소로 삼았음에도 불구하고 워싱턴을 모델로 하는 민주제도 창설의 길로 나아가지는 못했던 것이다.

탕전, 진치와 쑹수 등의 인물은 모두 사상계의 엘리트들로서 대청제국의 정치체제 개혁 방향을 구상하는 단계에서 '워싱턴 신화'가 이들의 사상적 원천이 되었으나, 이들 모두 의회제를 그들의 논의와 구체적 개진 방법으로 삼았다. 또한 비교적 유명하지 않았던 '득일용인'은 『만국공보』에서 이와 비슷한 논의를 펼쳐 당시 시대적 사조와 비슷한 흐름을 보여주었다. 이와 비슷한 시기에 후일 중화민국 주일 공사를 역임하는 왕룽바오(汪榮寶, 1878~1933) 또한 선배 학자들과 비슷한 견해를 피력하여 이러한 시대적 사조의 사회적 영향력이 얼마나 큰지 보여주었다.

1897년 7월 20일 출간된 『실학보(實學報)』제1호에 왕룽바오의 「화성돈전 독후감[書華盛頓傳後]」이 수록되었던 당시, 그는 20세도 채 되지 않은 청년이었다. 그러나 그의 글은 굉장히 높은 평가를 받아 맥중화(麥仲華)가 편찬한 『황조경세문신편(皇朝經世文新編)』(1898년 출판)과 소지당(邵之棠)이 편찬한 『황조경세문통편(皇朝經世文統編)』에 모두 수록되었다(전자는 제18권, 후자는 제55권 참조). 이처럼 왕룽바오에게 깊은 독서의 즐거움과 깨달음을 주었던 것이 바로 얼마 전에 출판되었던 신판 『화성돈전(華盛頓傳)』이었다.

이 『화성돈전』은 여여겸(黎汝謙, 생몰년 미상)과 채국소(蔡國昭, 생몰년 미상)가 공동 집필한 야심작으로 초판이 1886년에 발간되었다. 여여겸은 워싱턴의 이름을 익히 들어왔지만 그의 일대기를 그린 책을 구할 수가 없어서 안타까웠다고 밝혔다. 1882년 그가 대청제국의 일본 고베 이사관(理事官)을 역임할 때 당시 번역관이었던 채국소에게 부탁해 '근대 합중국 학사 어빙(Washington Irving, 1783~1859)'이 저술한 『좌치 · 화성돈전전(佐治 · 華盛頓全傳, The life of George Washington)』(1855년에서 1859년 사이 시리즈로 출간)을 구입하였다. 그는 책의 내용이 간결하면서

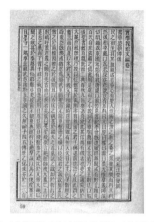

왕룽바오(汪榮寶)의 「서화성돈전후(書華盛
頓傳後)」, 『실학보(實學報)』제1책 59면

어빙(W. Irving)

도 상세한 기록을 담아 서구 사회에서도 호평을 받았다는 얘기를 듣
고 채국소에게 번역을 맡겨 3년이라는 시간에 걸쳐 번역본을 완성하
였다. 이후 본인이 직접 감수와 윤문 작업을 하여 드디어 출간한 것
이다.

　전반적으로 볼 때 이 『화성돈전』은 워싱턴의 일대기에 대한 자세한
서술이자 여여겸이 말한 바와 같이 미국의 개척 역사와 투쟁, 용병,
제도, 인물을 모두 그린 것으로, 어느 하나 다루지 않은 것이 없을 정
도로 가히 '미국 개국사략'이라고 부를 만하다. 여여겸은 워싱턴을 높
이 평가하며 그의 품성은 물론 공적이 동서고금을 막론하고 찾기 어려
운 높은 수준이라고 찬사를 아끼지 않았다. 또한 미국이 자주권과 넓
은 국토를 확보할 수 있었던 것은 워싱턴의 인애와 용맹이 있었기 때
문이라고 보았다. 한 마디로 말해, 워싱턴은 실로 시대를 아우르는 인
중호걸인 것이다. 하지만 이 저서는 당시 출판시장에서 그다지 큰 호
응을 얻지 못다. 아직까지 당시 문인들이 이 도서에 대해 어떠한 반응

을 보였는지 알기는 쉽지 않다. 그러나 1890년대 무술변법 시기에 가장 주목받았던 간행물『시무보(時務報)』에서 창간과 동시에(1896년 8월 9일) 이 책을 연재하기 시작함으로써(도서명을『화성돈전전(華盛頓全傳)』으로 변경) 다시 세상의 빛을 보기 시작했다. 다만, 전 시리즈의 양이 방대하여 연재 기간이 너무 길어질 것을 고려해 제12호부터 연재를 중단하고 이듬해 단행본을 출판하여 당시 사회로부터 열렬한 반응을 얻어냈다.

예를 들어 당시 출판시장에는 이미『화성돈태서사략(華盛頓泰西史略)』이라는 도서가 나와 있었는데, 이는 1897년 신학회(新學會)에서 교열 출판한 것이다. 이 책 또한 준의(遵義) 여여겸, 번우(番禺) 채국소 공동 번역이라는 이름하에 마치 여여겸 본인이 직접 쓴 것처럼 역자 서론을 함께 실었으며, 서론을 쓴 시기 또한 광서(光緒) 23년 정유포월(丁酉蒲月, 1897년 음력 5월)로 기재해 마치 신간으로 보였다. 하지만『화성돈태서사략』과『화성돈전』의 초판을 서로 대조하면, 사실 이 두 책의 내용이 완전히 일치하는 것을 알 수 있다.『화성돈태서사략』의 출판업자가 굉장히 공을 들여 다시 교열 및 편집을 거친 후 표지와 도서명을 바꾸었을 뿐만 아니라, 원래 여여겸이 작성했던『화성돈전전(華盛頓全傳)』의 역자 서론 등재 시기를 광서 을유년가평월(乙酉年嘉平月)에서 광서 23년 정유포월로 개정했던 것이다. 하지만 목록까지 미처 생각이 닿지 않아 원본과 같이 그대로『화성돈전』이라는 이름을 올리는 바람에 결국 복제서적인 것이 들통나 버렸다.

그러나 출판업자가 이와 같이 많은 공을 들여 이 책을 재편집해 출간한 점으로 미루어볼 때, 워싱턴과 관련된 서적 출판이 가져오는 수입이 적지 않았음을 추측해 볼 수 있다. 일례로 당시 과거제도의 경쟁 속에서 남다른 성적을 얻으려면 워싱턴과 관련된 지식은 필수조건 중

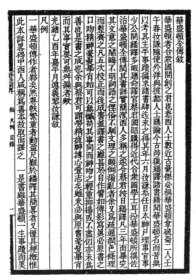

華盛頓全傳敍

華盛頓者合衆國開創之君也嘉西人士歎近古豪傑必稱華盛頓拿破崙二人王
午春汝謙便外洋與彼都人士議論今古沛微縞譯諸書籍聞華盛頓名而苦無
以考其生平事跡備米諸書肆造末六月汝謙恭任日本神戸理事官事
少公嗣繕譯多暇通命譯官蔡君即曒臘得近代合衆國學士耳汾華盛頓所撰本
治華盛頓全傳詳實繪溇西人多釋之迻今蔡君按月繕譯八三千而畢克
其文意之閒晦不明詞語之俚俗不馴文理之顛倒淆亂者甚於自作誊如傳影寫眞必原畫之
而整齊之凡五大校正而後成書菫譯書之難甚於自作誊如傳影寫眞必原書之
口吻精神鴛鴦畢肖而始可以無憾苟某君可謂學精疲罪博心瀝志矣雖未必與原書豪髮畢肖
善也是書之成也余與蔡君可謂學精疲罪博心瀝志矣雖未必與原書豪髮畢肖
而其事實要可無笇漏者歟
光緒乙未嘉平月遵義黎汝謙敍

凡例
一華盛頓傳作者彩矣然卷帙繁重者動盈尺
此本詳晃得中西人咸稱爲善本故取而襃之   一是書雖華盛頓一生事蹟而美

籀 凡例 目錄   一

고대의 이상은 이미 먼 옛날이야기가 되어버렸다는 것이다. 하지만 놀랍게도 먼 이국땅에서 기인이 출현했으니 그가 바로 워싱턴이었다. 왕룽바오에 따르면, 그는 민심을 정치의 기준으로 삼고 정치적 이상을 올바르게 실현코자 했으며, 집권 기한도 8년으로 제한하여 권력이 한 가문의 소유물로 전락하지 않도록 했다. 이러한 조치는 요·순의 선례와도 비견할 만하며, 공자의 학설과 일치하고, 동중서(董仲舒)의 관점과도 부합하는 것이라고 했다. 따라서 네 가지 선한 결과를 얻었는데, 첫째 '성덕(盛德)'의 시대를 이루었고, 둘째 통치자가 권력 있는 신하의 왕위 찬탈을 염려할 일이 없고 백성들은 순리대로 사는 평안을 누렸으며, 셋째 나라의 모든 자제가 국정에 관심을 가지고 참여했으며, 넷째 진승(陳勝), 오광(吳廣)과 같이 궐기하여 폭정으로 막을 내리거나, 도적의 무리가 일어나 군중을 모으고 왕위를 찬탈해 권력을 잡는 일을 막을 수 있었다는 것이다. 왕룽바오는 다음과 같은 결론을 통해 중국의 현실을 정확하게 진단하였다.

> 학교의 부재로 지혜로운 백성이 나오지 않으며,
> 의회의 부재로 공의가 세워지지 않음이라.
> 위로 다스리는 자는 자신의 이익을 위할 뿐 백성을 사랑하지 않으니,
> 아래로 관인들은 부귀영화를 구할 뿐 나라 공경함은 모르도다.
> 오호라! 여기서 생기는 득실의 차이가 실로 크도다!
> 是故學校不立, 智民不生; 議院不興, 公義不出. 上務所以便己,
> 而不務愛民; 下務所以當貴, 而不務尊國. 烏乎! 其得失之懸絶, 抑何
> 甚矣!

다시 말해 이는 학교와 의회를 설립함으로써 지혜로운 백성과 공의를 세울 수 있고, 그때 비로소 위로는 백성을 아끼며, 아래로는 국가를 공경하는 결과를 얻을 수 있다는 것이다. 다만 그의 사고 역시 의회제도에 주력하여 시대적 논의 및 사조와 같은 방향으로 가고 있음을 보여준다.

'워싱턴 신화'의 방향 선회를 나타내는 이러한 사례들은 모두 1890년대에 한층 고조된 의회론과 부응하는 것이다. 이러한 배경은 신화가 원래 내포하는 이상적 성격이 황권제도의 중국에서는 실현 가능성이 크지 않다는 것을 보여준다. 따라서 이를 '의회'라는 주제로 방향 전환을 한 후, 의회제가 가지는 이상적인 측면이 각종 논리로 증명되어 이러한 신화의 실현 가능성이 한층 높아졌다. 왕룽바오와 같은 청년이 '워싱턴 신화'를 통해 의회제를 세워야 한다는 결론을 얻는 것만 보더라도 이러한 추이를 짐작케 한다.

하지만 의회론이 고조된 시대적 분위기에도 불구하고 반대의 목소리가 존재하게 마련이다. 예를 들어 황경징(黃慶澄, 생몰년 미상)은 1893년 일본을 둘러보며 직접 메이지 유신 후 일본의 분위기와 국정을 목도하고 특별히 '의회소'를 방문한 바 있다. 그는 의회소가 이른바 하의원으로 미합중국에서 시작하여 이를 창설한 이가 워싱턴이라고 밝혔다. 워싱턴은 근대에 둘도 없는 큰 인물로, 건국 이후 어느 날 그에게 아이디어가 떠올라 민주제도와 의회제도를 창설하게 되었다고 했다. 하지만 황경징의 생각에는 이 또한 그렇게 할 수밖에 없었다. 워싱턴의 본 의도에서 추측해보건대 이것은 일종의 예방 제도였다는 것이다. 또한 모두가 말하는 것처럼 워싱턴이 정말 "나라를 얻어 자기 자손에게 물려주는 것은 사사로운 것이다. 백성을 다스리는 책임은 마땅히 덕이 있는 사람을 택하여 맡겨야 한다[得國而傳子孫, 是私也; 牧民之任, 宣擇有德者爲之]"라고 말했는지에 대해 회의론을 펼쳤다. 나아가 이를 당우시대의 선양에 비유하는 것 역시 너무나 잘못된 것이라고 지적했다. 그러나 동시에 황경징은 이 때문에 워싱턴의 중요성을 간과하는 것 역시 어리석은 일이라고 보았는데, 왜냐하면 미래에 진정한 영웅이 나타나 통치자의 보좌에 올라 큰 뜻을 품고 워싱턴 당시의 이상을 실현할 수도 있기 때문이다. 뿐만 아니라 워싱턴이 처음 의회제도를 실시할 때만 해도 전국에서 지혜로운 자를 모아 국정의 어려운 과제를 해결했던 바 실제로 탁월한 통치의 효과를 가져왔으나, 그 후 100여년 동안 세계 각국에서 이 제도를 앞다투어 도입한 결과 오히려 안 좋은 현상이 난무하여 그 폐단이 극심해졌다고 했다. 따라서 "천하를 다스리는 것도, 어지럽히는 것도 의회[治地球者, 議院也; 亂地球者, 亦必議院也]"라는 결론을 맺으며 만약 워싱턴이 아직 살아 있다면 그도 마찬가지로 탄식할 것이라고 여겼다.

황경징의 이러한 논의는 '워싱턴 신화'의 표현 양식을 뒤엎기 위한 것처럼 보인다. 그는 워싱턴이 사욕을 위해 세습을 하지 않은 것은 실상 근거 없는 얘기라고 비판하였다. 또한 워싱턴이 '이국의 요순'으로 미화되는 것 자체도 무리가 있다고 주장하였다. 황경징의 사상적 맥락에서 볼 때, 서구를 본받아 의회를 설립하는 것은 절대로 해서는 안 될일이며 "천하를 어지럽히는 것도 의회"일 수밖에 없었다. 이러한 입장은 1890년대 당시 많은 지식인이 의회 설립을 주장하는 사조와 사뭇다른 것이었다. 하지만 자세히 들여다보면 황경징 역시 진정한 영웅이 나타나 워싱턴 당시의 이상을 실현해주기를 바랐다는 점에서 '워싱턴 신화'에서 완전히 자유롭지 못했다. 그 역시 의회제도가 탄생한 데에는 워싱턴의 공로가 크다고 보았으며, 게다가 그가 분석에 주력했던 대상도 국가 원수의 탄생 방식에 있지 않고 오히려 의회에 집중되어 있었다. 때문에 그는 의회가 탄생 당시에는 유익하였으나 그 후 점차 폐단이 생겼다고 보았다. 이러한 사고방식은 황경징이 당시 사조에 이의를 제기함과 동시에 한편으로는 시대적 흐름과 함께하고 있음을 보여주는 것이다.

'워싱턴 신화'는 만청 시기 '지식 창고'를 통해 널리 알려지고 지식인들의 각종 논의를 이끌어내는 동시에 정치 개혁 방안에 대한 고찰과 사상적 원천이 됨으로써 실질적인 정치적 효과를 가져다 주었다. 하지만 이러한 신화를 실천하고자 하는 의지가 의회제도 설립이라는 방향으로 흘러가 사조와 시대 간의 호응관계를 명확히 보여주었다. 비록 '워싱턴 신화'가 사람들로 하여금 제도적 개혁을 구상하게끔 이끌어주는 사상 자원이라 할지라도 현실적인 환경의 제약으로 그 이상적 측면은 어쩔 수 없이 방향 선회를 하게 되었고, 이는 사람들이 의회라는 이상적인 정치제도를 꿈꾸는 근거가 되었다. 실제로 '워싱턴 신화'를 실현하기 위한 노력의 방향은 이미 신화가 탄생하고 전파되던 당시의 함의 및 이상적 내용과 별로 관계가 없는 쪽으로 흘러갔다. 하지만 사람들은 제도 개혁을 구상할 때 여전히 워싱턴의 방식을 연구하고, 새로운 제도를 수립하는 데 그를 일종의 이론적 원천으로 삼았다. 그렇다면 이러한 사상적 노동이란 결국 '워싱턴 신화'에 새로운 생기를 불어넣음으로써 또 다른 상상 공간을 낳은 것이라고 할 수 있다.

제5장

'워싱턴 신화'와 혁명 풍조

'워싱턴 신화'에 담겨 있던 이상(理想)적 성격은 제정(帝政) 중국에서는 근본적으로 실현될 여지가 없었다. 그러나 사람들이 거기에서 중국의 정치적 곤경을 돌파할 방도를 찾는 것은 막지 못했다. 사람들은 '워싱턴 신화'를 통해 정치 개혁 방안의 사상적 자극을 제시하고 구체적인 정치 효과를 생산했다. 하지만 '워싱턴 신화'가 1890년대에 '의원(議院)'이라는 실천 방향을 찾았을 때, 군주제를 뒤엎으려는 혁명의 역량이 어느새 일어났다. 혁명 사조가 중국 역사의 무대에서 널리 전파된 것이다. 그러나 혁명의 장(sphere)에서도 '워싱턴 신화' 안에 내재되어 있는 이상적인 성격은 더 이상 금기시되지 않았고, 오히려 사람들이 '혁명 상상'의 무한한 공간 속에서 질주할 수 있도록 독려했다. 혁명의 격랑 속에는 여전히 같은 방향의 사상적 조류가 잠재되어 있었던 것이다.

중국의 정치적 곤경에 대한 재고

'워싱턴 신화'는 중국 전통정치의 난국을 돌파할 수 있는 '사상 자원'이 될 수 있었다. 이선란(李善蘭)의 이론적 사유처럼, 그것은 사람들의 사상 세계 속에서 부재할 수는 없었다. 그러나 몸소 대청제국 '황제의 무한한 은혜[浩蕩皇恩]'를 입은 많은 지식인들이 볼 때 그것은 행동에 옮길 수 없고 단지 이상(理想)으로만 내걸 수 있는, 기다리고 추구해야 할 최종 목표였다. 감한(甘韓)이 편집한 『황조경세문신편속집(皇朝經世文新編續集)』 제2권(1902년 출판)에 수록된 답안을 예로 들어보자. 이 답안의 출처나 작자는 알 수 없지만 그 편명(篇名)이 다음과 같은 것을 볼 때, 〈문제: 예로부터 천자와 제후는 후계자로 태자와 세자를 세웠다. 이러한 것은 한(漢), 진(晉) 이후에도 지속되었고 왕위 계승자로서 태손(太孫)과 태제(太弟)라는 작호(爵號)도 생겼다. 심지어 황태숙(皇太叔)이나 천자의 자손이 아니면서 태자로 세워진 사람도 있다.[12] 그 명분이 매우 올바르지 못했던 것이다. 강희(康熙) 이후 태자를 다시 세우지 않는 것이 황실의 가법(家法)이 되어 옛 제도가 크게 변했다. 만국이 교통하는 오늘날, 서양 군주의 나라도 태자가 있고 중국의 옛 제도와 암묵적으로 상통한다. 각 득실을 따져 그 예를 열거하고 논하라[問: 古者天子諸侯皆立太子世子, 漢晉以後因之, 且有太孫太弟之目. 乃更有稱為皇太叔及非子而立為太子者. 其名不正甚矣. 國朝康熙以後不復建儲, 垂為家法, 大變古制. 方今英國交通, 泰西君主之國亦有儲貳, 與中國古制闇合. 試綜其得失, 臚舉而論列之].〉 이는 서원(書院) 혹은 과거(科舉)의 책론(策論)[13] 시험 문제일 것이다. 여기서 지식인에게 요구하는 것은 중국과 서양의 '왕위 계승자 결정[建儲]' 방법의 '득실'에 대한 비교로, 명백히 시험 응시자의 종합적 비교 능력을 요한다. 여전히 사서오경에만 몰두하고 서양

---

12 (황)태손, (황)태제, 황태숙은 각각 황제의 손자(태자의 아들), 동생, 숙부로서 황제의 후계자를 가리킴(역주).

13 '대책(對策)'과 '의론(議論)'을 합한 말로, 과거시험의 책문(策問)에 답하는 것을 대책이라 하고, 이것을 논하는 것을 의론이라 함(역주).

의 지식을 널리 구하지 않은 중국의 지식인은 경쟁에서 낙오할 수밖에 없었을 것이다. 다행히 '삼경등화오경계(三更燈火五更雞)'[14]의 지식인들이 '지식 창고' 속에 비축된 풍부한 지식에 의지하여 밤낮없이 심혈을 기울인 노력은 헛되지 않았다. 이러한 지식인들은 이 문제에 대해 "역대 왕조의 기록을 멀리하고, 서양이 이미 이룬 것을 가까이 해야한다[遠稽歷朝之紀載, 近效泰西之已事]"라며 기세 높은 문장으로 자신 있게 답했고, 중국과 서양의 역사 경험을 예로 들어 논의를 펼쳤다. 그것은 다음과 같다.

삼대 이후 군주는 요·순이 아니고, 신하는 고(皋)·기(夔)·계(契)[15]가 아니다. 관천하(官天下)의 마음으로 요와 순의 선양(禪讓)을 행하거나, 미국 워싱턴과 같이 할 경우 반드시 대란이 일어날 것이다. 아들에게 양위하려면 반드시 정실을 세워야 하며 적자가 모두 현명할 필요는 없는데, 이 또한 대란의 길이기 때문이다.

三代以下, 君非堯·舜, 臣非皋·夔·稷·契, 必欲以官天下之心, 高唐虞之禪, 如美洲華盛頓之所為, 固大亂之道也; 然傳子而必泥於立嫡, 則嫡子不必皆賢, 亦大亂之道也.

그러므로 논자의 결론은, 청(淸)의 강희(康熙)로부터 설립된 '황실의 가법'은 최고의 제도로서 "옛 제도에 얽매어 헛된 이름을 바라지 않게 하며, 영구히 혼란을 근절하여 나라의 근본을 굳건히 하기[不泥古制而

---

14 삼경(밤 11시~1시)에 불을 끄고 오경(새벽 3시~5시)에 눈뜸. 학문에 대한 열정과 인내를 나타내는 표현으로, 잠을 줄여 독서에 열중한다는 의미(역주).

15 요와 순을 보좌했던 현명한 신하를 말함(역주).

慕虚名, 永杜亂萌而固國本]" 때문에, 반드시 "억만 년 동안 한없는 아름다움[造億萬年無疆之休]"을 이룰 수 있다는 것이다. 이상과 현실 사이에서는 오직 "현세의 왕을 본받는 것[法今王]"만이 현존하는 제도를 최고 우위로 유지할 수 있다. '워싱턴 신화'를 실행하려면 오직 군주는 '요·순과 같은 성군'이어야 하고, 신하는 "고(皐)·기(夔)·계(契)'처럼 현명해야만 가능하다.

역사를 돌아보면 강희제는 아들들의 황위 쟁탈로 인해 초조하고 괴로워했다. 이에 그의 아들 옹정제(雍正帝)는 황위를 계승한 후 '밀건(密建)'이라는 제도를 만들었다. 황제는 비밀리에 친필로 쓴 황위 계승자 이름의 '유지(諭旨)'를 함에 넣어 건청궁(乾淸宮)의 '정대광명(正大光明)' 현판 뒤에 감추어두는데, 황제가 죽은 후 이것을 어전대신(御前大臣)과 군기대신(軍機大臣) 등이 함께 공개한다. 이 '어서(御書)'에 지정된 인물이 제위를 계승하게 된다. 그러므로 황제의 여러 자식들 중 누가 과연 황제의 용포를 입게 될지는 황제 본인 이외에는 아무도 알 수 없었다. 이러한 제도는 형식상 황자들 사이의 황위 분쟁을 확실히 해결하고, '대통(大統)'을 이을 수 있는 황태자 선정에서 대신들의 사사로운 옹립으로 촉발되는 싸움을 막을 수 있었다.

그러나 이것이 가장 이상적인 제도일까? 이미 일어난 역사에서 가설은 물론 성립될 수 없지만, 만약 허락된다면 그것 역시 나름대로 흥미로울 것이다. 이 제도의 건립 이후 청조 역사를 보면, 도광제(道光帝)는 넷째 아들 혁저(奕詝)와 여섯째 아들 혁흔(奕訢) 중 누구를 계승자로 정할지 극도로 고심하였다. 최종적으로 그는 혁저에게 황위를 물려주기로 정하였는데, 그가 바로 함풍제(咸豐帝)이다. 만약 도광제가 여섯째 아들 혁흔을 계승자로 했다 해도 그가 좋은 황제가 되었을지는 아무도 모른다. 그러나 확언컨대 서태후(西太后)는 결코 출현할 수 없었을 것이다. 서태후는 함풍제의 애첩이었고, 유일한 아들 동치제(同治帝)의 모친이었다. 그녀는 아들로 말미암아 함풍제 사후 수렴청정(垂簾聽政)하였고, 대청제국의 최고 정치권력을 무려 40년 이상 장악하였다. 따라서 분명한 사실은 만계일가(萬系一家)[16]가 천하를 통치하는 황제제도가 장기간 이어지면, 그 어떤 계승제도도 중국 정치의 이러한 곤경을 타파할 수 없다는 것이다.

그러나 위 답안을 쓴 작자의 관심은 여기에 있지 않았다. 그는 청조의 '가법(家法)'을 최고의 제도라 칭하고, 동시에 중서고금(中西古今)의 역사 경험을 논거로 삼았으며, '워싱턴의 행위'와 '관천하(官天下)' 및 '요순의 선양(禪讓)'을 동일시하였다. 이는 엄연히 '워싱턴 신화'의 기본 형태에 동조(호응)하는 것이다. 하지만 그는 요·순과 같은 '성군(聖君)'과 고(皋)·기(夔)·직(稷)·계(契) 같은 '현신(賢臣)' 없이 '워싱턴의 행위'를 흉내 낸다면 필연코 천하는 대혼란에 빠질 것이라 하였다. 그 역시 이선란(李善蘭)과 마찬가지로 감히 시대의 한계를 초월하여 미국을 본보기로 삼자고 말하지 못했다. 하지만 같은 상황에서, 혁명에 뜻을 둔 선진들은 이미 일찍부터 미국 제도를 본받자고 호소했다.

'혁명 상상'과 '워싱턴 신화'의 수렴

현대 중국의 혁명운동 발흥은 쑨원(孫文, 1866~1925)과 밀접한 관계

---

16 천하가 하나의 가문, 하나의 핏줄로 형성된다는 의미(역주).

가 있다. 성장 단계에서 중국의 전통교육을 받은 대다수 동시대인들과 달리, 쑨원은 14세(1879년)에 이미 중국을 떠나 하와이 호놀룰루에서 취학하였다. 이후 홍콩에서 현대 서양의학 교육도 받았고, 서구 세계에서 다년간 생활한 경험도 있었다. 쑨원 역시 원래는 개혁을 주장하였고, 일찍이 이홍장에게 상서하여(1894년 6월) 그 실천을 도모하였지만 이홍장은 시종 외면했다. 결국 그는 혁명 활동으로 전향하게 된다. 1894년 11월, 쑨원은 호놀룰루에서 화교(華僑)들과 연합하여 흥중회(興中會)를 조직하였고 "달로(韃虜)[17]의 축출, 중화의 회복, 합중(合衆)정부의 창립[驅除韃虜, 恢復中華, 創立合衆政府]"을 입회 강령으로 택했다. 당일 창립회에 출석한 화교는 20여 명밖에 되지 않았지만, 다음 해 광저우 봉기 직전에 이르면 성명을 거론할 수 있는 회중만 해도 197명에 이르렀다. 인원수는 제한되었어도 혁명 역량의 흥기가 나타난 것이다. 1895년 2월 홍콩으로 간 쑨원은 흥중회를 양구운(楊衢雲, 1861~1901) 등과 조직한 보인문사(輔仁文社)와 결합시켜 흥중회 총기관부를 설립했다. 강령으로는 "달로의 축출, 중화의 회복, 합중정부의 창립"을 확정하고, 민족주의와 민주주의의 혁명 종지(宗旨)를 못 박으며 만주족 청 정권과의 공존을 거부했다.

역사적 흐름에서 보자면, 흥중회가 표명한 '합중정부의 창립'이라는 목표는 미국을 모델로 한 것이었다. 예전의 '지식 창고' 내에서는 이미 서계여에서부터 미국을 '아메리카 합중국'이라 불렀고, 앨런이 '구역(口譯)'한 『열국세계정요(列國歲計政要)』에서도 워싱턴이 건립한 나라를 '아메리카 합중국'이라 했다. 이른바 '합중정부'도 곧 미국 정부를 뜻하

---

17 만주족을 '북방 오랑캐' 정도로 낮춰 부르는 말(역주).

는 것이라 할 수 있다. 이처럼 혁명 조직들은 처음 일어날 때부터 자신의 이상적 목표를 표명하는 어휘를 통해서 시대적 흐름과 동행하고 있었다.

결국 쑨원이 서양 교육을 받았다 하더라도, 그는 중국에서 혁명을 일으키고 대중들을 그의 혁명 대업에 참여하도록 설복시켜야만 했다. 이때 그가 구축할 수 있는 이론적 근거 및 어휘는 대중의 지식 범위에서 너무 벗어나서는 안 되었다. 게다가 그 자신의 지식 구성으로 말하자면, 사실 '중국도 아니고 서양도 아니며, 중국이기도 하고 서양이기도 한' 혼잡한 양상이었다.

1895년, 쑨원은 광저우에서 처음 혁명의 군사 행동을 개시하였지만 참담하게 실패하고 말았다. 이후 그는 청조에서 지명수배에 해당하는 '역적'으로 몰리게 되었고, 심지어 식민지 홍콩에서도 거류할 공간이 없었다. 쑨원은 어쩔 수 없이 동쪽의 태평양을 건너 타국에서 머무르며 갖은 고초를 겪게 된다. 1896년 9월 말, 그는 대영제국의 수도 런던에서 한 차례 위기[18]를 맞았다. 다만 "화(禍)와 복(福)은 함께 온다[禍兮福之倚]"는 말처럼, 런던에서의 이 '위기'는 그의 '영웅' 이미지 창조에 계기를 제공하였다. 당시 영국의 보도매체는 쑨원이 겪은 일에 대해 장황하게 긴 글을 발표했고, 이는 많은 사람들의 주목을 받았다. 케임브리지 대학의 중국학[漢學] 교수 자일스(翟爾斯, Herbert Allen Giles, 1845~1935)는 『중국 인명사전(Chinese Biographical Dictionary)』을 편집하던 중, 바로 쑨원을 당대 중국의 유명인사로 보고 그에게 자서전 집필을 요청하였다.

---

18 쑨원이 청(淸) 공사관에 의해 체포되고 13일간 억류되었던 일(역주).

쑨원은 이 자서전에서 자신의 교육 과정을 간단히 서술한다. 자신이 "뜻은 원대하고 성정은 신기한 것을 흠모"하는데, 이로 인하여 "배운 것이 많고 박식하지만 잡스럽고 불순하다"고 묘사하였다. '중학(中學)' 영역에서는 특별히 "삼대양한의 문장[三代兩漢之文]"을 좋아하고, '서학(西學)' 방면에서는 '다윈의 도(道)'(즉 다위니즘, Darwinism)에 "집착[雅癖]"하며, "정사(政事)를 탐구하는" 서적들을 자주 열독한다고 하였다. 또한 쑨원은 자칭 "예수를 숭배하는" 신도라고 하였으며, "중국의 탕왕과 무왕, 미국의 워싱턴[中華之湯武暨美國華盛頓焉]"을 존경한다고 말했다. 자신의 혁명에 대한 포부와 목표 역시 서술했는데, 이에 대해 "잔적(殘賊)을 축출하고, 중화를 재건하며, 삼대의 규범을 회복하고, 서양의 법을 따를 것[驅除殘賊, 再造中華, 以復三代之規, 而步泰西之法]"이라는 이상을 표명했다. 쑨원의 지식 세계는 엄연히 중국과 서양을 종합한 것이었으며, 그가 사용하는 문장 표현이나 개념도 실제 동시대의 다른 사상가보다 '빼어나다'고 할 수는 없었다. 세계여가 워싱턴의 행위를 "천하가 만민의 것이 된다[天下爲公]"와 "삼대의 위대한 뜻[三代之遺意]"이라는 이상에 가깝다고 했던 것처럼, 쑨원도 중국 전통의 아름다운 '삼대 형상'을 동경했던 것이다.

쑨원의 '삼대 형상' 인식은 그가 자신의 "혁명 종지, 그리고 이에 관한 방법 및 수단[革命之宗主(主旨)與附屬之法及手段]"을 설명하기 위해 동원한 내용이기도 했다. 1897년 9월, 그는 장기간 중국 혁명 사업에 관심을 가졌던 미야자키 도텐(宮崎滔天, 1870~1922)과 처음 만나 대화를 나누었고 이와 같이 말한 바 있다. 이 비밀 회담은 미야자키 도텐이 1902년에 출판한 단행본 회의록, 『33년의 꿈(三十三年の夢)』에서 적나라하게 밝혀졌다. 이후 이 책은 중국어로 번역되어 『대혁명가 쑨이셴

(大革命家孫逸仙)』으로 명명되었고, 큰 영향력을 발휘하여 혁명 사상을 선전하는 무기 중 하나가 되었다. 쑨원은 미야자키에게 자신의 "정치적 주장은 공화주의[政治主張是共和主義]"라고 말하였고, 이와 관련하여 다음과 같이 논했다.

이른바 공화란 우리나라 치세의 진수이자 선철(先哲)의 유업이다. 우리나라 국민들이 회고(懷古)하는 것은 전적으로 삼대의 통치(三代之治)를 그리워하기 때문이다. 이른바 삼대의 통치는 진실로 공화의 요체를 담고 있다(이는 현대 중국어 번역문이다. 당시 『대혁명가 쑨이셴』의 번역문은 "공화주의자는 우리나라 치세의 정수이며, 선철의 유업이다. 우리 국민들이 회고하는 것은 모두 삼대의 통치를 흠모하기 때문이다. 삼대지치를 모른다면 어찌 공화의 정수를 얻고 행할 수 있겠는가").

所謂共和, 是我國治世的真髓, 先哲的遺業. 我國國民之所以懷古, 完全是因為追慕三代之治. 而所謂三代之治, 的確掌握了共和的真諦(這是現代漢語譯文; 『大革命家孫逸仙』的譯文是: "共和者, 我國治世之神髓, 先哲之遺業也. 我國民之論古者, 莫不傾慕三代之治, 不知三代之治, 實能得共和之神髓而行之者也").

이는 현대적 개념어인 '공화'로 '삼대의 통치(三代之治)'의 의의를 해석한 것이다. '삼대의 통치'에 관한 앞의 사례들과 비교해보면, 쑨원은 '옛 곡을 새 방식으로 노래한 것[古曲新唱]'이다. 그러나 이는 그가 사람들에게 모두 친숙한 '삼대 형상'으로 '공화'라는 이 새로운 개념과 어휘 속 함의를 보강하여, 사람들로 하여금 '공화'의 이상적 의의를 이해할 수 있게 해야 했던 사실을 보여준다.

이 '삼대 형상'은 본래 '워싱턴 신화'에 내포된 내용이었다. 서계여 이후 '삼대 형상'을 통해 워싱턴이 창제한 입법의 아름다운 결과가 묘사되고 널리 전파되었다. 따라서 쑨원의 논설은 그것이 설령 기존 '워싱턴 신화'의 영향을 받은 것이 아니라 할지라도, 그의 사상 세계 속의 '전통적' 요소를 펼쳐 보인 것이 되었다.

종합적으로 말하자면 쑨원이 혁명 사업 초기에 내세운 '합중정부 창건'의 이상은 기존 '지식 창고'의 서술과 얽혀 있었다. 그는 '공화주의'를 목표로 한 '혁명 상상'을 '삼대 형상'으로 수렴시켰다. 그리고 이러한 '혁명 상상'은 '워싱턴 신화'의 이상적 함의와 함께 발전하였다.

'지식 창고'의 개방적 성격

혁명 지사들이 표명한 목표는 미국 제도를 모델로 삼은 것이었다. 이것이 역사적으로 축적된 사상적 유산과 불가분의 관계인 이상, 기존 '지식 창고'에 축적된 지식들도 그들이 소망하는 혁명의 장래를 그려보게 하는 원천이었다. 60년 전부터 형상화되기 시작한 '워싱턴 신화'는 여전히 그 '독려'의 효과를 지속할 수 있었고, 심지어 혁명 당원들로 하여금 그것을 '이론적 무기'로 받들게 했다. 흥중회의 기관지 『중국순보(中國旬報)』는 1900년 9월의 제22기 출판에서 「원중원(原中原)」을 게재하였다. 작자는 진춘생(陳春生, 생몰시기 미상)으로, 그는 "워싱턴의 마음으로 워싱턴의 일을 행하자"고 제창하며 워싱턴을 모범으로 높였다. 다만 그 논설은 이전의 서계여(徐繼畬)가 『영환지략(瀛寰志略)』에서 워싱턴을 찬양하던 내용의 복사판이었다.

저자	내용
진춘생	워싱턴은 3척의 검을 들고 수만 리를 개척했지만 세상과 더불어 나누었고, 천하를 소유하려 하지 않았다. 그는 공법을 세워 이행하고 종래 없던 놀라운 형세를 열었다. 당(唐) 요(堯)가 보여준 양위의 기풍도 그에 비교할 수 없고, 유럽 민주정치도 그의 어진 성품에 비교할 수 없다. 이것이 바로 평안하고 장구한 통치를 할 수 있는 도리이다. 워싱턴의 마음으로 워싱턴의 일을 도모하면 서양의 중원에서 흥성한 모습이 어찌 동양의 중원에서 보이지 않겠는가? (……) 華盛頓提三尺劍, 開疆萬里, 乃與世共之, 創推擧之公法, 開未有之奇局, 唐堯揖讓之風能不及其無弊, 歐洲民主之政不足擬其寬仁, 誠長治久安之道也. 苟能以華盛頓之心, 行華盛頓之事, 又安見西半球中原興盛之象, 不見於東半球之中原也.(……)
서계여	워싱턴은 위대한 사람이다. 일을 도모하는 것은 진승(陳勝)과 오광(吳廣)보다 용감하고, 할 거는 조조(曹操)와 유비(劉備)보다 대담하다. 이미 3척의 검을 뽑아 국토의 몇 만 리를 개척하고 제왕의 자리와 칭호를 만들지 않았으며, 자기 자손에게 물려주지 않고 선거법을 만들었으니, 천하가 만민의 것이 되는 삼대의 위대한 뜻에 가깝다. 華盛頓, 異人也. 起事勇於勝, 廣, 割據雄於曹, 劉. 旣已提三尺劍, 開疆萬里, 乃不僭位號, 不傳子孫, 而創爲推擧之法, 幾於天下爲公, 駿駿乎三代之遺意. (……)

진춘생의 의도는 물론 이 문장을 읽는 이가 워싱턴을 본받아 "동양의 중원"에 "서양의 중원의 흥성한 모습"이 나타나게 하는 것이었다. 이 글에서 워싱턴의 이미지는 더 이상 진승, 오광이나 조조, 유비 등과 함께 거론되지 않았지만, 여전히 "3척의 검을 들고 수만 리를 개척하는" 영웅적 기백을 갖고 있었다. 또한 여전히 "세상과 더불어 나누고, 천하를 소유하지 않던" 워싱턴의 행적을 높이 평가했다. 그 역시 워싱턴을 '지도자를 추대하는 공법'의 창시자로 간주한다. 진춘생의 표현 안에서 워싱턴은 "종래 없던 놀라운 형세를 개척하여", 심지어 "요(堯)가 보여준 양위의 기풍"과 "유럽 민주정치"도 모두 비교 불가한 대상이었다.

시대의 흐름으로 보자면, 진춘생이 이 문장을 발표할 때『영환지략』

은 지식을 복제하거나 베껴 쓰기 위한 대상이었고, 전술했듯 널리 전파된 『미국연기(美國緣起)』는 그 중 한 사례였다. 그렇다면 진춘생은 『영환지략』에서 창작의 영감을 발견했거나, 혹은 원래부터 『영환지략』을 열독했던 사람이었다. 따라서 『영환지략』은 그의 지식 기반이 되었고, 집필 시 문장 구상을 샘솟게 하는 원천 중 하나가 되었을 것이다. 이처럼 '지식 창고'는 본래 사람들이 마음대로 드나들 수 있는 '열린 공간'이었고, 그것이 제공하는 '사상 자원'은 누구나 향유할 수 있었다. 혁명당원들 역시 예외가 아니었다.

'지식 창고'에 축적된 내용은 지나치게 많고 파악하기가 어려워 시대와 환경의 변화에 따라 같은 책도 다른 의의로 읽혔다. 그로 인해 새로운 상상 공간이 열리게 되었다. 앞서 논한 바 있는 『화성돈전』은 십대 소년 왕룽바오로 하여금 '의원(議院)'의 기능을 생각하게 하였고, 얼마 지나지 않아 일본 도쿄의 고등대동학교(高等大同學校)에서 그 책은 '혁명 교재'가 될 수 있었다.

'무술정변' 발발 이후 '캉유웨이', '량치차오' 등 변법의 수뇌들은 다급히 일본으로 망명하였으며, 이후 고등대동학교를 창립하고 량치차오가 교장으로 부임하였다. 당시 동시에 바다를 건너 망명한 쑨원은 량치차오와 밀접한 교우를 나눴고, 심지어 함께 손잡고 혁명의 대업을 도모하려 했다. 중화민국 개국 이전의 혁명사를 저술한 유명인사 펑쯔유(馮自由, 1882~1958)가 바로 이 학교의 학생이었다. 그의 회고에 따르면 고등대동학교 안은 "혁명의 기운으로 충만[充滿革命空氣]"했고 학생들은 혁명에 관해 수준 높은 대화를 나눴으며, 학교 역시 루소의 『민약론(民約論)』, 『프랑스 대혁명사(法國大革命史)』, 모세의 『출애굽기』, 『화성돈전』과 『영국 혁명사(英國革命史)』 등의 저서를 교재로 삼았다. 학생들은 루소(盧騷, Jean-Jacques Rousseau, 1712~1778), 로베스피에르(羅伯斯比爾, M. F. M. Isidore de Robespierre, 1758~1794), 워싱턴 등 프랑스와 미국의 혁명 이론가와 운동의 선구자들을 흠모하고 있었으며, 많은 청년들이 이러한 '혁명의 기운'이 주는 영향 아래에서 혁명의 선봉자로 변해갔다. 예를 들어 이후 혁명가들 중 유명한 진력산(秦力山, 1877~1906), 채송파(蔡松坡, 鍔, 1882~1916) 등이 모두 펑쯔유의 동기였다. 같은 『화성돈전』임에도 불구하고, 단지 환경과 시대의 차이에 의해서 이 책은 청년들이 혁명의 길을 선택하게 한 교재가 되었다. '지식 창고'에 이미 축적되어 있던 것들은 상이한 요구에 따라 창조적으로 전화(轉化) 될 수 있었고, 그것이 간직한 '사상 자원'은 동시대지만 동일하지 않던 정치적 입장에 놓인 사람들도 함께 향유할 수 있었다. 이러한 사실은 그 '개방적 성격'을 조금이나마 나타내준다.

'혁명 상상'과 '워싱턴 신화'의 통속화

대체로 볼 때 만청 시기부터 점차 형성된 '워싱턴 신화'는 분명 널리 전파되었지만, 일반 지식인들의 지식 세계 속에 한정되어 있었다. 책상머리의 지식인들은 아마 시정(市井)의 하층민들을 자신의 잠재적 독자층으로 상정하지 않았을 것이다. 하지만 청 정부가 중국을 통치했던 마지막 시기(대략 20세기의 첫 10년), 하층사회 군중을 목표로 한 '계몽운동'이 거세게 일어났고, 전통적인 희곡(戲曲)의 형식으로 신사상과 신지식이 선전되었다. 이와 함께 곳곳에 설립된 열보사(閱報社)는 글자를 모르는 평민들에게 잡지의 내용을 설명해주고 공개 강연을 하는 등 활발한 활동을 펼쳐 심대한 영향을 미쳤다. '군중'을 쟁취하고자 한 혁명 지사들도 이 '계몽운동'과 유사한 수단을 선택하여 혁명의 씨앗을 사람들의 마음속에 깊숙이 심고자 하였다. 하지만 그들이 뿌린 혁명의 불씨에는 '워싱턴 신화'와 같이 오랫동안 전승되어온 지식세포가 포함되어 있었다. 이 '신화'의 통속화를 가능하게 한 계기는 이렇게 마련되었다.

하층사회 인사들이 '기쁘게 듣고 즐겨 본' 여러 형식 중 가장 성공적으로 혁명의 씨앗을 뿌렸던 것은 진천화(陳天華, 1875~1905)의 『맹회두(猛回頭)』와 『경세종(警世鍾)』(모두 1903년 발표)이었다. 한편 추용(鄒容, 1885~1905년)의 『혁명군(革命軍)』(역시 1903년 발표)은 기본적으로 백화체(白話體) 문장이었는데, 진천화의 저작과 함께 논할 수 있다. 이들은 모두 당시의 혁명 풍조를 일으키는 데 탁월한 공을 세운 명저였다. 진천화와 추용의 작품들이 당시 혁명의 풍조를 일으킬 수 있었던 가장 중요한 원인은, 바로 그 작품들이 모두 편의성을 위하여 "글을 조금이라도 아는, 동네 아이와 아녀자라면 쉽게 통독할 수 있도록[粗識之無, 略解誦讀之町童里婦]" 만들었기 때문이다. 즉 문자가 간단명료하여 심지어 아동과 여성들도 모두 이해하고 쉽게 읽을 수 있었다. 진천화의 경우 어려서부터 민간에서 유행한 설창(說唱)·탄사(彈詞)를 좋아하였고, 고향 후난에 있던 시절에는 민간 가곡이나 소조(小調),[19] 혹은 소설을 습작한 경험이 있었다. 일본으로 유학하게 된 그는 혁명 사조의 감화를 받아 즉시 혁명 진영에 들어가 혁명을 선전하기 시작했다. 그는 자신에게 아주 익숙한 탄사 체제를 사용하여 『경세종』과 『맹회두』를 창작

---

19 소음계(小音階)로 된 곡조(曲調)를 의미(역주).

진천화(陳天華)

하였고, 이것이 널리 알려져 혁명 선전의 날카로운 병기가 된 것이다.

진천화와 추용이 혁명의 열정을 고무시키던 글에서도 워싱턴의 형상이 보인다. 진천화의 『맹회두』에는 청중에게 '아메리카'를 학습 대상으로 삼아야 한다고 요청하는 음창(吟唱)이 등장한다. 곧 "아메리카가 영국으로부터 자립한 것을 배워야 한다[要學那, 美利堅, 離英自立]"는 것으로, 장편의 문장을 통해 왜 그들을 본보기로 삼아야 하는지 설명하였다.

여러분! 오대주 세계 중에서 가장 평등하고 가장 자유로운 천국 세상이 아메리카 아닙니까? 여러분! 그러한 세상은 쉽게 얻어지지 않는다는 것을 알아야 합니다. 아메리카는 원래 북미주의 황무지였는데, 명조 시기부터 영국의 몇몇 사람들이 개간하기 위해 황무지로 향했고, 그 이후부터는 갈수록 많아졌습니다. 건륭제 시기에 이르자 이미 300만 명이 되었습니다. 당시 영국과 프랑스는 매년 전쟁을 일으켜 군인들에게 줄 군량이 부족하였고, 이에 아메리카의 세금을 거듭하여 높였습니다. 백성들은 더 이상 지불할 것이 없어 관부에 조금이나마 경감해 줄 것을 요구했지만, 경감은커녕 일부는 죄를 물어 처벌을 가하기도 했습니다. 사람들은 분노하여 영국의 식민지에서 벗어나 독립할 것을 결의하였고, 워싱턴을 지도자로 천거하여 영국과 8년간 전쟁을 벌였습니다. 영국은 어쩔 수 없이 미국이 자립하여 건국하고 워싱턴을 왕으로 추대하는 데 동의했습니다. 워싱턴은 여기에 극히 반대하며 "어찌 민중이 고생하여 건립한 나라를 한 사람의 사유재산으로 만들 수 있는가?"라고 했습니다. 미국은 민주주의 국가로 제도를 정하며, 전국을 13개 주로 나누고 13개 주가 공동으로 한 명을 추천하여 대통령을 임명하게 되었습니다. 대통령은 4년 단임제로 하며, 퇴임 후에는 평민과 같습니다. 만약 그 사람이 잘한다면 4년간을 재임할 수 있고, 8년이 지나면 어떤 상황에서도 재임할 수 없게 됩니다. 민중들은 워싱턴을 대통령으로 추대하였고, 그는 한 차례 임기를 연장한 후 집으로 돌아가 농사를 지었으며 평생 자신의 공적을 논하지 않았습니다. 여러분! 이것이 바로 호걸이고 성현의 행위가 아닙니까?
(······)

列位! 你看五洲萬國最平等最自由稱為極樂世界者, 豈不是美利堅嗎? 列位! 須曉得這個世界, 也不是容易做得來的. 這美利堅原是北美洲一塊荒土, 自前明年間英國有數人前往開荒, 自後越來越多. 到乾隆時候, 有了三百萬人. 時英國與法國連年開戰, 兵餉不足, 把美利堅的地稅加了又加, 百姓實在出不起了, 自那官府面前求減輕

一些, 不但不准, 反治了多少人的罪. 人人憤怒, 共約離英自立, 公
擧華盛頓掛帥, 與英國一連戰了八年. 英國奈他不何, 只好聽其自立
一國, 公擧華盛頓為王. 華盛頓堅不允從, 說道: 豈可以眾人辛苦成
立的國家, 做一人的私產? 因定了民主國的制度, 把全國分為十三
邦, 由十三邦公擧一人做大統領, 四年一任, 退任後與平民一樣. 其
人若好, 再可留任四年, 八年後任憑如何, 不能留任. 眾人公擧了華
盛頓為大統領, 後又做過一任, 即住家中為農, 終身未嘗言功. 列位!
這豈非是大豪傑, 大聖賢的行徑嗎? (……)

진천화의 서술은 분명 서계여의 『영환지략』에 서술된 미국의 유래와
워싱턴에 대한 '상상'을 백화체로 번역한 것이다. 서계여의 문언체에는
"나라를 얻어 자기 자손에게 물려주는 것은 사사로운 것이다. 백성을
다스리는 책임은 마땅히 덕이 있는 사람을 택하여 맡겨야 한다. 덕이
있는 사람을 선택해야 한다[得國而傳子孫, 是私也. 牧民之任, 宜擇有德者
為之]"라고 되어 있고, 진천화의 백화체에는 "어찌 민중이 고생하여 건
립한 나라를 한 사람의 사유재산으로 만들 수 있는가?[豈可以眾人辛苦
成立的國家, 做一人的私產?]"라고 되어 있다. 두 표현 모두 워싱턴의 '사
심 없는' 이미지를 묘사한다. 물론 진천화가 여기서 묘사한 미국 대통
령 선출 방식은 "13개 주에서 공동으로 한 명을 추대하여 대통령으로
삼는다"라는 것으로, 서계여(그리고 그 표절자)의 오류를 범하지 않았다.
지식 원천이 더욱 다양해진 신세대는 미국 정치제도에 대해 실제 형태
에 매우 근접한 인식을 보여주었다. 진천화가 직접적으로 『영환지략』
을 통해 글을 구상하고 집필했는지 여부는 판단하기 어렵다. 그러나
'워싱턴 신화'는 진천화와 같은 혁명 청년의 사상 세계에서 이미 한 자

리를 차지하고 있었고, 그들의 통속화된 글쓰기를 통해 하층사회의 군중들에게 전해질 수 있었다.

추용(鄒容)

추용의 『혁명군』은 크게 격앙된 어조로 대청제국의 통치자들인 '만주족'을 비판하였다. 또한 이상(理想)에 충만하여 혁명 이후의 정치제도를 설계했는데, 이는 곧 '인종 혁명'과 '민주 혁명'을 의미했다. 그는 혁명이 요구하는 것은 바로 "수천 년간 이어진 각종 전제 정체(專制政體)를 없애고, 수천 년간 이어진 각종 노예 성정을 제거하고, 500만 만주족을 주멸(誅滅)하고, 260년간 받아온 참혹한 대치욕을 씻어내는 것[掃除數千年種種之專制政體, 脫去數千年種種之奴隸性質, 誅絶五百萬有奇之滿洲種, 洗盡二百六十年殘慘虐酷之大恥辱]"이라고 주장했다. 그리고 이러한 혁명만이 "중국 대륙을 정결한 땅으로 만들 수 있고, 황제 자손 모두가 워싱턴이 되도록[使中國大陸成乾淨土, 黃帝子孫皆華盛頓]" 할 수 있으며, 이를 통해서 중국이 "기사회생하고 다시 소생하여 18층 지옥에서 나와 33층 천당으로 오를 수 있다[起死回生, 還魂還魄, 出十八層地獄, 升三十三天堂]"라고 하였다. 그러므로 혁명은 사실 "장대하고[巍巍

哉]", "성대한[皇皇哉]" 놀라운 이상이며, "지극히 존귀하고 유일무이하며 가장 위대한[至尊極高, 獨一無二, 偉大絕倫]" 숭고한 목표라고 했다. 추용이 보기에, 혁명의 이상과 목표를 실현하려면 모두가 일치단결하여 흥기해야만 한다. 그러므로 "한 명의 워싱턴, 한 명의 나폴레옹[一華盛頓, 一拿破崙]"이 나타나 싱공으로 이끌기를 기대할 수 없으며, "헤아릴 수 없는 무명의 워싱턴, 나폴레옹을 만들어야만[製造無量無名之華盛頓, 拿破崙]" 군중들의 지혜와 힘으로 대업을 도모할 수 있다고 하였다. 이처럼 추용의 마음을 충동질하기에 족했던 혁명 풍조의 모델은 워싱턴 한 사람뿐만이 아니라 '나폴레옹'도 포함되어 있었다. 당시 유사한 형태의 의의를 지닌 인물이 구체적 모범으로 명시된 경우는 상당히 많았다. 진천화는 『맹회두』의 한 단락에서 "지금 프랑스를 배워 폐정(弊政)을 개혁해야 한다"고 노래하며 '루소'의 학술을 간결하고 명료하게 서술하기도 했다.

그러므로 진천화와 추용이 이러한 독특한 '혁명 논술'을 구성했을 당시, 워싱턴은 당연히 유일한 모델이 아니었다. 세계적인 혁명 풍조에 일찍이 기여한 바 있는 외국인이라면 모두 그들의 칭송 대상이 될 수 있었고, 사람들을 혁명에 헌신하도록 추동하는 모범이 될 수 있었다. 하지만 누구도 부정할 수 없는 것은 워싱턴이 혁명 청년들의 사상 세계 속에서 확고부동한 모범 중 하나였으며, 그의 이미지에 범접할 수 없는 매력이 있었다는 사실이다.

소설 세계 속의 워싱턴

전체적인 역사의 흐름에서 관찰해보면, 이와 같이 워싱턴의 이미지
는 통속화의 방향으로 나아갔고, 당시의 언론출판계 내에서도 호응자
와 그 구체적 성과가 나타난다. 특히 만청 시기 언론의 거장 량치차오
는 큰 반향을 일으킨 『신민총보(新民叢報)』(1902년 2월 창간) 이후 또 하나
의 간행물을 창간했는데, 바로 『신소설(新小說)』(1902년 11월)이다. 이는
'소설계 혁명'을 일으켜 호응하는 이들이 다수 출현했으며, 워싱턴도
마침내 소설 창작의 대상이 되었다.

량치차오는 『신소설』 창간호에서 「소설과 군치의 관계를 논함[論小
說與群治之關係]」을 발표하고 "새 나라를 만들려면 먼저 새 나라의 소
설을 만들어야만 한다[欲新一國之民, 不可不新一國之小說]"라며 '군치(群
治)'[20]를 중심으로 한 소설 창작을 주장하였다. 그는 소설이 "얕고 이해
하기 쉬우며[淺而易解]" "즐겁고 재미있어[樂而多趣]" 누구나 읽고 싶어
하며, 소설을 읽을 때 곧잘 작품 속에 감정을 이입하여 독자가 스스로
를 '주인공'의 화신으로 상상한다고 보았다. "『석두기(石頭記)』(즉 『홍루몽
(紅樓夢)』)를 읽는 사람은 필시 자신을 가보옥(賈寶玉)[21]이라 여길 것"이
라 한 것이 하나의 예이다. 따라서 량치차오는 만약 소설의 주인공이
워싱턴이면 "독자들은 워싱턴으로 화할 것이고", 주인공이 나폴레옹
이면 "독자들은 나폴레옹으로 화할 것이며", 주인공이 석가모니, 공자
이면 "독자들은 석가모니나 공자로 화할 것"이기 때문에 실로 소설의

---

20 일반적으로 '사회 통치'를 가리킴(역주).
21 중국 청나라 건륭(乾隆) 때 조점(曹霑)이 쓴 장편소설 『홍루몽(紅樓夢)』의 주인공(역주).

영향력을 간과할 수 없다고 생각했다.

하지만 량치차오 본인은 소설에 대해 '마음으로는 제창했지만, 행동에는 무력했다[提倡有心, 行之無力].' 예컨대 그는 『신중국미래기(新中國未來記)』등의 작품을 썼지만 정론(政論) 문장과 별다를 바가 없었고, 무미선소하여 실상 독자들의 흥미를 불러일으키기 어려웠다. 그래도 전반적 흐름에서 보자면 량치차오의 호소는 열렬한 반향을 얻었고, 각양각색의 소설잡지가 끊임없이 출간되었다. 『신신소설(新新小說)』, 『소설림(小說林)』, 『월월소설(月月小說)』 등이 잇따라 등장하는 등 흐름은

『수상소설(繡像小說)』의 삽화: 워싱턴 「명성견의기해금인(名盛見疑幾解金印)」

매우 뜨거웠으며, 1903년 5월에 창간된 『수상소설(繡像小說)』 역시 그 중의 하나였다.

『수상소설』의 제1기부터 시작하여 '세홍분주(洗紅盆主)'의 『태서역사연의(泰西歷史演義)』가 게재되었다. 이는 나폴레옹, 워싱턴과 러시아의 차르 표트르 대제(Peter the Great)를 주인공으로 한 소설로(기타 서양 유명 인물들도 포함되었지만 이 3인의 지면이 가장 많았다), 그들의 살아 있는 이야기를 서술하였다. 워싱턴, 나폴레옹을 소설의 '주인공'으로 삼아야 한다는 량치차오의 주장이 호응자를 얻었던 것이다. 『수상소설』을 통해 나온 이 소설은 중단 없이 장장 1년여(다음 해 11월에 종료)간 연재되었다. 이는 그 몇 명의 인물들이 당시 중국에서 이미 상당한 인지도를 갖고 있었다는 것을 보여준다. 삽화를 붙인 이 소설은 글과 그림이 모두 훌륭한 형태로 만들어져 대중에게 그들을 널리 알리는 계기가 되었다.

워싱턴은 『태서역사연의』 제17회부터 나오는 주역으로, 저자는 그의 갓난아이 시절부터 '세상을 떠나는 날까지'의 과정을 세세하게 서술하였다(그와 앵두나무 이야기는 서술하지 않았다). 여기에서 묘사된 워싱턴의 이미지는 "전쟁터에서 공을 세운[奏績疆場]" 영웅이자, '서적 연구'에 몰두하는 '엄연한 대학자'로서 문무를 겸비한 인물이었다. 이 소설도 물론 워싱턴이 미국 독립전쟁을 이끈 과정을 서술하였고, 그가 아름다운 덕성을 갖추었음을 부각하였다. '세홍분주'는 전쟁 발발 이후 "영국이 많은 군함을 거느리고 식민지를 마음대로 짓밟아 풀 한 포기도 남기지 않으려 했다[英國兵船連檣而下, 要把殖民地恣意踐踏, 好等他寸草不留]"고 서술했다. 이때 사람들은 워싱턴을 찾았다.

모두가 워싱턴을 식민지 총독(總督)으로 천거하여 모든 일에 그의 지시를 따르고자 하였다. 워싱턴은 거듭 거절하였지만 민중들은 수용하지 않았고, 워싱턴은 결국 그 자리를 받아들였다. 그는 종지를 선포하여, "제가 오늘 이와 같은 큰 명을 받고 어찌 여러분의 사랑에 감사를 표하지 않을 수 있겠습니까? 단지 책임의 어려움을 생각해보면, 저같이 우둔하고 무능한 이가 세워져 두렵기 그지없습니다! 현재 상황이 어렵고 만민이 괴로움을 당하여 의회에서 저를 과분하게 믿고 중임을 맡겨주시니, 불초는 분골쇄신이 되더라도 책임을 다할 것입니다. 모두가 지켜봐 주시기 바랍니다"라고 말하며 총독의 인수(印綬)를 받았다.

大家就把華盛頓舉了殖民地的總督, 一切聽他調遣. 華盛頓再三辭謝, 眾人不允, 華盛頓只得就了此位, 宣布宗旨曰: "余今承此大命, 敢不謝諸君過愛? 惟退思職任之難, 迂疎似我, 能無悚然! 方今國步艱難, 萬民塗炭, 議會既謬加信仰, 委以大任, 不肖當粉骨虀身, 盡職後已, 諸公其鑒諸." 隨卽受了總督的印綬.

전쟁이 끝나 미국이 독립의 지위를 얻고 "옛 나라의 속박에서 벗어나 새 나라의 시대를 창조[脫故國之羈絆, 造新洲之日月]"하게 되었다. 그런데 전쟁에 참여한 군인들이 "공로에 따라 상[論功行賞]"을 받지 못하니 "속으로 복종하지 않고 불만을 말하기 시작하였고[心中不服, 鼓噪起來]", 심지어 "워싱턴을 왕으로 세우자[立華盛頓為王]"라는 목소리가 터져 나와 매우 긴장된 국면이 되었다. '세홍분주'는 이때 워싱턴이 "오열하고 눈물을 흘리며[嗚咽流涕]" 부하들을 설득하는 장면을 묘사하였다.

오호라! 우리가 일신의 행복과 목숨을 버리고 사력을 다해 분투한 것은 이 무성, 무취 무영, 무형의 자유를 위함이다. 그런데 오늘은 사소한 분노를 이기지 못하니 어찌 얻은 것을 다시 잃고자 하는가? 너무 경박하지 않은가? 오호라! 제군들 그만하시오! 아내와 이별하고 부모님을 떠나 다시 이전의 고난을 겪고 싶은가? 총칼에 맞서고 서리와 이슬을 맞는 예전으로 돌아가 고생하겠는가? 오늘 이룬 것을 스스로 지키고 소중히 여겨야 하는데, 스스로 얻은 것을 스스로 잃어버려야 속이 후련해진다면 신성한 군대는 자유의 적과 다를 바 없어질 것이다.

嗚呼! 我等所以捨一身之幸福生命, 出死力而奮鬥者, 爲此無聲無臭無影無形之自由耳. 今也不勝區區憤激, 忍令既得復失, 毋乃淺疎太甚! 嗚呼! 諸君休矣, 別妻子, 離父母, 非往日之苦耶? 冒鋒鏑, 犯霜露, 非往日之苦耶? 至今日而已成之局, 曾不少自護惜, 必自我得之自我失之而後快, 則神聖之軍隊, 無異自由之公敵矣.

이리하여 "워싱턴의 말에 장병들은 모두가 한없이 부끄러워 전부 엎드려 사죄하였고[華盛頓這番言語, 說得將士們個個慚愧無地, 大家都伏地請罪]" 풍파는 사그라졌다. '세홍분주'는 또한 다음과 같은 평론을 붙였다.

이때 워싱턴이 일말의 사심이라도 있어 보좌에 등극했다면, 바로 프랑스 황제 나폴레옹과 완전히 동일했을 것이다. 미국(합중국)은 무질서하고 혼란스러워져 수십 년 수백 년 후에나 공화와 자립을 이룩할 수 있었을 것이다.

此時的華盛頓儻然存了一毫私見, 一躍而登寶座, 就和法皇拿破崙一模一樣了. 這合衆國擾擾攘攘, 還論不定數十年, 數百年, 纔能共和自立呢.

'지식 창고'에 저장된 내용 중 워싱턴을 왕으로 추대하는 서술은 그수가 허다하다. 하지만 '세홍분주'는 이 장면을 마치 살아 있는 것처럼 묘사했다. 그리고 워싱턴이 '자유'를 쟁취하는 부분은 더욱 참신하게 표현하였다. 워싱턴에 대한 그의 평론에는 '공화', '자립'과 같은 새로운 어휘가 포함되었고, 이는 시대적 사조의 변화를 보여주는 구체적상징이기도 했다.

'세홍분주'는 워싱턴이 미국의 정치체제를 창건한 공로를 특별하게다루지 않았고, 다만 그가 헌법제정회의를 도와 "연방 헌법을 협의하여 정하였다[商定聯邦憲法]"라고 했다. 워싱턴이 뭇사람들의 기대를 받아 대통령이 된 장면도 소략하게 서술하였다. 그는 워싱턴이 대통령직을 3차까지 연임하지 않은 이유를 다음과 같이 썼다. 즉 내부의 '당파싸움'으로 워싱턴은 '바늘방석에 앉은 것'처럼 고통스러워했고 "기력이쇠하니 자연에 은거하여 치세든 난세든 상관하지 않고 관직에 마음 두지 않고자[精神不繼, 不如退隱林泉, 樂得利亂不問, 黜陟不知]" 했기 때문이라는 것이다. 마지막으로 그는 워싱턴의 서거 후 모든 미국인의 애도광경을 상세히 그렸다.

1799년 12월 14일, 바람이 으스스 불고 큰 눈이 날리는 날이었다. 며칠 전 워싱턴은 큰 병에 걸렸고 이날 끝내 세상을 떠났다. 이 소식을 접한 백성들은 목 놓아 울지 않는 사람이 없었다. 관청은 업무를 폐하고, 상인들은 가게를 닫고, 공인들은 작업을 그치고, 농부는 경작을 멈추었다. 미국인은 하루아침에 건국의 시조를 잃었으니 자연히 통곡한 것이고, 각국 군주와 민주도 이 소식을 듣고 비통해하였다. 백성들은 그의 공덕을 추도하고, 그를 위하여 상복을 입었는데, 집집마다 약속이나 한 듯 마찬가지였다.

一千七百九十九年十二月十四日, 朔風凜凜, 大雪飄飄, 前兩日華盛頓得了重症, 到日竟自撤手歸去. 百姓們得了這個消息, 莫不痛哭失聲, 官府廢事, 商買曠職, 工人輟業, 農夫止耕, 美國的人一日失了個建國之祖, 自然抑肺摧肝, 各國君主民主聞之, 亦不覺愴然 動容, 悽然變色. 百姓們追念他的功德, 替他戴孝, 家家戶戶, 竟是不約而同.

전체적으로 말하자면 '세홍분주'가 진술한 워싱턴 이야기는 곧 근거 있는 '상상'이었기에 워싱턴이 죽은 날짜까지도 오차 없이 정확했다. 원래 '세홍분주'가 이처럼 생생하게 워싱턴 이야기를 쓸 수 있었던 원천은, 바로 우시(無錫) 출신 딩진(丁錦)의 역서 『화성돈(華盛頓)』(상하이 문명서국 출판, 1903)이었다. 이 『화성돈』의 저본은 일본인 후쿠야마 요시

서술자	내용
딩진의 번역본	이때 워싱턴이 사심으로 제왕의 자리에 올라 나폴레옹처럼 됐다면 합중국은 수십 년, 수백 년간 무질서하고 혼란스러웠을 것이며, 나아가 공화와 자립을 얻을 수 없었을 것이다. 此時華盛頓苟挾一毫私意, 就帝王之位, 與拿破崙後先輝映, 則合衆國擾擾攘攘數十年, 數百年, 或且不得共和自立.
세분홍주	이때 워싱턴이 일말의 사심이라도 있어 보좌에 등극했다면, 바로 프랑스 황제 나폴레옹과 완전히 동일했을 것이다. 합중국은 무질서하고 혼란스러워져 수십 년, 수백 년 이후에나 공화와 자립을 이룰 수 있었을 것이다. 此時的華盛頓儻然一毫私意, 一躍而登寶座, 就和法皇拿破崙一模一樣了. 這合衆國擾擾攘攘, 這論不定數十年, 數百年, 纔能共和自立呢.

하루(福山義春, 생몰년 미상)[22]의 『화성돈(華聖頓)』(도쿄 박문관 출판, 1902)이었다. 앞서 인용한 워싱턴이 "오열하고 눈물 흘리며" 부하들을 설득한 장면에서 『태서역사연의』와 딩진이 번역한 『화성돈』의 내용은 같았다. 워싱턴이 장병들의 추대를 거절한 사건을 평가한 부분도 『태서역사연의』가 딩진의 번역을 배화체로 고쳐 쓴 것이다.

하지만 『태서역사연의』는 혁명의 선전을 목표로 삼은 작품이 아니었고, 구구절절이 격앙된 어조로 워싱턴을 본보기로 하라고 강권하지도 않았다. '세홍분주'는 워싱턴 이야기를 매듭지으며 다음과 같은 시를 읊었다.

> 길가의 고목은 이미 숲이 되어, 당시의 독립심을 보게 한다
>
> 호랑이와 용의 우렁찬 소리는 사라지고,
>
> 매와 부엉이처럼 매섭게 노려보던 적국도 오랫동안 잠잠하다
>
> 수레에는 3년 치 쇠붙이들이 남아 있고, 국고는 늘 백만금을 내던질 정도로 풍족하다
>
> 얼마 전 신대륙을 유람하니, 외롭고 작은 무덤가에 이끼만 무성하다
>
> 道旁遺樹已成林 想見當時獨立心

---

22 판광저는 '후쿠야마 요시하루(福山義春)'의 생몰년도를 미상으로 처리하고 있으나, 기존 연구에 의하면 후쿠야마에 대해서는 두 가지의 의견이 존재한다. 하나는 대만에서 활동한 언어학자 '오가와 나오요시(小川尙義, 1869~1947)'와 동일 인물로 보는 것이고(勝尾金弥, 『伝記児童文学のあゆみ―1891から1945年』, ミネルヴァ書房, 1999, 99쪽). 다른 하나는 1873년 구마모토(熊本)현에서 태어나고 도쿄제대에서 문학사 학위를 취득한 동명인물 '후쿠야마 요시하루(福山義春)'로 보는 것이다(손성준, 「영웅서사의 동아시아 수용과 중역(重譯)의 원본성 —서구 텍스트의 한국적 재맥락화를 중심으로」, 성균관대학교 박사학위논문, 2012, 186쪽). 상세한 관련 논의는 손성준, 앞의 논문, 183~188쪽을 참조(역주).

虎嘯龍吟同寂滅 鷹瞵鶚視久銷沉
輪蹄空膞三年鐵 府庫常拋百萬金
近日試遊新大陸 孤墳如斗蘚花深

　이 시는 "길가의 고목"이 "독립심"의 증거라고 말하지만 "사라지
다", "외로운 무덤"과 같은 처량한 분위기를 자아내고 있다.

　물론 역사의 큰 추세로 보자면 『수상소설』, 『신신소설』과 같은 소설
간행물이 연이어 출판될 수 있었던 사회적 배경은 새로운 형태의 매
체가 대량으로 출현하여 대체로 제도적인 '상업화' 방향으로 발전했으
며, 많은 문인들이 번영일로에 있는 출판문화 시장에 들어온 데 있었
다. 문인들은 출판업이나 신문잡지 업계에서 원고를 쓰고 일하면서 자
신의 문자 노동을 상품화했다. 그들은 이로써 편안히 생활할 수 있는
발판을 마련한 것이다. 저술과 소설 출판 및 발간의 이면에는 가장 현
실적 문제인 경제적 이익이 얽혀 있었을 뿐 아니라, 각종 신지식과 신
학문을 전파하는 무형의 경로가 존재했다. '세홍분주'와 같은 인물 역
시 이러한 문인들 중 한 명일 수 있다. 그는 딩진의 번역서 『화성돈』을
토대로 워싱턴 이미지를 '연의(演義)'의 형식으로 펼쳐 보일 수 있었다.
그리고 이러한 직업적 글쓰기로 수입을 얻고 생계를 꾸려나갈 수 있었
다. 비록 '세홍분주'가 의식적으로 혁명 사조를 전파하지는 않았다 하
더라도, 그의 글쓰기로 '통속화'된 워싱턴은 더 이상 핵심 인사들의 '지
식 전유물'이 아니라 누구나 아는 대상이 될 수 있었다.

새로운 '지식 창고'의 건설

　혁명의 거센 파도가 솟구쳐 오르던 시기, '혁명 상상'의 워싱턴 이미지는 자연스레 다양하고 풍부하게 구축될 수 있었다. 하지만 이러한 워싱턴의 이미지들은 그동안 혁명의 모범이나 기존 '지식 창고'로부터 재연된 깃들과 완전히 무관할 수도 있었다. 오히려 일본에서 새로 개척한 천지(天地), 즉 새로운 '지식 창고'가 워싱턴의 이미지를 제공하게 되었다.

　과거 '지식 창고'의 구축 과정에서 일본 측은 상당히 많은 지식 원천을 제공해주었다. '청일전쟁' 후 승리자인 일본의 부국강병 비결은 많은 지식인들의 탐구열을 불러일으켰다. 일본에서 들어온 정보들은 날이 갈수록 많아졌고, 이것은 대청제국 '변법' 방안을 구상하는 '사상 자원'이 되었다. 꾸준히 변법유신을 외쳐온 캉유웨이(康有爲)로 말하자면, 1898년 끝내 광서제(光緖帝)의 '눈에 들어' 권력의 중심에 접근할 수 있는 기회를 얻게 되었다. 그는 일본의 자료를 근거로『일본변정고(日本變政考)』(및 기타 저술)를 써서 적극적으로 광서제의 변법 시행을 부추겼고, 그것을 각종 변법유신 방안의 중요한 근거 중 하나로 삼았다. 이를 통해 '지식 창고'의 동력원이 점차 바뀌고 있음을 알 수 있다. 20세기 초에 이르자 일본으로 유학을 떠나는 학생의 수가 점차 많아졌다. 유학생들은 신지식을 추구하는 한편, 번역이나 새로운 간행물 창간이라는 경로를 통해 신지식을 전파하였다. 기회를 얻어 일본으로 건너 간 신세대 지식인들에게 낡은 '지식 창고'는 이상 세계의 지식을 추구하는 그들의 욕망을 더 이상 만족시켜줄 수 없었다. 일본어 번역서가 중국 지식계층에 광범위하게 전파되어 점차적으로 기존의 '지식 창고'를 대체하였고, '사상 자원'을 제공하는 서적도 부지기수로 많아졌다. 이에 따라 워싱턴의 이미지도 전혀 다른 형태로 나타나게 되었다.

예컨대 펑쯔유(馮自由) 등은 일본 도쿄에서 『국민보(國民報)』(1901년 5월)를 창간하였는데, 주도 인물들은 대다수가 일본 유학생이었다. 그들은 현지에서 자료를 쉽게 구할 수 있어 기존의 '지식 창고'를 들여다볼 필요가 전혀 없었다. 뿐만 아니라 이후 계승자들에게 더욱 다양한 '사상 자원'을 제공하였다.

이를테면 『국민보』 제1기의 '편역(編譯)' 난에 발표한 『미국독립격문(美國獨立檄文)』은 우리가 잘 알고 있는 『독립선언(The Unanimous Declaration of the Thirteen United States of America)』(혹은 『아메리카 합중국 13개주 공동연합선언』으로 직역될 수 있고, 흔히 간칭하여 『독립선언』)이다. 기존의 '지식 창고'를 돌이켜보면, 일찍이 1838년에 나온 브리지먼의 『미리가합성국지략(美理哥合省國志略)』에는 미국이 '자립신정(自立新政)'과 영국과의 분리를 표명하는 맥락에서 "뭇 천하에 알리는[咸使天下聞知]" 선서(다만 이 『선언』의 명칭은 번역하지 않았고 그저 '시(示)'라고 하였다)를 발표한 사실과 선서의 간략한 내용이 서술되어 있다.

이후 『대미연방지략(大美聯邦志略)』에서는 『독립선언』을 『자위주치지시(自爲主治之示)』로 명명하고 훨씬 상세히 서술하였다. 하지만 이들 책에 포함된 『독립선언』은 시종 큰 반향을 일으키지 못했고, 미국을 모델로 한 '혁명의 씨앗'은 싹틀 낌새가 보이지 않았다. 『국민보』에 발표된 『미국독립격문』은 옛 방식의 문자를 사용했지만 원래의 '지식 창고'와는 아무런 관계가 없었고, 오히려 일본 쪽에서 자료를 찾은 것이었다. 일본의 계몽사상가 후쿠자와 유키치(福澤諭吉, 1835~1901)는 1866년에 이미 그 문헌을 번역하여 『아메리카 독립선언(アメリカ獨立宣言)』이라

『혁명군』	『미국독립격문』
1. 모든 국민은 <u>남</u>녀가 평등하고 상하의 귀천이 없다. 一, 凡爲國人, <u>男女</u>一律平等, 無上下貴賤之分.	1. 모든 국민은 평등하고 귀천이 없다. 一, 凡爲國人, 一律平等, 無貴賤上下之分.
1. 누구도 천부의 권리를 탈취할 수 없다. , 各人不可奪之權利皆由天授.	1. 누구도 천부의 권리를 탈취할 수 없다. 一, 各人不可奪之權利皆由天授.
1. 생명, 자유 및 일체의 이익은 모두 천부의 권리에 속한다. 一, 生命自由及一切利益之事, 皆屬天賦之權利.	1. 생명, 자유 및 일체의 이익은 모두 천부의 권리에 속한다. 一, 生命自由及一切利益之事, 皆屬天賦之權利.
1. 인간의 자유, 언론, 사상, 출판 등의 권리에 대하여 침해할 수 없다. 一, 不得侵人自由, 與言論, 思想, 出版等事.	
1. 어느 때를 막론하고 정부가 <u>인민의 권리를 범하는 일을</u> 하면, 인민들은 혁명으로 기존의 정부를 전복시켜 안전하고 안락한 마음을 추구할 수 있다. (……) 一, 無論何時, 政府所爲, <u>有干犯人民權利之事</u>, 人民卽可革命, <u>推倒舊日之政府</u>, 而求遂共安全康樂之心. (……)	1. 어느 때를 막론하고 정부가 이상의 제 조건과 부합하지 않는 일을 하면, 인민들은 혁명으로 기존 정부를 전복시킬 수 있고 안전하고 안락한 마음을 추구할 수 있다. (……) 一, 無論何時, 政府所爲, 有與以上諸條不合者, 人民卽可革命, 顚覆舊日之政府, 而求遂其安全康樂之心. (……)
1. 이름을 정하여 중화공화국이라고 한다. (……) 一, 定名中華共和國. (……)	
자유독립국가는 모든 선전(宣戰), 강화(議和), 맹약 체결, 통상, 및 독립국 일체의 일에 대해 충분한 권한을 소유하여 각 대국과 평등하다. 自由獨立國中所有宣戰, 議和, 訂盟, 通商, 及獨立國一切應爲之事, 俱有十分權力, 與各大國平等.	자유독립국가는 모든 선전(宣戰), 강화(議和), 맹약 체결, 통상, 및 독립국 일체의 일에 대해 충분한 권한을 소유하여 각 대국과 평등하다. 自由獨立國中所有宣戰, 議和, 訂盟, 通商, 及獨立國一切應爲之事, 俱有十分權力, 與各大國平等.

명명한 바 있으며 심대한 영향을 미쳤다. 후쿠자와 유키치의 번역문과 『국민보』의 『미국독립격문』을 비교하면, 비록 일부 어휘가 유사하지만 내용의 차이가 매우 크다. 따라서 그것이 『미국독립격문』의 저본인지는 현재 확정할 수 없다. 그러나 『국민보』가 이 글을 간행한지 얼마 지나지 않아, 추용은 『혁명군』에서 이를 미래 정치제도 구상의 원천으로 삼았다. 그는 스스로 "미국 독립혁명의 의의를 모방한다[模擬美國革命獨立之義]"고 말하며 25가지 방안을 제시했는데, 자세히 살펴보면 이는 사실 『미국독립격문』의 '복제'라 할 수 있다. 그 중 중요한 것을 비교해보자(밑줄 친 부분은 『미국독립격문』에 표시되지 않은 내용이다).

이와 같이 추용의 서술은 기본적으로 『미국독립격문』을 '복제'한 것이다. 그러나 그가 가졌던 '사상 자원'은 결코 이것 하나만이 아니었다. 『미국독립격문』에는 "모든 국민은 평등하다[凡爲國人, 一律平等]"고 나와 있지만, 그는 각별히 '남녀평등'을 강조하였다. 이를 통해 그의 '여권(女權)' 사상을 엿볼 수 있다. 그는 또 "인간의 자유, 언론, 사상, 출판 등의 권리를 침범해서는 안 된다[不得侵人自由, 與言論, 思想, 出版等事]"는 구절을 추가했는데, 이는 원래의 『미국독립격문』에는 없던 내용이다. 추용이 어디에서 '영감'을 받았든지, 그는 명확히 국민(성별 불문)이 소유해야 할 권리를 표현했다. 이는 그가 취집한 근거 자료에 대한 일종의 '확장'으로서, 그가 기초한 '사상 자원'의 폭넓은 수준을 잘 나타내준다.

물론 추용이 구상한 '중화공화국'의 거대한 설계도는 미래 정치제도의 '사상 자원'을 기존의 '지식 창고'에서 흡수하지 않았다. 이러한 사실은 다년간 축적되어온 '지식 창고'(예컨대 『미리가화성국지략(美理哥和省國志略)』과 같은 저서들)가 결코 후세대의 유일한 지식 획득 통로가 아니

었음을 보여준다. 사실 사람들이 다양한 '사상 자원'을 접할 수 있게
된다면 이전의 '지식 창고'는 급속도로 붕괴 · 와해될 운명에 처한다.

그러므로 일본 측에서 수집된 자료로 '혁명 상상'을 개진하게 되자,
워싱턴 이미지에 대한 다양한 해석과 표현이 가능해진 것도 전혀 의외
의 일은 아니었다.

다른 예를 들어보자. 또 한 명의 혁명 지사 양육린(楊毓麟, 1872~
1911)은 자신이 주편을 맡은 『유학역편(遊學譯編)』 창간호(1902년 11월)
에 「자유생산국생산일략(自由生産國生産日略)」을 발표한다. 그가 이 글
을 쓴 궁극적 의도는 '지사'와 '동포'들에게 미국 독립사를 들려주려는
것이었다. 그러나 그 이면에는 독자들이 미국인들처럼 들고 일어나게
하려는 의도도 있었다. 양육린은 매우 솔직하게 자기 글의 출처를 공
개했는데, 그 자료는 대체로 일본에서 온 것들이었다. 후쿠야마 요시

양육린(楊毓麟)

하루의 『화성돈』 외에도(그러나 양육린이 참조한 것이 일본어 원문이었는지, 아니면 딩진의 번역문이었는지는 판단할 수 없다), 그는 히사마츠 요시노리(久松義典, 생몰년 미상)의 『혁명사감(革命史鑑)』과 마츠다이라 야쓰쿠니(松平康國, 생몰년 미상)의 『세계근세사(世界近世史)』 등에서 '북미독립사(北美獨立事)'에 관한 기술을 참고하였다. 전문을 읽어보면 가히 '미국 독립사략'이라 할 수 있다. 양육린은 과거 미국 건국을 칭송할 때 "반드시 그 공을 워싱턴에게 돌렸다[必歸功於華盛頓]"면서 과연 "워싱턴에게 어떠한 공로가 있는가?[華盛頓則何功之有?]"라고 지적했다. 그는 워싱턴이 사실 일군의 '자유민'으로부터 탄생했고, 이는 공자가 "아프리카 대륙의 노예 가운데서[出於亞非利加之黑奴中]"가 아니라 중국에서 출현할 수밖에 없고, 그리스도가 "아메리카 원주민이 아니라 로마에서 나올 수밖에 없었던[必生於羅馬, 不生於亞美利加之土番中]" 것과 같다고 하였다. 그러므로 "워싱턴은 자유민족 속에서 깃발을 들고 북을 울려야 했으며, 인도의 카스트나 이집트의 헐벗은 민족 속에서는 깃발을 들고 북을 울릴 수 없었다[華盛頓亦必援旗擊鼓於自由民族, 不能援旗擊鼓於印度之喀私德與埃及之餓莩民族中]"고 했다. 즉 '자유사상'을 '발전', '성립'시킨 '자유민'이 있고서야 워싱턴과 같은 인물이 나타날 수 있었다는 것이다. 양육린은 시대와 사회 배경에 입각하여 워싱턴을 바라보았다. 따라서 비록 그 역시 워싱턴이 독립전쟁 종료 후 "스스로 직위를 해제하고 아무런 미련 없이 고향으로 돌아갔다[自解其職, 無毫髮矜之態, 直還其鄉里]"며 공적에 연연치 않는 겸손과 온화한 인격을 그려냈을지언정, 과거의 '워싱턴 신화'와 동일한 논조로 찬양만을 일관하지는 않았다. 이렇듯 하나의 새로운 '지식 창고'가 새로운 지식을 추구하는 세상 속에서 굳게 세워졌다. 이 '지식 창고'는 워싱턴의 이미지에 새로운 형태와 새로운 '사상 자원'을 제공하여 광활한 '혁명 상상'의 공간을 만들어 냈다.

하지만 앞에서 말한 바와 같이 왕셴첸(王先謙)은 1910년에 『영환지략』을 기초 자료로 삼아 『오주지리지략(五洲地理志略)』을 제출하였다. 그는 서계여이 '상상'을 복제한 깃 외에도, 황경싱(黃慶澄)이 말한 "천하를 다스리는 것도, 천하를 어지럽히는 것도 의회이다[治地球者, 議院也; 亂地球者, 亦必議院也]"라는 목소리에도 접속하여 베껴내기도 했다(본서의 제4장 「워싱턴 신화'의 정치 효과」 참조). 그렇다면 시대적 배경에서 보면, 왕셴첸이 이처럼 특수한 방식으로 문헌을 모은 것은 설령 아무 효과도 없는 '지식 노동'이었다 해도 일종의 '저항'을 표현한 것으로 볼 수 있다. 필경 완전히 혁명 풍조를 부정했던 황경징으로 보자면, 이러한 새로운 '지식 창고'에 포함된 '사상 자원'은 무수한 혁명의 동력을 낳았고, 이와 같은 학자들의 입장에서는 엄연히 참을 수 없는 것이었다. 다만 과거의 '지식 창고'를 분쇄하기에 이른 시대의 흐름은 왕셴첸이 말한 여러 '전통'으로 막을 수 있는 것이 아니었다.

'혁명 상상' 속의 워싱턴

워싱턴은 혁명을 호소하기 위한 동력의 상징으로 변화될 수 있었고, 구체적으로 나타난 '워싱턴 신화'의 정치적 효과는 또 한 차례 '전향'을 경험하며 '혁명 상상'의 풍조를 추동했다.

워싱턴의 생김새는 옛 '지식 창고'에서도 이미 알려져 있었지만, 혁명 풍조가 흥기한 이때 또 한 번 사람들과 만나게 되었다. 1903년 미

『신민총보』의
「미국 전 통령 워싱턴」

『민보』의
「세계 제일의 공화국 건설자 워싱턴」

국에 가서 직접 신대륙의 풍모를 보고 돌아오기 전의 량치차오는 사상 속에 여전히 혁명적 경향을 갖고 있었다. 그가 발행한 『신민총보(新民叢報)』에는 창간을 즈음하여 「미국 전 대통령 워싱턴[美國前大統領華盛頓]」이라는 초상화가 실렸다. 한편 혁명 역량을 대집결한 중국동맹회(1905년 8월 20일 성립회 개최)는 『민보(民報)』를 기관지로 하였는데, 그 창간호(1905년 11월)에도 역시 「세계 제일의 공화국 건설자 워싱턴[世界第一之共和國建設者華盛頓]」이라는 초상화가 게재되었다.

그림 세계의 외부, 혁명을 고무하는 언론시장에서 워싱턴은 거듭하여 사람을 격려하는 구국 혁명의 모범으로 형상화되었다.

예를 들면 펑쯔유 등이 창간한 『국민보』는 늘 혁명의 정서를 고양시키는 저술을 실었다. 혁명 풍조에 거대한 영향력을 가졌던 '국학대사(國學大師)' 장타이옌(章太炎, 1868~1936)도 자발적으로 이 간행물에 「정구만론(正仇滿論)』을 투고하여 발표한 바 있다. 이는 비판의 창끝을 '만주'로 향한 문장이었다. 『국민보』의 각종 기사 중 워싱턴은 바로 혁명 모범의 하나였다. 『국민보』제1기에 실린 「미국독립청도(美國獨立廳圖)」 라는 그림 다음에는 마치 '그림 해설'과 같은 작자 미상의 「독립청도기(獨立廳圖記)」가 있었다. 이 글에서 작자는 해설하길, '미국녹립청(美國獨立廳)'은 1776년에 건축되었는데, 이는 "미국인이 영국의 식민지에서 벗어나 자립한 기점의 땅[美人脫英自立起點之地]"이고, "독립군이 일어났을 때 모든 호걸들이 모여서 회의한 장소[獨立軍起時, 諸豪傑會議之所]"였다. 또한 말하길, '독립청'의 '중앙 거실[中堂]'에는 "13개 주 국민의 독립정신을 환기하는[喚起十三州國民獨立之精神]" '자유종[自由鐘]'이 걸려 있고, 이외에 독립의 대업을 함께 도모한 여러 사람들의 초상 등이 진열되어 있었다. 작자의 상상력은 멀고 먼 곳으로 뻗어나가 당시 미국의 호걸들이 "총알이 비처럼 쏟아지고 칼과 활에 고혈이 흐르는 지경[彈雨膏鋒血鏑]"에서 구사일생했는데, 목표인즉 '국민의 권리[國民之權利]'였다고 말하기에 이르렀다. 한편 중국의 현실을 생각하면서 중국에 4억 명의 민중이 있는데 어째서 "놀랍게도 워싱턴과 같은 사람은 하나도 없는가?[竟無一華盛頓其人者耶?]"라고 하였다. 여기서 행간에 숨은 의미는 중국의 워싱턴을 기대할 뿐만 아니라 사람들을 권고하여 워싱턴을 모범으로 삼게 하려 함이다.

『국민보』제4기(1901년 8월 출판)에는 「망국편(亡國篇)」이라는 제목의 '사설(社說, 즉 社論)'이 실린다. 이 글의 기본적인 논점은 사람들이 모두 "무명의 워싱턴, 나폴레옹[無名華盛頓·拿破侖]" 되기에 스스로 동참할 것을 기대하는 한편, "워싱턴이나 나폴레옹처럼 공을 세워 이름을 날릴[華盛頓·拿破侖之功成名立]" 생각은 절대로 해서 안 된다는 것이다.

작자는 만약 사람들이 "한(漢)을 구하는 데 뜻이 있다[有志於拯漢也]"면 중국에 "나폴레옹이 없고, 워싱턴이 없는 것[無拿破侖·無華盛頓]"을 한탄하지 말고, 중국의 나폴레옹이나 워싱턴이라 자칭하지도 말라고 한다. 무릇 일단 이러한 자아에 대한 기대가 있으면 "스스로를 엄연히 장래의 대통령으로 여길 것이고, 그런즉 기쁨이 살아나 두려움은 그것을 따르고자 하리라[儼然以將來之大統領自命, 則喜心生而忌心隨之矣]"고 말한다. 그러므로 응당 '무명의 영웅'이라는 신념을 가지고 "무수한 무명의 워싱턴과 나폴레옹이 탄생할 수 있도록[預造無量數之無名華盛頓·拿破侖]" 노력해야 한다는 것이다. 앞에서 말한 것처럼 혁명의 귀감이 될 수 있는 외국인은 도처에 있었지만, 『국민보』의 '사설'이 워싱턴과 나폴레옹을 병렬한 것은 그 두 인물의 동등한 형세를 표현한 것이기도 하다. '혁명 상상'의 세계 속에서 많은 이들은 혁명의 선구자 이미지를 조각하였으며, 혁명 풍조를 추동하였고, 당시 구성된 '혁명 논설'의 공동 사상의 방향을 뚜렷하게 보여주었다.

흥미로운 것은 기존 사상 조류의 표현 방식이 '혁명 논설'의 전파 공간을 무한히 확장할 수 있었다는 사실이다. 『국민보』의 「독립청도기」와 「망국편」은 모두 감한(甘韓)이 편집한 『황조경세문신편속집(皇朝經世文新編續集)』에 수록되어 '민정'의 범주, '경세사상'의 경계에 들어갔는데, 뜻밖에 혁명이라는 영역에까지 확장되어 혁명적 의의가 농후한 문장을 포괄하게 되었다. 이러한 양상은 '경세사상'이 시대의 변천에 따라 끊임없이 외부로 확장되는 사상 조류라는 것을 구체적으로 나타낸다. 감한은 이 책을 편집할 때 분명 『국민보』로부터 직접 자료를 모았을 것이다(예컨대 『국민보』 제1기에 「청국 재정을 논함[論清國財政]」이 실렸는데, 이는 일본인 마츠오카 타다미(松岡忠美)의 작품을 번역한 것이며, 『황조경세문신편속집』

제6권 '국용(國用)'에 수록되었다). 그러나 장타이옌의 「정구만론」 등과 같은 급진적 작품은 수록되지 않았다. 이러한 정부기관에 대한 비판류는 대역무도의 '모반' 사상으로 표현되기도 했다. '경세사상'이 무조건 '용납'되지는 않았던 것이다. 즉 적극적으로 이러한 문헌을 편찬하는 편집자와 출판 주체들의 경우, 장타이옌의 문장은 편찬하여 수록하지 않았나. 그들은 정부의 간섭을 피하고자 했으며, 화(禍)를 입거나 재앙을 부르지 않는 자기 검열(self-censorship)을 해야 했다.

다만 앞에서의 답안 역시 이 책에 수록되었으며, '군덕(君德)'의 범주에 배치됐다. 그것은 미국을 모델로 삼고자 한 문장이 아니었지만 '혁명 논설'과 함께 독자의 눈앞에 나타났다. 이러한 사실은 당시 '많은 이들의 목소리로 요란했던' 시대를 잘 나타내 준다. 즉 '혁명 상상'이 흥성해지기는 했지만, 기존 체제의 옹호자들도 적지 않아 혁명의 길만이 사람들의 유일한 선택은 아니었던 것이다. 따라서 역사상(歷史像)을 관찰하는 우리의 시야는 '후견지명(hindsight)'의 지배에서 벗어날 필요가 있다.

워싱턴에 대한 '색다른' 해석

혁명당원은 워싱턴의 형상에 대해 새로운 인식을 가질 수 있었고, 또한 자신의 독특한 '혁명 상상'을 통해 워싱턴의 상징적 의의를 새롭게 해석할 수도 있었다.

예를 들어 류야쯔(柳亞子, 1887~1958)와 같이 혁명의 민족적 측면을 특별히 중시했던 혁명당원은 혁명당의 주요 선전 간행물 『강소(江蘇)』

제6기(1903년 9월 출판)에 「중국입헌문제(中國立憲問題)」를 발표했다. 이 글은 당시에 이미 존재했던 '입헌' 주장에 대한 비판으로, "신하로서 이족 워싱턴을 섬기기보다는 동족 주온(朱溫)[23]을 섬기는 편이 더 낫다[與其臣事異族之華盛頓, 毋寧臣事同種之朱溫]"고 표명했다. 작자는 아일랜드가 대영제국에 '부속'되는 것을 원치 않았던 사실을 예로 들어, '이족' 통치하에서 "참담한 상황에 상심하는[傷心慘目之情狀]" 것이 "전제정체하에서 신음하는[呻吟于專制政體之下]" 것보다 더욱 처참하다고 하였다. 분명 류야쯔의 이러한 비유 속에서 워싱턴은 여전히 '전제정체'의 반대 측에 있다. 다만 설사 '이족' 통치자에게 워싱턴의 '현명함'이 있다 하더라도 그것을 받아들일 여지는 없었다. 글 이면에 숨은 뜻으로 볼 때, 류야쯔의 안목에서 워싱턴의 이미지가 갖는 의미는 반드시 민족주의와 함께 결합되어야 완전무결했던 것이다.

'만주족 배척'을 혁명의 목표로 삼고 매우 중시한 또 다른 인물 장타이옌은 극단적인 평민주의자로서, 일반적으로 민주제도의 여러 요소를 실현하는 대의(代議)의 형식, 정당 등등을 깊이 증오하였고 여러 차례 글로써 비난하고 공격했다. 그가 보기에 기존의 민주국가가 해온 실천에는 총체적인 문제가 있었다. 모두가 '민주입헌'의 모범국으로 치켜세우는 미국, 프랑스 두 나라조차 실제로는 정치적 표현이 감당할 수 없는 모습이라는 것이다. 프랑스의 정치는 "뇌물로 이루어지고[以賄賂成]" 미국 쪽은 "뇌물을 높은 이들에게 바친다[苞苴致貴顯]." 동일하게 뇌물 공여로 고위관직에 오를 뿐이기에, 미화된 민주입헌의 선구자

---

23 주온(852~912)은 후량(後梁)의 태조(太祖)로, 당나라를 대신하여 스스로를 황제라 칭했으며 정적들을 다수 죽인 바 있다. 양자에게 왕위를 물려주려다가 친아들에게 살해당한 인물이다(역주).

인 나폴레옹과 워싱턴에 대하여 장타이옌은 그가 죽은 후 "금방망이 [金椎]"를 가지고 그들의 묘지에 찾아가 "그 머리를 치리라[敲其頭矣]"고 말하였다.

　장타이옌의 사상 여정을 돌이켜보면 처음에는 그도 워싱턴의 비판자가 아니었다. 그 역시 '아메리카 땅'에 워싱턴이 출현히여 가시 무딤을 파헤치고 마침내 민생이 안정된 국가를 열었으며,"학문적 성취도 빼어나" '공법'을 논하는 사람은 모두 워싱턴을 '재판관'으로 삼고 그를 표준으로 한다고 상찬하였다. 그러나 장타이옌이 기존의 민주 실천을 비판하며 미래 정치체제에 대한 구상을 보여주는 시기가 되자, 워싱턴은 그의 표적으로 변했고 다시는 이상적 인물이 되지 않았다. 그의 사고 회로가 도달한 장소에 의해 워싱턴의 이미지는 또 한 번 방향 전환을 한 것이다.

장타이옌(章太炎)

어쨌건 각양각색의 '혁명 상상' 속에서 워싱턴의 모습도 사실상 논자의 관심사에 의해 '색다른[另類]' 해석으로 나타났고, 여러 종류의 상징적 의의가 부여될 수 있었다. 비록 '사람마다 소리 내어 각자의 노래를 불렀지만[人人一把號, 各吹各的調]', 워싱턴은 각종 '혁명 상상'의 구성 과정에서 분명히 없어서는 안 될 요소였다.

쑨원과 '워싱턴 신화'의 해체

혁명당원이 구축한 '혁명 상상'에서 워싱턴의 면모는 다양하고 풍부했으며, 각자에게 나름의 인식이 있을 수 있었다. 하지만 장타이옌이 자신의 관심사에 따라 워싱턴을 이상적 인물로만 보지 않았듯이, 워싱턴의 상징적 의의를 혁명의 전개 과정 속에서 진지하게 사유해야 할 시기가 도래했다.

과거 서양의 혁명 경험으로 보자면 프랑스 대혁명 이후 '백색테러'의 광경이 나타났고, 프랑스 국왕 루이 16세(Louis XVI, 1754~1793)는 단두대로 끌려갔다. 그에게 이러한 재앙[厄劫]을 내린 것은 자코뱅당(club des Jacobins)이었다. 그러나 이들 중 적지 않은 사람 또한 내부의 권리 쟁투 및 '보황당(保皇黨)'의 반격과 도전으로 루이 16세와 동일한 운명에 처했다. 혁명의 최종 결과, 뜻밖에도 나폴레옹이 제위에 등극했다. 이는 혁명을 발동시킨 원래의 이상과는 완전히 상반되는 전개였다. "혁명은 잔인하여 만민을 주구(芻狗)로 몰았다[革命不仁,以萬民爲芻狗]"고 생각되었다. 이러한 역사적 사실은 많은 혁명 반대 진영의 발언권에 힘을 실어 주었다. 량치차오와 같은 이들은 이후 사상적 변화가 생겨 더 이상 혁명을 선언하지 않았고, 혁명당원과 크게 논쟁을 주고받으며 이념적 영역에서 격렬한 싸움을 벌였다. 량치차오는 혁명 이후 필연코 '공포 시대'가 올 것이고 "공화를 구하기 위해 전제로 복귀[求共和而復歸專制]"할 것이라는 이론을 내세워 혁명을 반대하는 입장에 섰다. 그의 언사는 예리했고 여러 가지 역사적 예증도 들었기에, 혁명당원은 반드시 회답할 방법을 숙고해야만 했다.

당시 이 '문자 전쟁'에 참가한 왕징웨이(汪精衛, 자오밍(兆銘), 1883~1944)은 『민보(民報)』를 응전의 공간으로 삼아, 쑨원의 관점을 인용하여 량치차오의 도전에 대응하였다. 왕징웨이는 프랑스 대혁명 식의 결과를 피하기 위해서는 반드시 혁명의 전개 이전에 '약법(約法)'을 제정하고 '군정부(軍政府)'를 성립하며, 인민과 '군정부' 사이에 '권리 의무' 관계를 명문화하여 규범으로 삼아야 한다고 지적했다. 또한 '병권(兵權)'과 '민권(民權)'은 상호 침범해서는 안 될 뿐만 아니라, 오히려 서로 결속하여 혁명이 최종적으로 성공한 뒤에는 "병권을 해제하여 민권에 바치고[解兵權以授民權]", 이후부터는 바로 민권의 시대가 될 것이라 했다. 왕징웨이가 인용한 내용에서 쑨원은 워싱턴과 나폴레옹의 예를 들고 있다. 우선 워싱턴 역시 '민정부(民政府)'의 제한을 받았음을 지적하였다. 전쟁이 끝난 후 "군인 모두가 워싱턴이 왕위에 오를 것을 요구하였으나 그는 동의하지 않았는데[一軍皆思擁戴, 華盛頓持不可]", 이는 워싱턴이 "속으로 원치 않았기 때문[心所不欲]"이 아니라 "형세가 허락하지 않았기 때문[勢所不許]"이며, "민권 국가는 결코 제정체제를 용납하지 않았기[民權之國必不容有帝制]" 때문이다. 반면 나폴레옹은 그렇지 않아서 "병권의 힘을 얻어 정부의 권력을 차지하고 자신이 소유하여[藉兵權之力取政府之權力以爲己有]", '민권'을 신장할 수 없게 되었다. 최후에는 아예 "호랑이에 올라탄 기세[騎虎之勢]"가 되었는데, 가령 나폴레옹이 즉위하기 전에 "민주와 제국체제[民主與帝制]" 중에서 선택하라고 사람들에게 명했더라도 "제국주의를 주장하는 이들이 십에 아홉은 되었을 것[主張帝制者十人而九]"이며, 이에 "워싱턴이 프랑스에 있었다면 나폴레옹이 될 수밖에 없었고, 나폴레옹이 아메리카에 있었다면 곧 워싱턴이 될 수밖에 없었을 것[使華盛頓處法蘭西, 則不能不爲拿破崙; 使拿破崙處美利堅, 則不能不爲華盛頓]"이라 하였다. 그러므로 '약법' 없는 정치로는 필연코 같은 잘못을 저지르게 된다는 것이다.

쑨원의 해당 논설은 바로 동맹회가 성립된 해인 1905년에 나왔다. 이는 혁명당원이 이미 적대적인 입장의 도전에 대응하여 자신의 혁명 이론을 한층 심화시키고 있었음을 잘 보여준다. 1년 후 쑨원이 발표한 『동맹회혁명방략(同盟會革命方略)』에는 3단계의 '혁명정서론(革命程序論)'이 제출되었는데, 곧 '군법지치(軍法之治)'에서 '약법지치(約法之治)'로 나아가고, 다시 '헌법지치(憲法之治)'로 나아간다는 것이다. 쑨원의 '혁명정서론'은 그 영향력이 크고 깊어 국민당이 집권한 후에도 '치국의 설계도' 중 하나가 되었고, '당국체제' 통치의 정당성을 이론적으로 구축할 뿐만 아니라 민주헌정을 요구하는 목소리를 제압하는 도구가 되기도 했다. 그러므로 쑨원의 사상적 흐름에서 '혁명정서론'의 탄생은 분명 현실적 환경의 요구와 밀접한 관련이 있다. 그의 사유 속에서 워싱턴(과 나폴레옹)은 혁명 모델이라는 이미지로 의미화되어 재해석되었고, 동시에 혁명 이론을 구축하는 참조 대상이 될 수 있었다. 하지만 과거의 '워싱턴 신화'와 대비해보면, 그의 해석에는 "나라를 얻어 자손에게 물려주는" '사(私)'욕과 관련한 각종 '현란한' 서술이 없었다. 쑨원은 이렇듯 워싱턴이 한 번도 자신을 황제나 왕이라고 칭하기를 '선택'

하지 않은 것에 대해 "형세가 허락하지 않았다"는 입장에서 해석했다. 진일보한 그의 이론 구축은 이미 기존의 '신화'적 구조가 갖는 의의를 해체하고 있었다.

'혁명이 아직 성공하지 못한' 만청 시기에 쑨원은 과거의 '워싱턴 신화'에 사실 '허구'적 성분이 포함되어 있었음을 명확하게 인식하였다. 사실 쑨원 개인의 지식적 기초를 형성한 것은 기존의 '지식 창고'에 대한 의존이 아니라 서양의 현대 교육체제였다. 그러므로 쑨원이 '국민 혁명'의 입장을 발표하고 입헌군주제를 주장하는 인사들과 누차 논전이 벌어졌을 때, 그는 상대편이 여전히 여러 '워싱턴 신화'의 관점을 진술한 것에 대하여 격렬한 비판을 가하였다.

1908년 쑨원은 입헌군주제를 지지하는 『총회신보(總匯新報)』의 새 기자 핑빈(平賓)'을 겨냥하여 글을 쓴 바 있다. 상대방은 "13개 주의 인민이 워싱턴을 진정 사모했으나[十三州人民歸華盛頓]" 워싱턴이 시종 겸양하였고, "재삼 사양했지만 사람들이 동의하지 않아[辭之再三而不獲]" 어쩔 수 없이 영국과의 전쟁에서 총사령관맡기로 했다는 등의 필법으로 입헌군주의 의의를 논술하였는데, 쑨원은 그에 대하여 사실상 "전혀 말도 되지 않는다[不通之極]고 단언했다. 쑨원은 워싱턴이 본래 북미 "13개 주 국민의 한 사람[十三州國民之一分子]"이었고, 그가 명을 받고 "나가서 병사를 통솔한[出而統兵]" 것은 바로 국민의 신분으로서 자신의 능력을 다하고 의무를 실천한 것이라고 말했다. 북미 13개 주가 영국에 대항한 전쟁에서 국민들 각각이 맡았던 직무에는 높고 낮음이 있었지만 신분은 모두가 평등했고, "일심협력하여 공의를 도모[同心一致, 以赴公義]"하였기에 국민 혁명이라 할 수 있었으며, 따라서 근본적으로 "누군가를 사모하는[歸心於誰]" 일이 아니라는 것이다. 쑨원은 이렇게 미국인들이 워싱턴을 사모했다고 떠들며, 계속되는 간청으로 어쩔 수 없이 워싱턴이 대항군을 통솔하여 영국에 맞섰다는 논설에 대하여 사실 "머릿속에 전제(專制) 국가의 허위적 유산을 가져와 스스로 지어낸[腦中帶有專制國虛僞之遺傳, 而自行杜撰]" 결과라 했다. 또 말하길 호놀룰루 소학교에 다니던 시기에 이미 미국 역사를 배웠는데, 워싱턴이 "영국에 대한 미국인의 저항이 시작된[美民抗英之始]" 때에 필라델피아에서 "대륙회의원 군사의장을 맡았고, 이로부터 13개 주 의회군의 통합 사령관으로 추천되었던 것[大陸會議員, 任軍事議長, 由此被擧爲十三州義軍之統帥]"을 알았다고 했다. 게다가 "추천을 받았을 때 전혀 고사하지 않았고[華盛頓被擧之時, 毫無推辭]" 단지 아주 직설적으로 자신이 이 직무를 잘 감당할 수 있을지에 대한 염려를 동료들에게 말했으며, 그 외에 "봉급을 받지 않고 최소한의 비용만 받겠다[不受俸祿, 惟取其一身之實費而已]"라는 내용이 있었음을 언급했다. 그러므로 쑨원은 워싱턴이 누차 고사하다가 병사를 이끌고 영국에 저항했다는 서술에 대해, 궁극적으로 "출처가 어디인가?"라는 질문을 던졌다.

쑨원의 이러한 반박은 당연히 자신의 '혁명'이 갖는 정당성을 선전하는 언사이고, '워싱턴 신화'의 의의에 대한 해체를 포함하는 또 하나의 표현이기도 했다. 다만 과거 기존의 '지식 창고'에서는 가깝고 먼 것을 막론하고, 워싱턴이 겸손하게 사양했다는 서술이 확실히 포함되어 있었다. 예로 『태서역사연의(泰西歷史演義)』는 "워싱턴이 재삼 사양했으나 사람들이 동의하지 않는" 장면을 묘사하였다. 이를 통하여 쑨원이 갖고 있는 이러한 근거에 대한 의문은 결국 그가 '지식 창고'에 축적된 '워싱턴 신화'의 풍성한 내용들에 대해 아는 것이 많지 않았기 때문이라는 사실이 밝혀졌다. 상반된 관점에서 보자면, '워싱턴 신화'는 언론의 무대에서 중요한 위치에 있었고, 사람들이 논설을 전개할 때면 항상 거기서 증거 사례를 찾을 수 있었다. 그렇기 때문에 쑨원은 팔을 걷어붙이고 일어나 이러한 '신화'에 '허위 및 조작'의 요소가 포함되었다고 밝힌 것이다.

'신화'의 해체 이후

그렇지만 이때 쑨원의 '워싱턴 신화' 해체는 그가 외부 세계의 의의를 인식하고 상세하게 해석하는 '코드'로서 워싱턴을 간주하는 데 장애가 되지 않았다. 그는 '워싱턴'이라는 참고 대상의 의의를 흡사 구체적으로 존재하는 '실체'로 변화시켰고, 나아가 여러 논설에서 이 '코드'를 광범위하게 응용하여 굳이 말로 하지 않아도 사람들이 깨달을 수 있는 의의를 만들었을 뿐 아니라, 자신에게 유리한 정치 효과를 생산했다. 이후 쑨원이 자신의 여러 가지 주장을 펼칠 때면 워싱턴의 사례는 늘 메타포가 되어 자기 논증의 정당성을 강화하였다.

예컨대 『손문학설(孫文學說)』에서 그는 "알 수 있으면 반드시 행할 수 있다[能知必能行]"라는 도리를 설명하며 워싱턴과 나폴레옹을 증거로 들었다. 쑨원은 미국의 독립 이후에는 정권이 안정된 반면, 프랑스 혁명 이후에는 "대란이 끊이지 않아[大亂相尋]" 두 차례의 군주제와 세 차례 공화제로의 변화를 체험하였고 "공화의 형국이 이에 안정되었다[共和之局乃定]"고 했다. 양국 정치의 안정과 변동을 대비하면, "워싱턴의 어질고 겸손한 품격[華盛頓有仁讓之風]"으로 인해 그가 "황제 되기를[黃袍加身]" 거절하고 미국 민주주의의 기초를 세운 것이 아니었으며, "천하를 삼키려는 뜻[有鯨吞天下之志]"을 가진 나폴레옹이 황제가 된 것도 프랑스가 변동이 그치지 않고 지극히 혼란스러운 국면에 놓여 있었기 때문이 아니었다. 그의 말에 의하면, 원인은 바로 "한 나라의 추세, 만민의 심리가 조성한 것[一國之趨勢, 為萬眾之心理所造成]"이고, 만약 이미 대세가 정해졌다면 "유리한 형세에 기대는 한두 명의 지력으로는 결코 반전시킬 수 없다[則斷非一二因利乘便之人之智力所可轉移]." 이 때문에 워싱턴과 나폴레옹의 행위가 전혀 다른 것은 "개인의 현명함 여부와 관계없이 전국의 기풍이 그렇기 때문이다[不關乎個人之賢否, 而在其全國之習尚也]." 분명 그의 이러한 논설에서 워싱턴은 특별한 찬양의 가치가 없다. 하지만 쑨원은 '삼민주의(三民主義)'를 강연할 때 '민권주의(民權主義)'의 의의를 설명하며 워싱턴을 미국의 "지극히 유명한 대통령[極有名的大總統]" 중 한 명이라 상찬하였다. 여기서 그는 "세상 사람들이 꼽는 개국원훈에 워싱턴이 포함[世界上的人說起開國元勳便數到華盛頓]"되어 있으며, "인류평등을 위한 투쟁의 역사에서 큰 공헌[在爭人類平等的歷史上, 是很有功勞的]"을 했기 때문에, 그에게 "인류평등 쟁취[爭人類平等]"의 영광스러운 월계관을 씌워주었다. 부하를 격려하는 쑨원의 강연에서도 워싱턴은 사람의 마음을 진작시키는 상징적 의미를 가지고 있었다. 1923년 12월 2일, 광저우의 상예전계월(湘豫滇桂粵) 각군 장병의 환영 연회에서 발표한 「구사상을 타파하기 위해 삼민주의를 행하라[打破舊思想要用三民主義]」는 연설에서 그는 다음과 같이 말했다.

우리 혁명 군인이 만약 혁명을 성공으로 이끌면 미국의 워싱턴이 되고, 그렇지 못하면 단지 윈난 성 군벌의 지휘관이 될 뿐이다…….

我們革命的軍人, 如果能夠把革命做成功, 便是美國的華盛頓, 否
則便是滇軍的某師長⋯⋯.

'혁명의 군인'을 격려하며 워싱턴을 모범으로 삼아야 한다는 것이
다. 전쟁에서 민첩하고 유연하게 전략을 구사하는 장군치럼, 쑨원은
상황 따라 워싱턴을 코드화하여 각양각색의 의의를 부여할 수 있었다.

쑨원은 과거의 '지식 창고'가 중국 전통의 '역사적 경험'과 정치사상
으로 워싱턴을 '성인화(聖人化)'한 논술의 격식을 확실히 초월하였고,
워싱턴의 '신화적' 면모도 약화시켰다. 그러나 '신전에서 나온' 워싱턴
은 여전히 그에게 '코드'였고, 각양각색의 효용과 의의를 생산할 수 있
었다.

쑨원은 혁명의 성공 이후 중화민국 임시 대총통에 당선되었지만, 조
속한 청 황제의 퇴위와 남북의 통일 등 여러 이유로 임시 참의원직에
서 사직했을 뿐 아니라, 동시에 계승자로서 위안스카이(袁世凱, 1859~
1916)를 제의하였다. 쑨원의 유능한 비서 후한민(胡漢民, 1879~1936)이
회고하기를, 임시 참의원이 작성한 쑨원의 사직 관련 문서에는 "쑨원
을 루스벨트(미국 대통령 Theodore Roosevelt, 1858~1919)라 비유했고, 위
안스카이의 당선을 칭송하여 워싱턴에 비유했다." 이에 대해 후한민은
진정으로 "무식하고 우습기 짝이 없는" 비유라고 비판하였다.

하지만 쑨원 혹은 위안스카이를 막론하고, 누가 마땅히 미국에서의
워싱턴과 같은 지위에 비유될 수 있는가는 중요하지 않았다. 워싱턴
은 사람의 마음을 움직이는 상징 혹은 우상이 되기에 충분했고, 정치
적 논설에서 공동의 언어로 표현될 수 있었다. 워싱턴은 다양한 '혁명
상상'을 거치면서 중국 근대사의 발전과정에서 없어서는 안 될 요소가

되었다. 또한 그는 이후 중국 정치문화(political culture)의 표현 형식 형성에 있어서도 중요한 일부분이 되었다.

제6장

'쑨원 숭배'와 '국부' 만들기

'미국의 국부(國父)는 누구인가', 이 문제를 대면할 때 누구나 망설임 없이 워싱턴이라는 '정답'을 말할 것이다. 단지 (일부) 미국인의 인식에서 '국부(founding father)'는 응당 복수명사, 즉 파더(father)라는 글자에 's'가 더해질 때에야 성립된다. 아메리카 합중국은 워싱턴 혼자만의 성과가 아니라 '건국제부(建國諸父)'의 일심협력하에 성립된 것이다. 워싱턴 이외에도 적지 않은 이들이 사람들의 역사 기억 속에 새겨져 있으며, 망각되어서는 안 되는 인물들이다. 정보화 시대인 지금 인터넷을 검색해보면, 케이스 조셉 맥킨(凱思 · 約瑟夫 · 麥金, Keith Joseph McKean)이 만든 홈페이지를 찾아볼 수 있다. 여기서 소개하는 주인공은 토머스 맥킨(湯瑪斯 · 麥金, Thomas McKean, 1734~1817)이고, 홈페이지의 제목은 바로 "우리나라에서 소홀히 한 '건국제부' 중 한 분(One of our nation's neglected founding fathers"(http://users.clover.net/mckean)이다. 케이스 조셉 맥킨은 토머스 맥킨의 후예일 것이며, 그가 심혈을 기울여 이 같은 홈페이지를 만든 목적에는 분명 선조의 명성을 높이기 위한 것도 있을 것이다. 하지만 다른 홈페이지(Colonial Hall: A Look at America's Founders)에서도 토머스 맥킨의 전기(http://www.colonialhall. com/mckean/mckean.asp)를 찾아볼 수 있다. 이처럼 토머스 맥킨이 미국 '건국제부'의 행렬에 들어가야 한다는 생각은 맥킨 가족만 하고 있는 것이 아니다. 물론 그는 결코 기타 '건국제부'인 워싱턴, 제퍼슨(杰

佛遜, Thomas Jefferson, 1743~1826), 프랭클린(富蘭克林, Benjamin Franklin, 1706~1790) 혹은 존 애덤스(約翰·亞當斯, John Adams, 1735~1826)처럼 널리 알려지지는 않았다. 그러나 그의 혁혁한 위업, 숨어 있는 품덕과 광채는 후대인들이 조속히 발굴하고 알아가야 할 것이다.

토머스 맥킨(Thomas McKean)

같은 방식으로 지금 우리가 '중화민국의 국부는 누구인가'라는 질문과 대면한다면 사람들은 일관되게 쑨원이라는 '표준 답안'을 꺼낼 것이고, 또 한편으로는 명백한 도전과 직면해야 할 것이다. 예를 들면 황싱(黃興, 1874~1916)의 사위이자 당대 역사학자 쉐쥔두(薛君度)는 중화민국 성립에서 황싱의 공로 또한 쑨원 못지않다고 말했다. 물론 일부 역사학자들이 보기에 이 문제는 "그들이 중화민국의 '국부들'인가?"일 것이다. 또한 호기심이 많은 역사학자는 '중화민국의 국부'라는 수식이 어떻게 쑨원과 동의어가 되었으며, 나아가 끝내 '당연한' 것이 되었는지가 궁금할 것이다.

우리의 '공동 인식'에 있는 상징적 인물을 돌이켜보아도 마찬가지라 할 수 있다. 예컨대 황제(黃帝)는 '중화민족'의 '시조'로 알려져 있고, 이 같은 인식은 이미 광범위하게 전해졌다. 하지만 황제를 이처럼 숭고한 지위로 받는 것은 사실 중국의 국족(國族) 건설로 인해 역사의 긴 흐름 속에서 배양되고 성립된 것으로 볼 수 있다. 전국 말기의 '화하 정체성[華夏認同]' 속에서 '황제'는 이미 한 집단의 공통 조상이 되어 있었고, 여기에는 영역, 정치 권력 및 혈연 등 다중 기원에 대한 은유가 포함되었다. 이후 만청 시기에 이르기까지 '황제 신화'의 대량 제작과 유포는 곧 중국인의 국족 건설 과정의 기초 공정이었다. 그리고 끝내 황제(黃帝)는 '중화민족 시조'라는 신분으로 모두의 존숭 대상이 된 것이다. 쑨원이 '국부'가 된 것도 사실 황제가 '중화민족의 시조'가 된 것과 마찬가지로, 일련의 구축 과정을 통하여 마침내 '장기간의 사회적 실천 속에서 승인된 사실'이 되고, 공동의 지식과 앎이 된 것이다.

역사의 거대한 맥락에서 보자면, 만청 이후 점차적으로 형성된 '워싱턴 신화'야말로 쑨원이 '국부'라는 성스러운 제단으로 향할 수 있었던 중요한 사상 동력의 원천이었다. 쑨원이 별세한 후 그를 애도하는 '추도 공간'에서 '워싱턴 신화'는 늘 한자리를 차지하고 있었고, '쑨원 숭배(the cult of Sun Yat-sen)'를 세상에 알리는 데 사상적 기초를 제공해주었다. 국민당은 1920년대 말기에 건립한 당국체제하에서 '워싱턴 신화'를 널리 선전하였고, 이에 따라 쑨원의 '국부' 지위도 확고해졌다. 이로써 쑨원의 '국부' 지위는 중국 정치문화를 형성하는 중요한 내용 중 하나가 되었다.

쑨원의 '영웅' 이미지?

쑨원은 당연히 중국 혁명의 선구자이고 그의 '영웅' 이미지는 더욱 일찍이 형상화되었다. 그의 이러한 면모는 1896년 런던에서 납치 사건이 발생한 후 매체의 보도에 의해 중국 각계의 주목을 받게 되었다. 1905년 동맹회 성립 시 쑨원은 전국적 인물로서 혁명을 영도하는 정치적 이미지로 널리 인정받았다. 그가 동맹회의 영수(領袖)가 된 데에는 그만한 이유가 있었던 것이다.

그러나 혁명을 위해 함께 분투하는 혁명당원들에게 각양각색의 '혁명 사상'이 있었던 것과 마찬가지로, 그들이 설정한 혁명적 이상이 단단한 쇳덩어리처럼 확고하고 균열이 없었던 것은 결코 아니다. 마찬가지로 쑨원의 '영웅' 이미지에 대해 혁명당 진영 내부에서 아무런 논쟁이 없었던 것도 단연코 아니다.

예를 들면 쑹자오런(宋敎仁, 1882~1913)은 일찍이 1907년 쑨원에 대해 "평소 흉금을 털어놓거나 허심탄회하게 사람을 대하지 못하고, 일처리는 혼자 마음대로 설치는 것에 가까우며, 사람을 견디지 못하게 하는 데가 있다[素日不能開誠佈公·虛心坦懷以待人, 作事近於專制跋扈, 有令人難堪處故也]"고 비평했다. 이 때문에 황싱(黃興)은 일찍이 동맹회를 탈회하고 '관계단절'을 선언한 적이 있으며, 그 자신도 실망하여 의기소침한 바였다. 심지어 타오청장(陶成章, 1878~1912) 등은 1909년 쑨원의 동맹회 총리 직무를 파면할 것을 공개 요구하였다. 그들은 격렬한 언사로 쑨원이 '득세한' 이후 성향이 크게 변하여 "군중들은 오직 우매하고 그만 홀로 지혜로우며, 군중들은 오직 서투르고 그만 홀로 재주 있다고 여긴다[以爲衆人獨愚而彼獨智, 衆人盡拙而彼獨巧]"며 비판하였고,

"속여서 사사로운 이익을 만드는[誑騙營私]" 일을 하고 있기에 그 해악과 폐가 적지 않다고 하였다. 한편 그들은 쑨원이 혁명당원들을 분열시킨 '죄악'을 들었다. 그들에 따르면, 쑨원은 본인을 반대하는 사람은 "진력하여 모함하길 '반대당' '보황당'이라 하거나 청조가 파견한 "정탐꾼이라 몰아붙였으며", 또한 그로 인해 "커다란 열심은 있지만 내부 상황에는 미숙한 동지들을 격노케 하고[激怒極熱心而不洞悉內情之同志]", 혁명당원들로 하여금 "서로 배척하게[互相傾軋]" 만들었다고 한다.

민국 시기에 진입한 이후에도 쑨원을 비판하는 혁명당원들은 여전히 많았다. 탄런펑(譚人鳳, 1860~1920)은 1913년 이른바 '2차 혁명'의 실패 이후 일본으로 망명했을 때, 비록 쑨원이 본래 "중국의 특출한 인물[中國特出人物]"임은 틀림없어도 "자만심은 크나 도량이 작고, 의지는 강하나 수단이 빈궁하며[自負雖大而局量實小, 立志雖堅而手段實劣]", 또한 "인재를 널리 등용할[廣攬人才]" 줄 모르고 혁명 행동을 이끌 때는 누차 "성패를 따지지 않고 사람을 부추겨 경거망동하게 하여[不計成敗, 嗾人輕擧妄動]" 민심을 크게 잃었다고 하였다. 장타이옌 역시 쑨원을 비판한 '맹장'이었다. 그는 중화민국 설립 이전 타오청장과 손잡고 '쑨원 비판'에 동참했으며, 중화민국 설립 이후에도 쑨원에 대한 '감정의 응어리'를 여전히 풀지 못했다. 1923년을 예로 들면 "쑨원의 계획은 짧고 얕아서 자주 스스로 실패한다[中山計劃短淺, 往往自敗]", "쑨원은 천성이 편협하다[中山天性編狹]", "쑨원은 경솔하고 가볍게 듣는다[中山爲人鹵莽輕聽]", "쑨원은 수령의 직함을 가졌지만 인재를 질투한다[中山名爲首領, 專忌人才]" 등등과 같은 글들이 전부 장타이옌의 손에서 나왔으며, 그 외에도 허다하여 여기서 전부 언급할 수는 없다. 한 마디로 설령 혁명당원 내부라 할지라도, 이러한 '혁명 선열' 혹은 혁명 선진

'들의 마음속에서 쑨원은 결코 '영웅'이 아니었고 성인(聖人)은 더 말할 것도 없었다.

타오청장(陶成章)

'직업 혁명가'로서 자신이 추구하는 이상적 중국을 위해 꾸준히 분투했던 쑨원은 당연히 비판과 찬양을 따지지 않았으며, 너그럽게 사람들을 대했다. 예를 들면 중화민국 성립 이후 차이웬페이(蔡元培)와 신내각 후보를 토론한 편지에서, 자신과 장타이옌 사이의 쟁론은 "바로 친구지간의 작은 불만에 불과한[則不過偶於友誼小嫌]" 것이며, 그것을 "민국을 반대하는 자[反對民國者]"와 나란히 두고 논할 수는 없다고 했다. 따라서 쑨원은 장타이옌에 대해 "존숭하는 도리를 다해야 한다[尊隆之道在所必講]"는 뜻을 밝혔었다.

그러나 쑨원이 폭포수같이 쏟아지는 당원들의 비판 속에서 오랫동안 탁월한 도덕적 인격을 실천했다 할지라도, 구체적인 정치적 활동의 엄혹한 환경 속에서 그것은 그가 제창한 정치 조직의 원칙과 아무런 상관이 없었다. 쑨원이 1914년 국민당을 중화혁명당으로 개조했을 당시 규범화한 원칙은 "모든 입당인은 반드시 쑨원 한 사람에게 복종하고 아무런 이견이 없어야 입당 가능하다[凡入黨各員, 必自問甘願服從文一人, 毫無疑義而後可]"는 것이었다. 중화혁명당에 가입한 자는 동시에 '서약'을 지켜 "자신의 몸과 목숨, 자유권리를 스스로 희생하여 쑨 선생에게 복종해야 하고…… 만약 배신할 마음을 가질 경우 극형도 달게 받을 것[願犧牲一己之身命自由權利, 附從孫先生……如有貳心, 甘受極刑]"이라 표명하고 선서인은 손도장도 찍어야 했다. 쑨원의 요구는 혁명 진영 내에서 무수한 '동지'들의 반발을 초래하였고, 황싱을 포함한 일부 비판적 성원들은 모두 중화혁명당에 가입할 것을 거절하였다. 항의자에 대한 쑨원의 회답은 뜻밖에도 스스로를 "전제를 뒤엎고 공화를 건립한 시초이자 실행자[推翻專制·建立共和, 首倡而實行之者]"라 자인하는 것이었다. 또한 그는 자신을 유일한 "혁명의 존사[革命之導師]"라 자임했으며, "나는 감히 말하건대 나를 제외하고는 혁명의 영도자가 있을 수 없다[我敢說除我外, 無革命之導師]"고 했다. 자신이 사람들에게 '맹종'을 요구하는 이유를 그는 다음과 같이 밝혔다. "혁명에는 반드시 유일한(숭고하고 위대한) 지도자가 필요하다. 그래야만 혁명을 이끌 수 있다[革命必須有唯一(崇高偉大)之領袖, 然後才能提挈得起]." "혁명당은 우두머리 없는 용들의 집합이 되거나 서로 최고가 되겠다고 해서는 안 되고, 반드시 유일한 영수의 지도하에 절대복종해야 한다[革命黨不能群龍無首, 或互相雄長, 必須在唯一領袖之下, 絕對服

從]".

이와 같이 "유일한 영수를 자처하고 "선각자"로 자임하는 쑨원의 행동과 마음가짐은 시종 변하지 않았다. 특히 이후 국민당 제1차 대표대회에서 통과된 『중국국민당총장(中國國民黨總章)』(1924년 1월 28일)에서는, "본당은 삼민주의와 오권헌법을 만들어 시행한 쑨 선생을 총리로 하고[本黨以創行三民主義, 五權憲法之孫先生爲總理]", "총리는 전국대표대회 의결에 대해 재차 심의할 권리를 갖는다[總理對於全國代表大會之議決, 有交覆議之權]", "총리는 중앙집행위원회 의결에 대해 최종결정권을 갖는다[總理對於中央執行委員會之議決, 有最後決定之權]" 등을 규정했다. 이와 같이 한 사람의 권력으로 조직을 압도하게 만든 것이 훗날 수많은 비극을 초래하는 근원이 되었음은 의심할 바 없다.

권력이 고도로 집중된 조직 내에서 최고 지도자가 일단 사망하면 그의 각 계승자들은 흔히 최고 지도자의 이데올로기를 해석하면서 자신의 집권 정당성(legitimacy)을 확립한다. 소비에트 연방(소련)을 예로 들어보자. '10월 혁명'의 성공을 이끌고 세계 최초로 공산주의 국가를 창건한 최고 지도자 레닌(列寧, Vladimir Ilich Lenin, 1870~1924)이 서거하자, 소비에트 연방 내 기타 지도자들은 계승자로서의 권위를 쟁탈하기 위해 이념투쟁을 벌이기 시작했다. 스탈린(史達林, Joseph Stalin, 1879~1953), 지노비예프(季諾維也夫, Grigory Zinovyev, 1883~1936), 그리고 트로츠키(托洛斯基, Leon Trotsky, 1879~1940) 등은 모두 자신과 레닌의 친분 및 그 사상적 유산에 대한 해석 등을 통해 다양한 논설을 제출하여 서로 논전을 멈추지 않았다. 마찬가지로 쑨원이 서거한 후 국민당 내의 여러 인물들은 당연히 자신만이 쑨원의 유일한 계승자여야 한다고 선전했다. 왕징웨이, 후한민, 장제스(蔣介石, 1887~1975) 등의 거두들은 경쟁하여 합종연횡(合縱連橫),[24] 즉 합작과 투쟁을 병행하였다. 이러한 의식 형태의 영역에서 벌어진 '문자 전쟁' 외에도 적나라한 무력 충돌이 얼마나 발생했는지 헤아릴 수 없고, 전란이 그치지 않았으며, 사람들은 도탄에 빠졌다.

쑨원이 상징하는 희망적 의의

그러나 1920년대의 '국민혁명'이라는 거대한 파도 속에서 이러한 비극은 여전히 발아하는 새싹을 발견할 수 없었다. 이와 대조적으로 국민당과 쑨원은 확실히 모종의 새로운 희망을 상징하고 있었다.

예를 들면 1922년 11월 14일, 베이징 고등사범학교 행사 기념일에 민의(民意) 조사를 실시했는데, 그 중 한 문항은 "현재 살아 있는 중국인 중 가장 존경하는 사람은?"이었다. 이에 쑨원이라 답한 사람이 가장 많아 158표를 얻었고, 전체 합계 투표수의 27%를 차지하였다. 1923년 12월 17일, 베이징 대학 25주년 기념일에도 또 한 차례 민의 조사가 시행되었다. 그 중 한 문제는 "당신이 보기에 국내 혹은 세계의 큰 인물은 누구인가?"였다. 국내의 큰 인물에서 쑨원은 역시 수위를 차지하여 273표를 얻었고, '5·4 신문화 운동'의 지도자 중 한 명이자 당시 중국공산당 총서기인 천두슈(陳獨秀, 1879~1942)가 두 번째로 173표를 얻었지만 두 사람의 차이는 현저했다. 대학생을 대상으로 하였고

---

24 합종(合縱)책과 연횡(連衡)책의 두 외교정책을 합한 말로, 춘추전국시대 정치세력 간의 이합집산(離合集散)에서 유래함. 일반적으로 국제무대에서의 복잡한 외교전이나 거대한 집단 내의 노선 투쟁 등을 비유하며 사용(역주).

조사 과정 역시 상당히 볼품없던 이 민의 조사에서도 쑨원은 으뜸이었다. 이는 현대 교육의 사상 세례를 받은 지식인들의 마음 속에서도 그가 국가급 영수의 지위를 점하고 있었다는 사실을 잘 보여준다.

엘리트 지식인 중에서도 비슷한 예가 있었다. 저명한 역사학자 구제강(顧頡剛, 1893~1980)은 베이징 대학 졸업생으로, 재학 기간 중 선생인 후스(胡適, 1891~1962)와 가깝게 지냈다. 그들은 졸업 후에도 사제지간으로 계속 연락하며 좋은 관계를 유지했고 왕래가 끊이지 않았다. 구제강은 한동안 "국민당은 주의(主義)가 있고 조직이 있는 정당이며, 국민당의 주의는 확실히 중국을 구하는 데 있다[國民黨是一個有主義 · 有組織的政黨, 而國民黨的主義是切中于救中國的]"고 여겼다. 그래서 1927년 여전히 '북벌(北伐)' 전쟁이 불길처럼 일어나고 있을 때, 그는 학생의 신분으로 미국을 방문 중이던 후스에게 편지를 써서 "귀국 후 정치 활동을 하지 않는 편이 좋겠지만, 만약 해야 한다면 국민당에 가입하는 것이 좋을 것 같습니다[歸國以後似以不作政治活動為宜. 如果要作, 最好加入國民黨]"라고 말하였다. 물론 후스는 구제강의 건의를 수용하지 않았다. 또 예를 들면, 나중에 '국학대사'로 추앙받았지만 1920년대 중후반까지 외진 강남 일대에서 교편을 잡았던 중학교 교사 첸무(錢穆, 1895~1990)는 당시 '국학개론'이라는 과목을 학생들에게 강의할 때 쑨원의 '삼민주의'를 높게 평가하며 "깊고 커다란 뜻이 있어 전국적으로 고무하고, 미래 학술사상의 새로운 기운을 열기에 족하다[有深閎博大之思, 足以鼓動全國, 以開末來學術思想之新機運]"고 말한 바 있다. 특별히 자청하여 쑨원의 비서가 되었고 이후 장제스와 밀접한 사이가 된 다이지타오(戴季陶, 傳賢, 1891~1949)는 쑨원 학설의 '투철한 실천가'였다. 그는 북벌이 완수되고 전국이 통일되면, "정치가 점차 궤도에 오르고 학술사상이 다시 광명의 길에 든다[政治漸入軌道, 學術思想重入光明之途]"
라고 보았다. 이후 다이지타오의 '쑨원주의' 해석은 당내 '나침반'이 되
었다고 할 수 있다. 이처럼 대학기관에서 한자리를 차지했던 구제강이
나, 학술의 변방이었던 향촌 지식인 첸무는 모두 시국의 변화에 민감
한 감각을 갖고 있었던 것이다.

　중화민국 건립 이후 성국은 혼란스러웠고, 군벌의 할거와 국가의 분
열이 진행되었으며, 당시의 혁명적 이상은 수포로 돌아가고 있었다.
이때 쑨원 및 국민당이 희망의 상징으로 떠올랐던 것은 쑨원이 소비에
트 연방의 지원을 받아 혁명 대열을 다시 정돈했을 뿐 아니라, 그의 지
도하에 국민당이 1910년대 말에 때마침 '5·4 신문화 운동'의 시대적
조류에 부응함으로써 자신의 힘을 강화했기 때문이다.

쑨원으로 먹고사는 업종

　이렇게 쑨원(과 국민당)이 새 희망의 상징이 된 시대적 배경 아래에
서 '쑨원으로 먹고사는 업종(the Business of Sun yat-sen)'이 흥성하기 시
작했다. 이는 18세기 프랑스의 루소와 같은 현상이었다. '문화우상
(cultural icon)'이었던 루소는 세기말 서유럽(특히 프랑스)에 의해 상업화
되었고, 그리하여 '루소로 먹고사는 업종(the Business of Rousseau)'이 왕
성하게 일어났던 것이다. 1920년대 중국도 마찬가지이다. 예를 들면
상하이의 삼민공사(三民公司)는 『손중산평론집(孫中山評論集)』(1925년 출
판, 다음 해 재출판)을 편찬했고, 쑨원이 사망한 후 각종 간행물의 평론을
모아 『손일선전기(孫逸仙傳記)』, 『손중산일사집(孫中山軼事集)』, 『손공유

서(孫公遺書)』 등과 같은 서적들을 광범위하게 출판했다. 이 회사는 '쑨원 기념품'까지 만들었는데 여기에 포함된 것은, '삼민전(三民箋, 편지지에 쑨원의 유필이 인쇄됨)', '삼민봉(三民封, 편지봉투에 쑨원의 유필이 인쇄됨)'과 '삼민필(三民筆, 펜에 쑨원의 유필이 인쇄됨)' 등등이었다. 게다가 『손중산평론집』을 구매한 자는 책 속에 첨부된 '증정권'을 가지고 '삼민전'까지 한 권 받아 '영원히 기념'할 수 있었다. 쑨원은 명백히 일종의 상품이 되었고, 출판계는 그의 이미지를 이용하여 이윤을 도모하게 되었다.

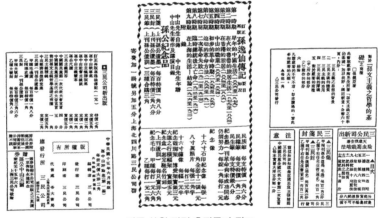

각종 쑨원 관련 출판물과 광고

쑨원 관련 서적을 출판하는 것도 돈을 버는 경로 중 하나였다. 예컨대 출판업자 장징루(張靜廬, 1898~1969)의 회고에 의하면, 그가 "출판업의 황금시대"라고 일컫는 1925년부터 1926년에 『중산총서(中山叢書)』가 열렬한 반향을 얻었다. 장징루는 '태평양인쇄공사(太平洋印刷公司)'의 장빙원(張秉文, 생몰년 미상)이 "몇 개월의 시간과 정력"을 쏟아 이 책을 인쇄했으며, "인쇄 후 본인이 광저우에 가지고 가서 말하길, 이는 광저우의 민중 개개인 모두에게 필요한 정신적 양식"이라고 하였다. 이 책은 "국민혁명군 북벌이 진척되면서 후난(湖南), 장시(江西), 한커우(漢口) 등 각 주요 도시에서 저가에 대량 판매되었다." 이 책으로 장빙원은 "적어도 10만, 8만 원의 은화를 벌었을 것이다." 또한 "모든 인쇄소의 인쇄 기계는 전면판, 2절판, 4절판으로 『삼민주의』 혹은 『중산전서(中山全書)』"를 인쇄, 또 인쇄하였고 다른 책은 인쇄할 겨를이 없었다. "새 책에 아무런 흥미가 없었던 공업 및 상업계에서도 삼민주의 혹은 공산주의를 이해하기 위해 이 책을 구매하였다." 이런 "열광적인 현상은 1927년 청당운동(淸黨運動)[25] 이후 급격히 쇠퇴한다." 이처럼 '쑨원 업종'의 흥기와 쑨원이 전폭적으로 환영받았던 당시의 분위기는 밀접하게 연관되어 있었으며, '쑨원 업종'의 몰락은 정치 분위기 변천의 또 다른 표현 형식이었음을 알 수 있다.

대략 같은 시기에 국민당은 '북벌'의 군사 행동과 병행하여 지방에 당 조직을 건립하였고, 심지어 지방 민속절까지 이용하여 선전을 활성화하여 조직을 세우는 데 주력했다. 예를 들면 산시(山西) 지방의 향신(鄕紳) 류다펑(劉大鵬, 1857~1942)은 1927년 산시의 국민당 조직과 연관된 활동들을 일기에 반복하여 기재하였다. 단오절에 "회의를 성대하게 주최하여 국민혁명의 종지를 선전"하거나, 비행기 혹은 여학생을 통하여 전단지를 뿌리거나, "진사(晉祠)의 제례행사 때 국민당이 본현(縣) 제4구(區) 당지부를 설립하여 사원 근처 상가들로 하여금 청천백일기

---

25 1924년 국민당은 '연소(聯蘇) · 용공(容共) · 농공부조(農工扶助)' 3대 정책에 따라 공산당과 제1차 국공합작을 이루어 국민혁명을 전개했다. 그러나 1927년 국민당은 청당운동을 벌여 당내 공산당원을 축출하였다(역주).

(靑天白日旗)²⁶를 걸게 하였으며, 당화(黨化) 지역을 설립했다." 이처럼 쑨원이 '남긴 가르침'은 자연스럽게 하층사회로 전파될 기회를 얻을 수 있었다. 장멍린(蔣夢麟, 1886~1964) 같은 사람은 상하이 점포에서 마주친 점원이 자신만의 언어로 '삼민주의' 및 '오권헌법'의 의의를 해석했던 일을 회고했다.

민국혁명이 장강(長江) 유역에 진입했을 때, 상하이의 한 점포 점원이 나한테 말하기를, "삼민주의는 벌어들인 돈을 주인이 한몫, 경리가 한몫, 점원이 한몫으로 똑같이 3등분하는 것이다. 이것은 누구나 다 아는 도리이다. 오권헌법은 무엇인가? 이는 다섯 주먹을 어떻게 사용하고 누구를 때릴 것인가의 의미"라 하였다. 옆에 한 사람이 끼어들어 말하기를, "첫 주먹은 탐관오리를 때리고, 두 번째 주먹은 불량배를 때리고, 세 번째 주먹은 양놈을 때리고, 네 번째 주먹은 당신의 원수를 때린다. 다섯 번째 주먹은 누구를 때리는가?"라고 하였다. 이 때 또 옆의 한 사람이 끼어들어 "성황묘의 보살을 때려 미신을 없앤다"라고 하였다…….

當國民革命進入長江流域的時候, 上海有家店舖裡的一個夥計對我說: 三民主義是把賺來的錢, 東家一份, 經理一份, 夥計一份, 三份均分. 這是大家都懂得的. 五權憲法是什麼呢? 這五個拳頭怎樣用法, 用來打誰? 旁邊一個人插嘴道: 第一拳打貪官汚吏, 第二拳打流氓癟三, 第三拳打洋鬼子, 第四拳打你的仇人, 第五拳打誰呢? 又旁一人插嘴道: 打城隍廟裡的菩薩, 祛除迷信…….

---

26 국민당을 상징하는 깃발(역주).

'오권헌법'이 '다섯 주먹의 사용 방식'으로 바뀌어 웃음을 준다. 하지만 이는 쑨원 개인의 이미지 및 그 학설이 출판업과 당 조직을 통하여 널리 퍼질 수 있었음을 보여주는 것이다.

쑨원을 추도하는 공간

쑨원이 살아 있을 당시, '오명(汚名)을 얻어가던' 군벌과 대비하면 그는 최소한 부정적 인물은 아니었다. 그런데 그는 사망 이후에 더욱 폭넓은 사회적 반향을 일으켰다.

1925년 3월 12일 쑨원은 베이징에서 별세하였고, 추도의 목소리는 중국 대륙 전체를 휩쓸 것만 같았다. 멀게는 해외 및 전 세계의 외진 구석에까지도 화교가 있는 곳이라면 각양각색의 추도대회가 열렸고, 쑨원을 추도하는 '추도 공간'은 무한대로 확장되었다. 지금까지 찾은 자료를 정리하여 다음 페이지에 나오는 도표로 만들어보았다.

해외 쪽에서는 일본 고베(神戸)의 중화회관에서 1925년 3월 24일 추도대회가 소집되었고, 4월 12일 인도네시아 반둥(萬隆, Bandung) 중화회관의 '쑨원 추도대회' 주최 등등이 있다. 이 도표는 결코 전체상을 제시하는 것이 아니기 때문에 필시 누락된 부분이 있을 것이다. 하지만 쑨원이 국가급 최고 지도자의 상징성을 갖는 인물이었고, 수많은 이들

시간	장소
1925년 3월 17일	장자커우 추도대회(張家口追悼大會)
1925년 3월 17일	광저우 군정경계 추도대회(廣州軍政警界追悼大會)
1925년 3월 27일	광둥성 산터우 추도대회(廣東省汕頭追悼大會)
1925년 3월 28일	우한 우한중학교 추도대회(武漢武漢中學追悼大會)
1925년 3월 29일	하얼빈 추도대회(哈爾濱追悼大會)
1925년 3월 31일	광둥 바오안 현 추도대회(廣東寶安縣追悼大會)
1925년 3월	푸젠 융춘 추도대회(福建永春追悼大會)
1925년 4월 3일	안후이 시현 추도대회(安徽歙縣追悼大會)
1925년 4월 5일	장쑤 우시 추도대회(江蘇無錫追悼大會)
1925년 4월 8일	우창 후베이 전성 추도대회(武昌湖北全省追悼大會)
1925년 4월 10일	장시 주장현 추도대회(江西九江縣追悼大會)
1925년 4월 10일	산둥 칭다오 추도대회(山東青島追悼大會)
1925년 4월 11일	상하이 칭푸 추도대회(上海青浦追悼大會)
1925년 4월 12일	상하이 시민 추도대회(上海市民追悼大會)
1925년 4월 12일	장쑤 쑹장 추도대회(江蘇松江追悼大會)
1925년 4월 12일	후베이 황메이현 투차오 지구 추도대회(湖北黃梅縣土橋地區追悼大會)
1925년 4월 12일	광저우 각계 추도대회(廣州各界追悼大會)
1925년 4월 12일	장쑤 난징 시민 추도대회(江蘇南京市民追悼大會)
1925년 4월 12일	저장 항주 시민 추도대회(浙江杭州市民追悼大會)
1925년 4월 13일	상하이 시민 추도대회(上海市民追悼大會)
1925년 4월 13일	후난 류양 추도대회(湖南瀏陽追悼大會)
1925년 4월 15일	쓰촨 충칭 추도대회(四川重慶追悼大會)
1925년 4월 17일	광저우 군정경계 추도대회(廣州軍政警界追悼大會)
1925년 4월 21일	장쑤 난징 각계 추도대회(江蘇南京各界追悼大會)
1925년 4월 25일	후난 핑샹 추도대회(湖南萍鄉追悼大會)
1925년 4월 26일	장쑤 단양 추도대회(江蘇丹陽追悼大會)
1925년 4월 26일	안후이 방부 추도대회(安徽蚌埠追悼大會)
1925년 4월 28일	장쑤 각계 추도대회(江西各界追悼大會)
1925년 4월	저장 샤오산 현 추도대회(浙江蕭山縣追悼大會)
1925년 4월	장쑤 창수 추도대회(江蘇長熟追悼大會)
1925년 4월	쓰촨 위두 현 추도대회(四川雩都縣追悼大會)
1925년 4월	저장 푸장 추도대회(浙江浦江追悼大會)
1925년 4월	장시 핑샹 추도대회(江西萍鄉追悼大會)
1925년 4월	안후이 푸양 추도대회(安徽阜陽追悼大會)
1925년 4월	장쑤 창사(현 상하이) 추도대회(江蘇長沙追悼大會)
1925년 4월	장쑤 난통탕자 추도대회(江蘇南通唐閘追悼大會)
1925년 5월 3일	장쑤 우장 추도대회(江蘇吳江追悼大會)

자료 출처: 劉作忠(選編),『輓孫中山先生聯選』(甘肅: 蘭州大學出版社, 2000).

쑨원 추도대회 현장

의 추도 대상이었다는 사실은 구체적으로 드러난다. 이러한 추도대회
가 반드시 군중들의 자발적 행위라고는 할 수 없을지라도, 군중집회
를 통해 동원된 대중들이 쑨원(및 국민당)에 대해 이해하고 공감할 수
있었던 것은 사실이다.

　게다가 쑨원 사망 이후의 각종 추도대회에서는 쑨원을 추모하거나
노래하는 만련(輓聯)[27]이 넘쳐났다. 여기에는 엄연히 쑨원의 이미지에

---

27 죽은 사람을 애도하는 대련(對聯)을 뜻한다. 여기서 대련이란 시문(詩文) 등에서 의미는

대한 사람들의 인식과 상상이 반영되어 있었다. 만약 추도대회가 하나의 구체적인 공간과 특정 시점에서 쑨원이 남긴 말을 회상하는 것이라면, 이러한 만련은 바로 무한하고 드넓은 상상 공간 속에서 쑨원이 갖는 상징적 의의를 축조하는 것이었다.

주지하듯 중국의 문화적 특징 속에서 죽은 사람을 추도하는 장소에는 만련이 빠질 수 없다. 이는 세상을 떠난 이의 인생 역정이나 인격적 형상, 혹은 업적과 공로 등을 개괄하는 것으로, 이른바 '개관논정(蓋棺論定)'[28]인 것이다. 기교 넘치고 창의적인 만련은 사람들에 의해 곧잘 전해지게 마련이다. 한 기록에 의하면, 위안스카이 사후에 누군가가 쓴 만련에는 "위안 총통 고이 잠드소서, 중화민국 만세[袁總統千古. 中華民國萬歲]"라 했다. 이는 상련 5자, 하련 6자여서 규율에 맞지 않기에, 상하련은 곧 "對不起來['대칭되지 않는다'와 '미안하다'의 뜻을 동시에 가짐, 역자]"가 된다. 즉 작자는 "위안 총통은 정말로 중화민국에 미안하다[袁總統正是對不起中華民國呀]"라는 말을 했던 것이고, 듣는 이들은 웃음을 참지 못했다.

쑨원을 추도하는 만련들은 기본적으로 쑨원의 위대함을 추앙한다는 데에서 일치를 보인다. 작자의 생각이 반영되어 만들어진 쑨원의 이미지는 천태만상이었지만 모종의 통일성을 갖고 있었다. 쑨원을 전통적인 중국 역사의 인물과 함께 거론하거나, 심지어 쑨원을 그들보다 더 높이 찬양하는 만련이 다수 등장했다. 또한 쑨원을 세계적 인물과 동등하게 여기는 것을 넘어 그들 이상으로 칭송하는 만련 역시 적지 않

다르나 동일한 형식으로 나란히 있는 문구(文句), 문이나 기둥에 써 붙이는 대구(對句)를 의미한다(역주).

28 사람의 가치는 죽어서 관에 들어가서야 결론 내릴 수 있다는 의미(역주).

앇다. 나아가 중국과 서양의 훌륭한 인물들을 함께 들어 비교와 대조를 시도한 만련들도 있었다. 이러한 사실은 사람들이 어떠한 형태의 세계관 속에서 쑨원을 평가했는지 구체적으로 드러낸다.

서양 인물과 대비한 만련을 보면, 그들과 동등히 평가한 것이 가장 기본적 형태를 이룬다. 예를 들어 우위장(吳玉章, 1878~1966)은 쑨원이 "레닌에 필적한다"고 찬양했고, 쑹저위안(宋哲元, 1885~1940)은 쑨원을 "루소와 같이 빛난다"고 했으며, 푸젠성 융춘현의 충더여자학교(崇德女子學校)는 쑨원을 들어 "워싱턴과 견줄 수 있다"고 평했다. 또한 상하이 법정대학 학생 천이빈(沈儀彬, 생몰년 미상)은 쑨원이 "중국을 공화로 만든 것"은 "워싱턴의 현신(現身)"이라 칭송했고, 천훙다오(陳洪道, 1880~?)는 쑨원이 "민권을 구만리까지 팽창시켰으며", "워싱턴을 제외하면 유일한 업적을 남긴 인물"이라 말했다.

두 명 이상의 인물과 쑨원을 나란히 평가하는 것 또한 두드러졌다. 베이징의 쓰촨성 린수이 지역 출신 학생회(鄰水旅京學生會)는 쑨원에 대해 "혁명을 제창하는 것은 루소와 같고", "공화의 창건은 워싱턴과 같다"며 예찬했고, 쉬촨유(徐傳友, 생몰년 미상)는 "성공은 워싱턴과 박빙이고", "유해(遺骸)는 바쿠닌과 서로 광채의 선후를 다툴 것이다"라고 비교하였다.

국립 우창 사범대학(武昌師範大學) 전체 학생이 남긴 추도사에는 쑨원의 "공헌이 워싱턴에 못지않고", "학리(學理)는 마르크스와 통한다"라고 되어 있다. 천잉(陳嬰, 생몰년 미상)의 경우, 쑨원이 "말은 루소, 행실은 워싱턴, 억강부약(抑強扶弱)[29]함은 또한 레닌과 같다"고 했으며,

---

29 강한 자를 누르고 약한 자를 돕는다는 뜻이다(역주).

루쿤(盧鯤, 생몰년 미상)은 쑨원을 "공덕이 어찌 링컨 밑에 있으랴", "배포 또한 레닌과 같다"고 하였다. 베이징 경도혼사(瓊島魂社) 동인들의 만련은 "위대하고 풍성한 업적은 워싱턴과 링컨을 합친 것"이고, "주의(主義)와 학설(學說)은 마르크스, 레닌과 함께 정족(鼎足)[30]의 세 다리 중 하나"라 말한다. 남양(南洋) 반둥 중화학교의 전체 교직원 애도사에는 "워싱턴, 마르크스를 쫓아 사업은 능히 맞설 수 있다"고 하였다. 안후이 성 의회에서는 쑨원을 "레닌의 형제", "살아 있는 예수"에 비유하였다.

사람들은 또 쑨원을 위대하고 용맹스러운 서양인 이상의 출중한 인물로 묘사했다. 슝시링(熊希齡, 1870~1937)은 칭송하여 말하길, 쑨원의 "오권헌법은 워싱턴의 부족함을 보완한 것"이고, "민생에 대한 뜻은 마르크스와 견주어도 더 면밀하다"고 하였다. 국립 베이징 법정대학 교우회의 추도사에는 쑨원이 "워싱턴을 초월한 혁명가의 지혜와 용기를 겸비하였고", "마르크스의 새 저작보다 경제에 대한 깊고 풍부한 이해를 드러냈다"고 하였다. 양멍링(楊夢齡, 생몰년 미상)의 경우, 쑨원이 "비스마르크의 정신은 있되 비스마르크의 전제는 바꾸었으며", "워싱턴을 계승하여 불후(不朽)하나 워싱턴보다 더 큰 난관을 겪었다"고 말했다.

중국과 서양을 종합하여 쑨원이 진정 찬란하게 빛난다고 인식했던 만련은, 나아가 중국의 전통 세계 속에 눈을 고정시켰다. 예컨대 웨이충잉(韋瓊瑩, 생몰년 미상)은 쑨원이 "혁명을 일으키고 인민을 물과 불 속

---

30 표면적으로 솥의 세 다리를 뜻하며, 그 함의는 세 개의 세력이 서로 대치하거나 균형을 이루고 있는 국면을 뜻한다(역주).

에서 구원한 탕나라 무왕이며, 레닌이다"라고 하였다. 추링원(邱令文, 생몰년 미상)은 "공은 레닌처럼 불후할 것이고", "묵자(墨子)와 가장 가깝다는 것을 알고 있다"고 높였다. 중국국민당 장쑤성(江蘇省) 우장현 제3구(區) 제1지부[分部]의 추도사에는 쑨원을 레닌 및 공자와 나란히 하였다: "평민 혁명은 결국 멈출 수 없는 것이다. 레닌이 바로 그러한 굳센 의지를 가졌다. 천하가 만민의 것이라는 것에 뜻을 두었으니, 공지가 그 전신일 것이다[平民革命, 到底勿休, 列寧乃具此毅力. 天下為公, 有志未逮, 尼山或是其前身]." 쑨원의 비서 다이지타오도 이러한 뜻을 보였다: "옛것을 계승하고 미래를 여니, 그 도통(道統)은 공자를 직접 계승하였다", "백성을 위로하고 죄를 벌하는 공적은 레닌과 같이 아름답다." 탕즈셴(唐質仙, 생몰년 미상)의 추도사에는 워싱턴과 제갈량이 함께 거론된다: "공화를 창건한 신이기에 그 공로는 워싱턴과 같으며, 민국에 대한 염려로 죽은 것은 그 고난이 제갈량과 흡사하다." 잘 다듬어졌다고는 할 수 없으나 장쑤성 우장현 신남사(新南社)의 추도사에는 "워싱턴을 낮게 여겨 그처럼 하지 않았을 진대, 하물며 명태조랴, (쑨원은) 마르크스를 따르는 데 있어 레닌에 필적한다[薄華盛頓而不為, 何況明祖. 於馬克思為後進, 庶幾列寧]"고 하였다. 셰위안한(謝遠涵, 생몰년 미상)의 만련에는 공자, 예수, 간디와 레닌이 병렬되어 있다: "평생을 신복케 하는 두 가지로 공자는 대동(大同)을 말했고 예수는 박애를 말했다. 삼걸을 함께 세우자면 인도에는 간디가 있고, 러시아에는 레닌이 있다." 양취엔(楊銓, 1893~1933)은 무한한 존숭의 곡조를 지어 쑨원이 "공자, 마르크스, 루소를 하찮게 보았으며", "주원장, 워싱턴, 레닌을 합하면 그 한 사람이 된다"고 말했다. 청웨이옌(程偉彦, 생몰년 미상)은 쑨원이 "공자와 기독교로 구제의 뜻을 품었고", 따라서 "인류가 그로 인해 진보하였다"고 하였다. 즉 쑨원이 "워싱턴, 레닌과 함께 공로를 칭송해야 할" 인물이며, 그들로 인하여 "세계가 신기원을 열었다"는 것이다.

이러한 추도사들은 종종 기존에 있던 '워싱턴 신화'의 구조가 사람들의 인식에 여전히 영향을 주고 있음을 보여준다. 예를 들어 원수더(溫樹德, 생몰년 미상)는 워싱턴이 창건한 민주의 새 땅에 비유하여 쑨원을 "워싱턴을 좇아 민주의 새 땅을 창건했다"고 하였다. 쑨원이 중화민국 임시대총통 직위를 사임했을 당시, 사람들은 그것을 요순의 '읍양(揖讓) 이야기'에 빗대어 칭송하였다. 산둥 성립(山東省立) 제4사범부속소학교의 추도사에는 쑨원을 "양위의 덕은 워싱턴에 손색이 없다"고 했으며, 스칭양(石青陽, 1879~1935)은 이렇게 상찬했다: "다른 시대, 다른 때에도 여전히 요순의 읍양은 존재했다." 장웨이한(張惟漢, 생몰년 미상)은 말하길, 쑨원은 "전제주의를 뒤엎고 공화를 창건하여 그 업적이 천지를 진동한다", "요순시대의 읍양은 기이한 일이 아니며, 탕왕과 무왕의 정주(征誅)[31]는 말할 것도 없다"고 하였다. 류즈저우(劉治洲, 생몰년 미상)는 쑨원에 대해 "맨손으로 공화를 창건한 것은 요순의 읍양과 탕무의 정주를 제외하고 매우 획기적인 사건이다. 그 큰 이름은 우주에 드리우며 미국의 워싱턴, 독일의 마르크스 등과 더불어 각기 그 위대함이 있다."라고 하였다. 우사오청(武紹程, 생몰년 미상)은 장편으로 찬양의 글을 썼다:

4천년 만에 걸출한 인물이 세상에 이름을 떨친 것은, 요순이 왕위를

---

31 평화로운 왕권 이양이 아니라 전대의 폭정을 힘으로 전복시키는 것을 뜻한다. 은나라의 탕왕과 주나라의 무왕은 각각 하나라의 걸왕과 은나라 주왕을 정벌하여 새로운 왕조를 세웠다(역주).

선양(禪讓)하고 탕무가 걸주를 정벌한 것과 어깨를 나란히 한다.

10만 마디의 학설을 다시 번역한 것은 레닌의 노동자와 농민, 루소의 민약론과 더불어 정족의 세 다리를 이룬다.

四千載名世挺生, 擧堯舜揖讓湯武征誅, 擔肩於一.

十萬言學說重譯, 與列寧勞農盧騷民約, 鼎足而二.

장수(張澍, 생몰년 미상)는 고금의 중국과 외국의 사례를 드는 방식으로 장편의 추도사를 지었다:

혁명을 하고 건설을 하고 또 선양을 했던 중국의 현대 영웅을 거슬러 올라가보면, 한나라 고조와 진시황, 주나라 무왕과 은나라 탕왕은 모두 전제를 행했다.

학설이 있고 주의가 있고 더욱이 공로가 있어서 세계의 여러 유명 저자들, 루소, 워싱턴, 링컨, 레닌을 하나로 합친 것과 같다.

能革命能建設又能禪讓, 溯中國現代英雄, 若漢高秦始皇周發商湯都嫌專制.

有學說有主義更有事功, 數世界著名作者, 合盧梭華盛頓林肯列寧萃為一人.

물론 사람들 피차간의 인식은 결코 일치하지 않는다. 워싱턴과 나폴레옹을 병렬하여 서술할 때는 상반되는 설명도 존재했다. 옌다융(顏大鏞, 생몰년 미상)과 펑쩌롄(彭澤聯, 생몰년 미상)이 함께 서명한 만련에는 쑨원을 나폴레옹, 워싱턴의 공훈과 함께 거명하며 "나폴레옹의 원대한 계획을 가졌고, 워싱턴의 업적을 세웠다"고 하였다. 왕전화이(王鎮

淮, 생몰년 미상)의 추도사에는 쑨원을 "놀라운 명성이 구만리에 날릴 것이고, 워싱턴과 나폴레옹의 자리는 이후 이 사람이 대신할 것"이라고 되어 있으며, 천광푸(陳光譜, 생몰년 미상)의 추도사에는 쑨원에 대해 "의지가 나폴레옹보다 더 강하고, 양위의 덕은 워싱턴보다 더 아름답다"라고 하였다. 그러나 나폴레옹과 워싱턴이라는 두 인물을 비교하여 후자의 모범적 이미지를 강조한 경우도 있다. 장쑤성 단양현립(丹陽縣立) 제3소학교의 추도사가 이러한 경우이다: "공화를 창제하여 워싱턴의 유품을 중국에 영원히 전해지게 했다. 전제를 척결하여 나폴레옹의 나쁜 세력이 오늘날 다시 나타나지 못하게 했다." 심지어 왕위안한(王源瀚, 생몰년 미상)의 만련과 같은 경우, '반대로 노래하기'의 의미도 있었다: "40년의 공화 창건은 워싱턴에 비하자면 성공이라 할 수 없고, 나폴레옹에 비하자면 의미있게 죽었다."

쑨원을 추도하는 이러한 만련들은 이미 『손중산선생 만련선집(孫中山先生輓聯選集)』에 엮여 있으며, 그 내용도 상당히 많다. 이 책을 토대로 초보적인 통계를 내보면, 사람들이 상상하는 쑨원의 상징적 의의는 사실 일정한 인식 범위 속에 있다는 것이 잘 드러난다. 쑨원을 추도하는 만련 속에서 거론된 서양 인물을 보면, 레닌이 총 86편, 워싱턴은 62편으로 앞 두 자리를 차지한다. 다음 순서는 링컨(17편), 마르크스(16편), 나폴레옹(15편), 루소(14편), 간디(6편) 등이다. 그 이하는 일일이 열거하지 않겠다.

당시 소비에트 연방은 세계 최초의 공산주의 국가로서 세계적 관심을 일으키고 있었다. 세계사의 범주에서 볼 때, 1910년대 말부터 1930년대 초까지 지식인들이 러시아 사회주의 혁명의 영향을 받아 사상적 전환을 일으키거나, 소비에트 연방에 대해 호감을 갖게 된 것은 상당히 보편적인 사건이기도 했다. 영국의 철학가 러셀(羅素, Bertrand A. W. Russell, 1872~1970)은 러시아 사회주의 혁명의 영향하에 심지어 영국 공장 노동자들에게 직접적인 행동을 취하여, 영국에 '소비에트'를 건립 하도록 하였다. 자유주의자 후스(胡適)도 1920년대, 광의의 사회주의 에 호감을 가진 적이 있었다. 그는 1926년 11월 25일, 영국 리버풀 대 학에서 강연하며 영국인 군중들에게 "18세기 유럽의 신종교는 자유, 평등, 사랑이었다. 19세기 후반부터 20세기 이후의 종교는 사회주의 가 될 것"이라고 하였다. 그는 심지어 소비에트 연방이 사람들의 감정 과 상상(the emotions and the imagination of the people)을 불러일으킬 수 있는 정책을 만들었다고 하였다. 이 같은 시대적 분위기 속에서 때마 침 레닌이 쑨원보다 1년 앞서 사망하자 중국인들 사이에 폭넓은 반향 이 일어났다. 당대의 저명한 시인 궈모뤄(郭沫若, 1892~1978)는 이 소식 을 듣고 "진실로 비통함을 느낀다. 마치 태양을 잃은 것과 같이"라는 추도시 「태양이 사라지다 – 레닌 서거 소식을 접하고」를 통해 비통한 감정을 표현하였다. 사람들은 거듭하여 쑨원을 레닌에 비유했기에 레 닌은 추도사 중에서 가장 많이 언급됐다. 이는 시대적 사조의 반영이 자 레닌을 추도하는 정서의 연장이라 볼 수 있다. 워싱턴의 이미지는 일찍부터 중국인의 사상 세계 속에 각인되어 있었다. 워싱턴과 쑨원을 함께 논하는 것은 여전히 기존 '워싱턴 신화'의 구조를 계승하는 것으 로, 워싱턴이 추도사에서 두 번째로 많이 언급된 것은 사람들에게 크 게 낯선 일이 아니었다.

기타 인물을 들어 비유한 경우는 앞의 두 인물과 현저한 차이가 있 으며 파편적이다. 예를 들어 나폴레옹을 거론한 것과 같이 반드시 좋 은 내용이라고는 할 수 없는 경우가 있다. 하지만 크건 작건 사람들이 세계적인 시야에서 쑨원을 평가하고자 했다는 사실을 보여준다. 인도의 간디(甘地, Mohandas Karamchand Gandhi, 1869~1948)를 비유에 끌어들인 한 추도사는 간디를 대영제국의 통치에 저항했던 영웅적 인물로 형상화 했다. 주지하듯 이후 '5.30사건[五卅慘案]'³²(1925년 5월 30일)은 중국 대륙에서 '대영제국 타도'의 물결을 거세게 일으켰다. 그렇다면 간디에 비유한 것은 마땅히 중국 민족주의 감정의 발로이고, 세계적 '반제국주의' 사조 및 행동이 동시에 결합되어 구체적으로 표출된 것이라 할 수 있다. 심지어 쑨원을 무정부주의자 바쿠닌(巴枯寧, Mikhail A. Bakunin, 1814~1876)과 비교하며 칭송한 추도사도 나타났다: "유해는 바쿠닌과 서로 광채의 선후를 다툴 것이다." 이러한 경우는 비록 한 건에 불과하지만, 무정부주의(Anarchism) 사조의 유통 양상 또한 드러난 것이다.

전체적으로 볼 때 이러한 만련의 추도사를 발표한 많은 사람들은 무명인사였고, 학생 단체에서 서명한 이들 역시 적지 않았다. 이로써 쑨원의 모범적 형상과 인식이 이미 사회 전반에 뿌리내렸음을 알 수 있다. '미래의 주인공'인 학생 단체로 말하자면, 1920년대 중국에서는 학생운동이 거세게 일어나 정치화가 더 심화되고 있었다. 이에 따라 각 정치세력은 그들을 정치자원(특히 국민당, 공산당 및 청년당 위주)으로 쟁취하고자 했다. 쑨원의 이미지는 이러한 세력을 쟁취할 수 있는 상징 자본(symbolic capital)이 되었다. 청년 지식인의 입장에서 보자면, 쑨원은 바로 그들의 성장 과정 속에서 함께한 사상의 구성 요소처럼 인생 역

---

32 상하이에서 일어난 반제국주의 민중운동이다. 당시 영국 경찰의 발포로 중국인 시위대 13명이 사망했다(역주).

정과 동행하고 전진해 온 동반자라 할 수 있었다.

'쑨원 숭배'의 출현

쑨원 서거를 기념하는 각종 기념과 추도의 군중집회는 이후 '북벌' 전쟁의 발발, 이른바 '국민혁명'의 나날 속에서도 여전히 특정 시간을 이용해 거행될 수 있었다. 1927년 3월 12일, 산시(陝西) 시안(西安)에서는 쑨원 서거 2주년을 맞아 '8월 포위[八月圍城]'[33]의 희생자를 추도하는 군민대회가 개최되었다. 당시에는 각양각색의 군중운동이 불처럼 일어나 때때로 폭력과 유혈충돌을 일으키기도 했다. 예를 들어 농민운동은 종종 '토호열신(土豪劣紳)'[34]의 처벌을 목표로 한 군중대회 형식으로 일어났는데 그 규모가 거대했으며, 특히 후난 지역이 가장 격렬했다. 후난의 루청(汝城) 및 신화(新化)에서 개최한 '총리 서거 2주년 기념대회'에서는 추도 의식이 끝나자 사람들이 쑨원의 초상화를 들고 거리로 뛰쳐나가 "토호열신을 타도하자"는 구호를 높이 외쳤다. 뿐만 아니라 여러 '토호열신' 등을 군중 앞에 끌어내기도 했고, 종국에는 형장으로 끌고 가 처결하기도 했다. 이러한 격렬한 군중운동에서 쑨원은 여전히 '권위'의 상징이었다.

이 군중집회들은 구체적인 의식도 포함하고 있었다. 1927년 후난의 '총리 서거 2주년 기념대회'를 예로 들면, 여기에 포함된 의식 내용

---

33 1926년 국민혁명군이 시안(西安)성에서 직봉(直奉)군벌에 의해 8개월 동안 포위됐던 사건(역주).
34 향촌의 악덕 지주 및 부패한 지방 인사를 가리킴(역주).

은 다음과 같다. 1. 발포, 2. 주악, 3. 국기, 당기, 총리 유상(遺象)에 세 차례 국궁례(鞠躬禮),[35] 4. 총리 유훈 낭독, 5. 3분 묵념, 6. 국민혁명 가 제창, 7. 주석 보고, 8. 각 기관 대표 보고, 9. 연설, 10. 구호 제창, 11. 행진, 12. 자유 연설, 13. 집회 해산. 이상의 절차는 기본적으로 다른 군중집회에서도 일률적으로 적용되는 표준 의식이었다.

쑨원에 대한 기념 의식은 사람들의 일생생활 속에서 시간 개념을 설정하기도 했다. 1925년 4월 건국월군총부(建國粵軍總部)에서는 '총리기념주조례(總理紀念週條例)'를 제정하고 "매주 월요일을 기념주로 삼아 영구히 행한다"고 규정하였다. 내용인즉 그날 오전 10시가 되면 "쑨 원수에게 세 차례 국궁의 예"를 행해야 하고, "원수의 초상이 없는 전장 같은 곳에서는" 청천백일기(青天白日旗)를 향해 3분 묵념을 해야 한다. 그 후 전체 관병은 쑨원의 유훈을 낭독하고 "관병장이 그 뜻을 해석하며", 쑨원의 "주의 및 혁명 역사"에 따라 연설을 진행한다고 하였다. 이 '조례'에는 처벌 규정도 있었다. "본 조항에 대해 겉으로만 복종하고 속으로는 따르지 않는(위반) 행위"가 있어 "조사로 밝혀지거나 고발을 통해 적발되었을 경우, 이와 관련하여 책임이 있는 상관(官長)을 처벌함과 동시에 별도의 처벌을 부과할 것"이라 하였다. 같은 해 8월 17일, 광저우 국민정부 감찰원 전체 직원은 처음으로 '총리 기념주'를 거행하였고 대체로 위의 의식을 따랐다. 이에 이른바 '기념주'는 제도화된 시간 단위로 정치의식을 만들어 군대로부터 정부와 국민당 당부 내로 들어가게 되고, 나아가 국민당 정권의 촉각에 기대어 교육체제 속에까지 뻗어나갔다.

---

35 머리를 숙이고 허리를 굽혀 존경과 복종을 표하는 예(역주).

국민당 정부는 형식적으로 중국을 통일함에 따라 난징을 수도로 정하고, '훈정(訓政)'의 기치를 들어 독특한 당국체제를 건립하였다. 동시에 '쑨원 숭배'를 핵심으로 각양각색의 중화민국 국가 상징(symbols of the nations)을 구축하였다. 새 국기, 국가, 국휘가 연달아 나왔고, 이러한 국가 상징에 대해 경의를 표하는 의식은 국가 인식의 잠재적 기초가 되었다. 이는 새로운 정치문화 형태를 만들어가는 과정이기도 했다. 필경 국민당 정부 및 정치 지도자가 중국을 지배하고 중국 위에 군림하는 정당성의 유래는 바로 이러한 '쑨원 숭배'의 의식 위에 건립된 것이며, 이는 소비에트 연방에서의 '레닌 숭배' 양상과도 정확한 일치를 보인다. 쑨원 혹은 레닌은 모두 신성한 상징(a sacred symbol)이 되었고, 기존 정권이 생사여탈권을 장악할 수 있는 원천이 되었다. 그러므로 1929년 3월, 국민당 제3차 전국대표대회에서는 "총리의 주요 유훈을 중화민국 훈정 시기 최고법안으로 확정하는" 방안을 통과시켰다. 법률 형식을 통하여 쑨원의 '유훈'을 중화민국의 '최고 기본법'이라 확정한 것이다. 그리고 당은 "전국 인민 및 당의 민족적 생활과 국가의 생존 발전을 모두 총리의 유훈하에 통일할 것"을 요구하여 일반 국민의 행실에 규범화를 꾀하였다. 쑨원의 '유훈'은 일종의 정치종교(political religion)가 되었고, 각종 의식 행위를 통하여 '쑨원 숭배' 행동은 사람들의 일상생활 속에 침투하였다. 이러한 의식이 일상적 형태로 운용되자 쑨원 자체도 하나의 코드로 변하여 당국체제 통치에서 최고 상징이 되었다.

이러한 배경에서(특히 '중국 근대사' 영역에서) 이루어진 역사 집필은 쑨원이 역사적 무대의 핵심 배역을 맡도록 만들었다. '반속(半粟)'이라는 필명을 사용한 리젠눙(李劍農, 1880~1963)은 쑨원의 일대기를 주요 골자로 한 중국 역사 대사기(大事記)『중산 출생 후 중국 60년 대사기(中山出世後中國六十年大事記)』(1929년 출판)를 편찬했다. 1930년대 초의 교과서에도 쑨원을 혁명의 영도자로 서술하는 경우가 나타났고, 또한 신해혁명을 언급하는 글에는 '중화민국과 국민당'(다만 혁명당원의 쑨원 비판은 당연히 역사 집필 범위에 들지 않았다)이라는 제목이 붙었다. 한편 역사학자 뤄샹린(羅香林, 1906~1978)은 1933년『중국통사(中國通史)』를 집필했는데, 그 서문 속에는 '쑨원 선생과 중국 민족혁명'이 표제로 들어가 있었다. 사람들은 쑨원의 학설을 널리 '당의(黨義)'라 칭하였고, 이를 역사 집필의 지도 원칙으로 삼았다. 일반적으로『중국통사』를 편찬하는 학자들은 강제적으로 '당의'와 '역사'의 관계를 어떻게 처리할 것인지 생각해야 했다. 역사학자 먀오펑린(繆鳳林, 1898~1959)은 "학교 교육이 삼민주의를 중심으로 하고, 일반 국사가 민족, 민권, 민생과 유관한 것으로 말하자면"이라는 질문을 받자, 자기 서적에서 쓴 글을 변호하여 말했다. "삼민주의의 근원은 국사이고, 국사만이 그 위대함을 보여줄 수 있다. 당의를 서술할 때 역사를 중심으로 받들어야 한다. 당의에 맞추기 위해 통사를 훼손해서는 안 된다." 그러나 "삼민주의의 근원은 국사이고, 국사만이 그 위대성을 보여준다"고 인정한 것은 당국체제를 형성한 정치문화의 우위성을 태생적으로 인정한 것과 같다. 당국체제의 지배와 축조된 '지배 이데올로기(the dominant ideology)'를 완전히 묵인한 것이다. 이러한 국면하의 역사학자는 특정 정권의 합법성을 생산하는 역할에서 벗어나기 어려우며, 그들의 글쓰기 역시도 역사라는 무대의 복잡다단한 현상을 은폐하지 않을 수 없다.

'쑨원 숭배'에 대한 의혹과 항의

물론 당국체제가 추동한 정치의식(儀式)이 반드시 효과를 발휘했다고는 할 수 없다. 그것이 만들어낸 정치세계 역시 모든 사람들이 이해하고 신뢰한 것은 아니었다. 구시대를 살아온 나이 든 인물들은 더 깊은 의혹과 의문을 가지고 있었으며, 쑨원이라는 이 '코드'에 대한 인식과 당국체제의 행동에 대해 거부감이 있었다. 예컨대 과거제도를 통해 입신한 류다펑(劉大鵬)은 1928년 고향 산시에서 지내고 있었다. 하루는 아들이 성도(省會)인 타이위안에서 돌아와 그에게 "오늘은 쑨원의 탄생일로 각 기관의 공직 인원 모두가 하루 휴식하고, 당원 모두 이를 축하한다"고 말하였다. 류다펑의 입장에서 말하자면, 쑨원의 생일에는 '하루를 휴식하고' 공자의 '성탄(聖誕)'은 누구도 거들떠보지 않는 셈이었다. 그는 "옛날에 문묘에서는 제사를 모시는 사람이 있었지만, 근래 당정부가 성립된 후로는 누구도 성인의 제사를 모시지 않는다"고 말했다. 그리고 쑨원에 대해서는 "중국 당원의 존경을 받는 것이 성인 공자보다 더하다"고 했다. 쑨원의 지위가 공자 위에 있는 것은 분명 그에게는 불가사의한 일이었다. 하지만 공자의 탄생이 이 시기에 호감을 사지 못한 이유 역시 간단명료했다. 쑨원의 생일을 기념하는 것은 고도의 정치적 의의가 내포된 것으로, 당국체제가 추동한 대중정치적 명절(the mass political holidays)의 일환이었다. 즉 명절의 선택 및 명절 당일의 여러 기념 의식을 통하여 사람들의 역사 기억 속에 쑨원이라는 정치 지도자의 이미지가 보존되도록 한 것이었다. 이로써 사람들이 과거와 현재를 연결 짓게 하고, 심지어 그들 사이의 연대감(sense of solidarity)까지 형성시키고자 하였다. 사실 당시의 당국체제로 말하자면, 굳이 공자라는 코드를 활용할 필요가 없었다. 하지만 훗날에 이르러 국민당 당국체제(혹은 그 일부 성원)가 공자의 '신성한' 지위를 복원하기 시작하면서 또 다른 상황이 전개되었다.

당시에도 적지 않은 사람들이 당국체제가 추동한 이러한 정치문화의 '오염'을 공개적으로 거부했다. 20세기 중국의 대표적인 자유주의자 후스(胡適)도 1928년 국민당의 방식을 비판하며, 그것이 중국을 '명교(名敎)' 국가로 만들 뿐이라 하였다.

> 매달 기념 행사가 있고, 매주가 기념주간이다. 벽에는 곳곳에 표어가 걸려 있고, 사람들의 입은 구호만을 외쳐고 있다. ⋯⋯중국은 이로써 '명교' 국가가 되었다.
>
> 月月有紀念, 週週做紀念週, 牆上處處是標語, 人人嘴上有的是口號, ⋯⋯中國遂成了一個'名敎'的國家.

다음 해 후스가 교장을 맡고 있던 중국공학(中國公學)에서는 기념주의식을 공개적으로 거부하는 활동을 시작하였고, 국민당의 통치를 다음과 같이 비판하였다.

> 절대적인 전제주의 국면을 초래하였고, 사상과 언론은 완전히 자유를 잃었다. 신은 부정할 수 있지만, 쑨원을 비판해서는 안 된다. 예배는 드리지 않아도 되지만, 총리의 유훈은 읽지 않으면 안 되고 기념주는 지키지 않으면 안 된다.
>
> 造成了一個絶對專制的局面, 思想言論完全失去了自由. 上帝可以否認, 而孫中山不許批評. 禮拜可以不做, 而總理遺囑不可不讀,

후스(胡適)

紀念週不可不做.

이 시기 후스는 직접적으로 당국체제에 선전포고를 한 것과 마찬가지였다. 이로 인하여 그는 막대한 압력을 감수해야 했고, 그의 목소리를 게재한 잡지 역시 발행이 금지되었다. 국민당은 후스를 '포위 토벌' 하듯 노골적으로 후스의 '이의'에 반격을 가했다. 이후로도 후스는 물러서지 않았고, 다양한 기회를 틈타 당국체제를 비판했다. 그러나 그가 전부 반대의 목소리만 낸 것은 아니었다. 1937년 후스와 차이위안페이(蔡元培, 1868~1940) 등이 중화교육문화기금이사회(中基會)에서 회의를 개최할 때, 먼저 주석 차이위안페이가 쑨원의 유훈을 낭독했고, 후스 또한 뜻밖에 '의식대로 예를 행하였다.'

'쑨원 숭배'의 지속적 진전은 끝이 없었다. 그러나 각종 의혹과 저항은 압제당하거나 '발언'의 공간이 없었고, 망각되거나 계승되지 못했다. 어쩌다 이의를 제기하는 자가 있어도 압살당하는 운명에 처할 수밖에 없었다.

'국부' 만들기

1920년대부터 국민당 당국체제는 일련의 '쑨원 숭배'를 핵심으로 하는 정치문화를 조성하고, 그것을 국민의 일상생활에까지 침투시켰다. 비록 드넓은 땅의 수많은 민중이 있는 중국 내부에서, 이러한 조치가 사람들의 마음속 깊이까지 닿아 반드시 확실한 효과를 거두었다고는 할 수 없을 것이다. 그러나 쑨원은 당국체제 권위의 원천적 상징이었고, 동시에 이미 국족(國族)의 정체성을 강화시키는 거인의 이미지로서 사람들을 부지불식간에 감화시키고 있었다. 이와 함께 쑨원은 '중화민국의 국부(國父)'로 만들어져 나갔다.

쑨원이 베이징에서 사망한 후 각계의 사람들은 톈안먼(天安門) 중앙공원에 모여들어 애도하였고, 건국예군(建國豫軍) 총사령관 판중슈(樊鍾秀, 1887~1929)는 특별히 하얀 꽃으로 장식한 거대한 현판을 제작했다. 너비 1장, 높이 5척, 큰 글씨로 '국부' 두 자를 쓴 것으로, 중국인이 공개적으로 쑨원에 대해 '국부'라고 존칭한 것은 판중슈가 최초였다. 이후 3월 21일, 광저우 국민정부의 유수대리(留守代理) 대원수 후한민은 각군 총사령관 및 각부 부장들과 "총리의 유지를 준행할 것을 선언하였고", "쑨 대원수가 불행히 서거하여 후한민 등은 국부 앞에 통곡

했다"고 말했다. 이미 이때부터 국민당은 쑨원을 '국부'라는 존귀하고 숭고한 위치에 올려놓고 있었던 것이다. 당시 '동벌(東伐)' 중이던 정독사(正督師) 장제스는 같은 달 30일 광둥(광저우)에서 대원수 및 전사 장병들을 위한 추도대회를 거행하였고 추도사를 발표했다. 그는 "우리의 쑨 총리는 중화민국의 국부이다. 국부가 돌아가셨을 때 우리는 어떠한 생각을 가져야만 하는가"라며 청중을 고무시키려는 의도를 강하게 내비쳤다. 광저우 『민국일보(民國日報)』의 3월 31일자 사설은 쑨원을 여러 차례 '국부'라 칭했는데, 이는 국민당 및 그 세력 범위 내에 있던 언론의 반응이었다. 그 외의 지역 인사들도 같은 생각을 갖고 있었다. 당시 이러한 현상이 가장 활발했다고 할 수 있는 베이징에서는 판중수가 만든 대형 현판의 영향하에 비슷한 사례들이 나타났다. 황쥔(黃駿)의 만련에는 "국정이 불안하여 국부를 생각한다"라 했고, 위웨이이(余維一)의 추도사에는 "국부에 대한 존중은 동상(銅像)과 같이 영원할 것"이라 했으며, 류한원(劉漢文)은 레닌과 쑨원의 서거를 연결시켜 "레닌 서거에 곡하고 또 국부의 서거에 곡한다. 몸은 죽으나 정신은 죽지 않는다"고 하였다. 쉬웨이황(徐衛黃)은 56자에 달하는 장문의 만련을 지어 전심을 다해 칭송했다.

맨손으로 수훈을 세웠고, 전제를 뒤집고 공화를 창건하였다. 30년의 고생으로 민중의 종 레닌과 국부 워싱턴의 업적을 이루었다.
동포들은 은혜를 입었고, 중국은 오랑캐와 섞이지 않게 되었다. 그의 향기는 영원히 남을 것이고, 그의 위상은 소왕(素王)[36] 공자와 영패(英

---

36 왕의 덕을 갖추었으나 왕의 지위를 얻지 못한 사람을 가리키는 말(역주).

霸)[37] 관중(管仲)과 같이 높은 곳에 자리할 것이다.

赤手建殊勳, 倒專制而創共和. 辛苦卅年, 是才兼民僕列寧, 國父
華盛頓.

同胞受嘉賜, 使中夏不淪夷狄. 馨香終古, 應高配素王孔子, 英霸
管夷吾.

기타 지역의 예를 들어, 안후이성 시현(歙縣) 현립여자중학교의 전
체 학생들이 쓴 만련에는 "선생의 얼굴은 알 길이 없지만, 국부의 위용
을 수놓을 뜻은 있네"라고 되어 있었다. 장시 안위안로(安源路) 광공인
(礦工人)학교 도서처는 1925년 4월 25일, 핑샹(萍鄕) 추도대회의 만련
에서 "국부에 대한 곡소리가 신주(神州)[38] 대륙을 진동한다"고 말하였
다. 이 같은 칭호는 외국에까지 널리 알려졌다. 인도네시아 반둥의 화
교단체 민의서보사(民儀書報社)는 1925년 4월 12일, 반둥 중화회관의
'쑨원 추도대회'에 걸린 만련에서 "국부가 사망하고 남부 화교가 통곡
한다"라 하였고, 일본 고베의 화교는 1925년 3월 24일, 고베 중화회관
에서 거행된 추도대회에서 80자 이상에 달하는 만련을 걸어놓았다.

공의를 위해 고난의 길을 걸었고, 쓰러지고 일어섬을 반복하면서도
불멸의 가리발디 같은 큰 뜻을 품었네. 새로운 시대가 다시 도래하는 즈
음에 독립청에 올라 자유종을 울릴 것을 항상 생각하니 이러한 국부를
어떻게 잊을 수 잊겠는가!

---

37 영웅호걸의 가장 으뜸을 가리키는 말(역주).
38 중국 대륙을 의미한다(역주).

삼권이 영원히 정립되도록 노력하고 그 고난 속에서도 신중하며, 항상 몽테스키외의 민약론을 수호했노라. 번화한 수도에서 큰 계획을 의논하는 즈음에 피리 소리 들으니 어떻게 창자가 끊어지는 슬픔을 참을 수 있으랴. 비석을 보니 눈물이 흐르고, 애절한 마음은 하늘 끝에 닿았노라.

為公義關聞萬里, 旋仆旋起, 不減加里波的豪懷. 日月慶重光, 每念廳登獨立, 鐘撞自由, 受賜莫忘國父.

扶三權鼎立千秋, 其慎其難, 常護孟德斯鳩民約. 京華商大計, 何堪笛聽斷腸, 碑看墮淚, 哀思更遍天涯.

독립적 상업 기반을 쌓은 일반 대중용 매체에서도 같은 정황이 나타난다. 유명한 '원앙호접파(鴛鴦蝴蝶派)'[39]의 작가 저우서우쥐안(周瘦鵑, 1894~1968)은 '쥐안(鵑)'이라는 필명으로 1925년 3월 15일 『신보(申報)』에 단평을 발표한 바 있다. 특별 칼럼 '짧은 몇 마디[三言兩語]'에 실린 「조(弔) 쑨원 선생」이라는 글이다. 그는 여기서 쑨원이 워싱턴과 동등하다는 것을 더 명확히 하고자 했다.

쑨원 선생이 있고서 중화민국이 있다. 쑨원이 없다면 중화민국도 있을 수 없다. 미국인들은 미국을 창건한 워싱턴을 국부라 한다. 그렇다면 우리도 이 중화민국의 워싱턴에 대해 당연히 국부라 존칭해야 할 것이다.

有孫中山先生, 然後有中華民國. 沒有孫中山, 未必有中華民國.

---

39 재자가인(才子佳人)류 소설의 통칭으로, 남녀의 애정 이야기를 주로 다루었다(역주).

美國人稱締造美國的華盛頓為國父，那我們對於這中華民國的華盛
頓，也應當尊一聲國父.

이를 통해 쑨원에 대한 중국인들의 '국부' 존칭 부여는 그의 서거 후
얼마 지나지 않아 이미 왕성한 흐름을 이루었음을 알 수 있다. 게다가
이러한 존칭의 기원과 사람들의 보편적 이해는 곧 워싱턴이 미국의 국
부라는 것과 밀접한 관계가 있었다. 말하자면 기존 중국인의 지식 세
계 속에는 워싱턴의 이미지가 이미 장시간 뿌리박혀 있었고, 이는 쑨원
과 '국부'가 동일하다는 등식을 성립시킨 사상적 기초라 할 수 있었다.
쑨원이 '국부'라는 인식은 더욱 광범위하게 퍼져나가고 있었다.
1929년 1월 1일, 국민당 당보『중앙일보(中央日報)』에는 쑨원을 '국부'
라고 한 논설 외에도, 그를 "우리의 존귀한 스승이자 인류의 구세주"
로 말하는 등 치켜세우는 어조가 갈수록 높아졌다. 같은 해 '중산릉(中
山陵)'이 완성되어 쑨원의 유해는 베이징에서 난징으로 운반되어 하장
하게 되었다. 국민당 정부는 이를 두고 '총리 봉안(總理奉安)' 의식이라
하여 크게 선전하였는데, 각지에 인쇄하여 보낸 추도가의 가사에서 쑨
원을 '총리'가 아닌 '국부'로 지칭하였다. 국민당 당정부 측의 추도문에
서 쑨원을 '국부'라고 칭하는 대목은 한두 차례에 그치지 않았다. 같은
해 6월 1일, 쑨원은 정식으로 안장되었다. 국민당 당국은 수만 명의
사람들을 조직하여 의식에 참가시켰고, 다음 날은 민중들에게 개방하
여 참관하게 했다. 대략적인 통계에 의하면, 이후 묘소에 참배하는 자
들의 행렬이 끊이지 않아서 1929년 9월부터 1931년 5월 사이 다녀온
사람들이 33만 명을 넘었고, 1935년 한 해에는 24만 9천 명에 달했다.
'중산릉'은 모종의 공공의식을 내장한 한편, 매우 선명한 '당화(黨化)'

'중산릉' 봉안 의식 광경

색채를 지니기도 한 의식(儀式) 공간이었다.

1939년 11월 12일부터 21일까지, 바로 제2차 중일전쟁으로 도처에 난리가 난 그때, 국민당은 충칭(重慶)에서 제5기 6중전회(五屆六中全會)를 개최하였다. 대회 개최 기간 동안 린썬(林森, 1867~1943) 등 12명의 위원들은 '총리를 중화민국 국부로 존칭할 것에 대한 제의'를 대회 측에 제출하였다. 그들은 쑨원을 떠받들며 그가 "국민혁명을 인도하고 중화를 흥하게 했으며, 민국을 건립하고 5천 년 전제정체(專制政體)를 개혁하여 공화국가로 만들었다"고 하였다. 또한 그로 말미암아 "중화민국이 국제 사회에서 자유평등의 지위를 갖게 되었다"고 말했다. 다음 내용도 이 같은 맥락에서 등장한다.

우리는 총리가 고난으로 민국을 창설한 것을 기념한다. 전국 동포들은 총리의 위대한 공과 큰 덕을 평생 잊지 말아야 한다. 중앙당부는 각 성시(省市)에 일제히 지시를 내려 이후부터 총리를 중화민국의 국부로 존칭하고, 이로써 숭배와 존경을 표하며, 잊지 않을 것을 표한다.

吾人追念總理締造民國艱難, 全國同胞應沒齒不忘總理之偉功大德, 擬請中央通令各省市, 此後應尊稱總理為中華民國國父, 以示崇敬, 而示不諼.

대회는 이 안건을 중앙집행위원회에 보내어 처리하기로 결의했다. 국민당 중앙집행위원회는 이를 1940년 3월 21일에 열린 상무위원회 제143차 결의에 제출하였고, 참석인 모두가 기립한 가운데 만장일치로 통과시켰다. 같은 달 28일, 국민당 중앙집행위원회는 국민정부에 서신을 보내어 '전국 일치 실행을 지시'하도록 요구하였다. 5월 23일 중앙집행위원회 비서실에서는 국민정부 문관처에 서신을 보내어 쑨원의 국부 존칭에 대한 세 가지 원칙을 제출하였다. 그 원칙은 다음과 같다.

1. 정부기관과 민중 단체가 일률적으로 국부라 개칭한다. 2. 당내에서는 국부 혹은 총리로 모두 칭할 수 있다. 3. 민간에서 이미 인쇄한 도서 및 문자의 경우, 강제로 고쳐 쓸 필요는 없다.

쑨원을 '중화민국 국부'로 봉한 신문 보도

一, 在政府機關民眾團體一律改稱國父. 二, 在黨內稱國父或總理均
可. 三, 民間已印就之圖書文字, 不必強令改易.

　마침내 '쑨원 = 총리 = 중화민국 국부'라는 서술 공식이 성립되었고
이는 오늘날까지 이어지고 있다. 그러나 놀랍게도 '중화민국 국부' 호
칭과 쑨원 사이에 등호가 그려진 일은 '장기간의 사회적 실천 속에서
형성된 사실'로 알려져 있다.

　전체적 시대 배경으로 볼 때, 당시 충칭의 국민당과 정부가 쑨원을
'국부'로 존칭하는 이 정치 훈령을 공포한 것은 왕징웨이를 필두로 한
난징 정부와의 '브랜드 차별화[品牌區隔]'와 '정통성 경쟁[爭奪道統]'의
의미를 갖는다. 왕징웨이는 쑨원의 유훈을 기초했던 인물로, 당시 국
민당 정부의 당정 요직을 역임하였다. 그가 충칭을 떠나 중국을 침략
한 일본인과 합작하기 전까지 그는 여전히 국민당 당내에서 '일인지

하, 만인지상(一人之下, 萬人之上)'인 부총통직을 맡고 있었다. 일본의 지지 아래 왕징웨이 등의 인물들은 1940년 3월 30일 '난징 국민정부 설립'을 선포하였으며, 의식을 거행하여 쑨원을 '총리'로 존숭했다. 국민당 정부가 정부 공식 문서와 절차를 통해 쑨원을 '국부'의 극진한 지위로 올려놓았던 것은 쑨원이라는 이 '코드'에 대해 '독점적 특허'를 소유했다는 사실의 표현이었다. 하지만 쑨원이 당국체제가 형성한 정치 문화의 핵심으로 간주된 것도 이미 10여 년이 경과한 상황이었다. '중화민국 국부'로 받드는 정치 훈령은 단지 법제화의 층위에서 그 지위를 확증한 것뿐이었다.

장구한 역사적 흐름 속에서 전대의 물결이 후대로 이어지는 것은 여전히 변함이 없다. 현실 세계 속의 정치적 실천에 있어서, 쑨원의 학설은 신성불가침의 영역이라고 할 수 있다. 그러므로 현행 '중화민국 헌법(中華民國憲法)'의 첫머리에도 "중화민국은 삼민주의에 기초한 민유(民有), 민치(民治), 민형(民亨)의 민주공화국(中華民國基於三民主義, 為民有, 民治, 民享之民主共和國)"이라 말하고 있다. 엄연히 삼민주의는 모든 개인, 모든 당파에 신앙의 대상이 되었다. 국민의 일상생활에서 쑨원의 이미지는 모멸의 대상이 되어서는 안 되었다. 그것을 범했을 경우에는 처벌을 받아야 했다. 현행 '중화민국형법(中華民國刑法)' 제160조의 규정은 다음과 같다. "의도적으로 중화민국을 모멸하여 공공연히 그 이름을 훼손시키고, 중화민국의 국휘나 국기를 제거하거나 모독하는 자에게는 1년 이하의 유기징역, 혹은 300위안 이하의 벌금을 부과한다. 고의적으로 중화민국을 창립한 쑨 선생을 모멸하여 공공연히 그 이름을 훼손시키고, 초상을 제거하거나 모독하는 자에게도 같은 벌을 내린다[意圖侮辱中華民國, 而公然損壞, 除去或污辱中華民國之國徽國旗者,

處一年以下有期徒刑, 拘役或三百元以下罰金. 意圖侮辱創立中華民國之孫先生, 而公然損壞, 除去或污辱其遺像者亦同]."

　'중화민국 국부'와 쑨원 사이의 등호 성립은 '당연한 일'로 여겨졌다. 기존의 '워싱턴 신화'와 같은 역사적 축적물들이 여기에 사상적 근원을 제공했으며, 국민당 당국체제가 정치권력으로 국부 만들기 직업을 진행하고, 나아가 이에 대한 질의와 항의를 진압하였다. 쑨원에 대한 비판적 의견은 소리 없이 사라졌고, 사람들이 그에 대해 갖고 있던 역사 기억 역시 백지장 한 장만이 남게 되었다. 중화민국에 쑨원이 있는 것은 바로 아메리카 합중국에 워싱턴이 있는 것과 마찬가지였다. 그들은 모두 '국부'라는 성스러운 제단 위에 모셔졌던 것이다.

제7장

'국가우상'을 만드는 다중적 역사 기억

왜 '국가우상'이 필요한가?

1932년 미국은 워싱턴 탄생 200주년을 경축하여 세계 각국의 귀빈들을 초청하는 큰 회의를 열었다. 각국 귀빈들은 물론 칭송의 말을 준비했다. 이탈리아 대표는 워싱턴이 '미국의 무솔리니'라며 당시 이탈리아 최고 지도자와 함께 거론했다. "옛것을 위해 현재를 이용한" 흥미로운 대목이다. 이에 비하여 동시기의 『소비에트 백과전서(蘇維埃大百科全書, Great Soviet Encyclopedia)』에서는 비록 워싱턴이 아메리카의 '자산계급 혁명' 시기에 여러모로 훌륭한 인격을 보여주었지만, 일단 영국을 패퇴시키자 진면목이 드러나 인민들을 억압했다고 비판했다. 또한 그가 대통령으로서 "대중의 민주적 요구에 반대했다"고 하였다. 한마디로 워싱턴은 '자산계급 혁명가(a bourgeois revolutionary)'라는 것이다. 워싱턴에게는 이러한 이질적인 평가가 공존했으며, 그렇게 형상화된 워싱턴의 이미지는 자연히 파쇼주의와 공산주의라는 두 가지 이데올로기가 반영된 것이었다. 이는 또한 동일한 특징을 갖고 있기도 했다. 즉 정치적인 복무를 위해 워싱턴의 일대기에서 의도적으로 일부분을 발췌하거나 경시하고, 이를 자신의 입론에 따라 발화하는 것이다.

애초에 인간 집단이 공공의 삶을 영위할 때 필연적으로 존재하는 '대중의 이상적 인물(public eidolons)'은 사람들이 추구하는 모종의 의의

이며, 가치나 소망을 구체적으로 대변한다. 그들은 확실히 존재하거나, 혹은 단지 상상의 세계 속에만 머물 수도 있다. 하지만 실제로 살아 있는 인물이든, 아니면 만들어진 역할이든 간에 그들은 늘 전반적으로 추상화되고, 심지어 구호나 표어의 형식으로 나타난다. 설령 실제 존재하며 역사가가 고심하여 연구한 인물이라도, 그 만들어진 이미지는 본래의 면모와 상당한 거리가 있게 마련이다. 게다가 이러한 이상적 인물 형상이 효과를 내기 위해서는 대개 간소화되어야 하고, 순수화 및 이상화 작업이 필요하다. 다만 이렇게 되면 대중들은 점점 더 그의 인생에서 진실된 면모를 알 수 없게 된다.

예를 들어 워싱턴이 대통령을 역임하던 시기, 이질적 목소리와 직면하지 않는 것은 불가능했고, 동시에 완전히 비판받지 않는 것 또한 불가능했다. 특히 그가 대통령직을 연임했던 시기(1792~1796), 당파 간 투쟁은 격렬했고 워싱턴은 대통령으로서 앞장서야 했다. 그에 대한 비판이 크게 일고. 심지어 어떤 사람은 워싱턴이 공화국의 대통령이면서 '국왕(king)'과 마찬가지로 군다고 비판했다. 비록 사임을 청했음에도 불구하고 그는 여전히 비판의 과녁이 되었다. 그러나 역사가 흘러감에 따라 천고의 걸출한 인물이 나오듯, 최종적으로 사람들의 기억세계 속에 남은 워싱턴은 이러한 부정적인 것과 거리가 먼 고상한 품성, 영웅의 이미지, 아메리카 합중국의 '국부'라는 형상이었다.

분명 미국 독립전쟁 시기의 워싱턴은 새로운 공화국 통일의 상징과도 같았을 것이다. 예를 들어 1776년 한 개인의 서신에서 워싱턴은 "우리 정치의 아버지, 그리고 위대한 인민들의 영도자(our Political Father and head of a Great People)"라고 호칭되었다. 그러나 2년 뒤에 그는 공개적으로 "국가의 아버지(the Father of His Country)"로 존칭되었고,

19세기 초에 맞이한 그의 생일(2월 22일)은 7월 4일 '국경일(독립기념일)' 다음가는 기념일이 되었다. 워싱턴이 사망한 후 그에 대한 각양각색의 신성한 상징들(graven images)이 전파되기도 했다. 예컨대 초상화, 금속 편회, 찰흙 형상 및 화폐상 등이 일찍이 출시되었고 그의 이름으로 명명된 지역 또한 부지기수였다. 한편 워싱턴이 대통령직의 세 번째 연임을 거절하자, 즉시로 미국인들의 호평이 쏟아졌다. 예를 들면 널리 존경받는 미국의 역사학자 뱅크로프트(班克羅夫特, Aaron Bancroft, 1755~1839)의 『칭송받아야 할 고(故) 워싱턴 장군의 인격(An Eulogy on the Character of the Late General George Washington)』(1800)에서는 워싱턴이 자원하여 퇴직한 것을 두고 "인격의 실현이며 이 인물이 위대하다는 가장 중대한 증거"(유사한 글이 너무 많아 일일이 거론하지 않는다)라고 하였다. 이는 미국인들에게 워싱턴의 '정치 미덕(political virtue)'을 구체적으로 상징하는 것 중 하나라 할 수 있다. 19세기 미국으로 말하자면 워싱턴이 사임하며 했던 「고별연설(the Farewell Address)」은 『독립선언』이나 미국 『헌법』과 동등하게 중요시되었고, 모두 미국의 '개국문헌(founding documents)'이었다. 미국 자체의 정치문화적 맥락 속에서 워싱턴은 확실히 독특한 영향력을 갖고 있었다.

요컨대 미국인의 문화적 전통 속에도 그들 자신만의 '워싱턴 신화'가 있다. 이로 인하여 워싱턴이 어떻게 미국의 상징이 되었는지는 사람들이 반추해볼 과제일 것이다. 바로 현대 미국에서 이 과제를 연구한 학자 슈워츠(華茲, Barry Schwartz)의 비유처럼, 사람들은 워싱턴을 "살아 있는 '부락'의 토템(a living 'tribal' totem)"으로 간주할 수 있다. 마치 원시 부락에서 사람들이 엎드려 경배하는 토템처럼 미국이라는 '부락' 속에서 워싱턴이 '토템화'된 것은 본인의 군사 및 정치적 생애의 성공 때문이 아니다. 이러한 '토템화'를 통해 그를 미국 사회의 종교 및 정치적 정서를 이어줄 수 있는 구체적 상징으로 삼을 수 있었기 때문이다. 그러므로 워싱턴이 현재 미국의 '국가우상(national idol)'인 것은 결코 불변의 진리가 아니라 길고 복잡한 역사적 과정의 산물이다.

앞서 말한 것과 같이, 일부 미국인들이 보기에 아메리카 합중국은 워싱턴 혼자 이룩한 성과가 아니다. 워싱턴은 유일한 '국부'가 아니며, 여전히 인식되고 이해되어야 할 다른 '건국제부(建國諸父)'가 존재한다. 당연히 이 국가 건설자에 대한 기억이 한 인물로만 편중되어서는 안 되고, '영웅이 역사를 창조했다'는 관념의 소용돌이 속에 함몰되어서도 안 되며, 정치 이데올로기를 가진 사상적 현혹 속에 요동치지 말아야 한다.

어떠한 역사 기억을 만드는가?

불행하게도 현재 상황에서 미국의 '건국제부'에 대한 기억은 다원화되고 풍부한 모습으로 나타나기 어렵다. 분명 본래는 복잡다단하고 천태만상인 인류 활동의 궤적은 우리에게 익숙한 역사 서술 속에서 단지 몇 가닥의 선을 배열한 것으로만 나타난다. 역사 무대 위의 선구자들 역시 이로 인해 망각되어왔다. 예를 들면 19세기 초 미국의 역사서에서는 '민주주의의 대두(the rise of democracy)'가 주된 서사의 단초로서 강조되었다. 하지만 이러한 '주류' 서사는 그 '민주'가 오직 백인 남성에게만 적용되었다는 사실을 망각했다. 그렇다면 당시 '민중'의 대오에서 배제된 집단(groups), 특히 부녀자, 흑인, 인디언의 역사 경험은 또한 어떠한 양상이었을까? 이 모든 것 역시 우리가 알아가야 한다. 더욱이 우리를 탄식하게 하는 것은 현실 정치권력의 농간이 역사 기억을 왜곡하고 해괴한 형태로 만드는 것이다. 예컨대 트로츠키는 스탈린의 정적(政敵)으로서 훗날 소비에트 연방에서 추방되었고, 결국 타향에서 횡사하기에 이르렀다. 한때 각종 판본의『소비에트 백과진서』내에 '트로츠키'라는 항목의 존재 여부는 소비에트 연방의 정치적 기류를 가늠할 수 있는 풍향계였다. 이러한 웃지 못할 광경은 '소비에트 백과전서 증후군(Soviet Encyclopaedia Syndrome)'이라 일컬어졌다. 그렇다면 우리의 역사 기억 속에서도 동일한 증상이 나타나지 않았을까?

이러한 문제를 탐색하고 연구하면서 의문을 풀고 의혹을 해결하는 가장 중요한 역할은 당연히 역사학자가 담당한다. 하지만 지금처럼 사람들의 목소리로 들끓는 시대 속에서 역사학자의 역사 서술이 밝히고자 하는 본질 및 의의는 점차 대중들의 관심을 끄는 의제가 되고 있다. 사람들은 이러한 양상에 주목하기 시작했다. 즉 역사학자가 '재현' 하는 역사는 종종 지나간 여러 사실들 속에서 하나의 단면만을 보여주며, 단지 그가 택한 주제를 표현하는 데 국한된다는 사실이다. 역사학자의 '선택'이 자기 정체성(identity)의 영향을 받지 않을 수 있을까? 그의 정치적 기호, 문화적 충성(cultural allegiances), 심지어 성별도 영향을 줄 수 있다. 사실 오늘날 역사적 지식의 본질에 대한 재평가는 사람들이 갈수록 역사학자 본인의 주관성(subjectivity)이 어떻게 본인의 선택 주제 및 그 해석 속에 내포된 입장에 영향을 주는지 주목하는 것과 밀접한 관련이 있다. 예를 들어 프랑스 대혁명을 서술한 역사서들은 하나같이 대혁명의 광경을 '재현'했다고 선언한다. 하지만 사실 몇 권의 역사서가 있으면 그만큼 서로 다른 프랑스 대혁명이 있고, 혁명의 그림 역시 매번 크게 다르다. 바로 프랑스대혁명을 연구하여 명성을 얻은 프랑스 역사학자 퓌레(孚雷, Francois Furet, 1927~1997)는 서로 다른 역사학자들의 글쓰기라도 "혁명 유산의 정치적 처분(the political administration of the revolutionary heritage)"에 대해 피차 경쟁한다고 말한다. 1789년 대혁명이 폭발한 이래로 각기 다른 프랑스 역사의 발전 단계에서 '혁명적 과거(the revolutionary past)'를 향한 해석은 그 모두가 시대의 상징적 의의를 갖고 있음을 나타낸다는 것이다.

최근 광범위하게 주목받고 있는 '기억' 연구는 역사학자와 일반인이 갖고 있는 '기억'에 대한 다른 관점을 직시하게 해주었다. 본래 역사학자는 '과거'와 '현재'를 매개하는 역할을 담당했다고 볼 수 있다. 유감스럽게도 역사학자가 제공하는 '역사 기억'이 대중들이 경험한 기억과 완전히 일치하지는 않을 것이다. 역사학자가 사람들의 기억을 형상화하는 '잔심부름꾼(handmaid)'으로 간주되는 것은 '사람들은 모두 자기 자신에 대한 역사학자'라는 입장과는 상충할 수밖에 없다. 또한 지금은 '역사적 재현(historical representation)'을 촉진하는 경로가 갈수록 다양해지고 있다. 예컨대 멀티미디어가 장치된 박물관, 역사영화, 혹은 자신의 가족사에 대한 평범한 인물도 모두 사람들이 '과거'를 인식하는 통로가 될 수 있다. 현대 사회에서 '새로운 형식'을 가진 '역사적 재현'은 이미 더 이상 신선한 것이 아니다.

하물며 역사 집필이 체현하는 집단적 기억 역시 더 심도 깊은 고민을 요하는 사안이다. 여기서 말하는 집단적 기억이란 단수의 유일한 기억(memory)이 아니라 평행한 공존을 이루거나 서로 경쟁하는 복수의 기억들(memories)로서, 그 의의는 정치 집단(political communities)에 정당성의 원천을 제공하는 데 있다. 이러한 의의를 갖춘 역사 집필은 보편적 법칙 혹은 객관적 사실에 호소함에도 불구하고 실제로는 신화(myth)에 근거한 글쓰기에 불과할지 모르며, 나아가 동일 사건에 대한 다른 해석을 억압한다. 프랑스 대혁명을 예로 들면, 혁명 진영의 급진파는 보수파(혹은 보황파)의 역사 집필에서 공격 대상일 수밖에 없었고, 대혁명 시기의 참혹함으로 인해 그들의 비판은 더욱 당당하게 표출되었다. 한편 당시 보수파의 '반격' 또한 마찬가지로 피바람을 불렀지만, 이러한 역사는 보수파의 역사 집필에서 '망각'되었다. 냉전 시기 동독과 서독이 대립한 정황을 들자면, 쌍방이 모두 '독일인'이 한때 향유했던 역사적 경험을 리모델링하여 전혀 일치하지 않는 '기억 문화'로 나타냈다. 동독인은 자신의 '역사 전통'이 노동운동과 인문주의 지식인(humanist intellectuals)이 만든 '진보적' 전통이라고 강조했고, 서독인은 1848년 혁명 이후의 '민주 전통'을 리모델링하고 기독교와 고급문화 방면에서 독일인의 성취를 호소했다. 그러므로 '역사적 재현'과 현실 사이의 뒤엉킴은 역사학의 실천을 반성하는 과정에서 결코 외면하거나 소홀히 할 수 없는 과제이다.

그런데 망각되어버린 다른 '건국제부'의 기억을 '회복'하자고 호소하는 것 역시 유사한 문제에 부딪힐 수 있다. 집필되는 것은 어떠한 형태의 역사 기억인가? 만들어져 나온 것은 누구의 역사 기억인가?

사람들이 익히 알고 있는 링컨을 예로 들어보자. 20세기를 20여 년 목전에 둔 미국의 진보주의(the Progressive movement) 시대이자 그들이 전 지구적 패권 국가 중 하나로 진입하던 시기, 링컨은 미국의 국가우상이 되기 시작했다. 이때 대중들은 자신의 정치적 목적을 위해 링컨의 이미지를 수많은 방식으로 조작하였다. 일례로 20세기 들어 링컨은 정치권력과 권리를 추구하는 여성들의 '전우(戰友)'로 변신하였다. 1917년 백악관 앞에서는 윌슨 대통령(Thomas Woodrow Wilson, 1856~1924)을 향해 여성의 참정권을 요구하는 시위가 벌어졌다. 그들이 높이 든 팻말과 깃발에는 이러한 요구가 적혀 있었다. "링컨은 이미 60년 전에 여성의 투표권을 지지하였다. 대통령은…… 왜 아직 링컨보다 뒤쳐져 있는가?" 링컨은 여권운동의 정당성을 증명하는 코드가 되었다. 즉 '현재를 위해 옛것을 사용'하는 것이라 할 수 있다. 하지만 사실 링컨은 상세하고 구체적으로 여권문제를 논의한 적이 전혀 없었다.

비록 링컨의 형상은 미국에서 이미 위대하게 다듬어져 있었지만, 다른 종족의 '미국인'들은 이질적인 인식과 반응을 보였을 것이다. 인디언 부족인 수(Sioux)족 역시 그러했다. 중년의 한 수족 여성은 방문 인터뷰에서 자신은 학교에서 링컨이 위대한 흑인 노예 해방가라고 배웠지만, 뜻밖에도 노스다코타(North Dakota), 맨던(Mandan)의 수족 24명을 교수형에 처하는 데 동의했음을 알게 되었다고 말했다. 이때 그녀의 반응은 다음과 같았다. "미쳐버릴 것만 같았다…… 그는 흑인에게는 자유를 주었지만, 인디언에 대해서는 종족 토벌을 허용하였다." 역사적 거인의 형상은 그 거인의 '진실'된 면모를 알게 될 때 순식간에 붕괴된다.

주위를 둘러보면 정치를 위해 봉사하는 각종 역사 집필이 보란 듯 즐비하다. 성녀(聖女) 잔 다르크(貞德, Jeanne d'Arc, 1412~1431)의 역사 서술과 같은 경우는 결국에 오색찬란한 '신화 제조업(the myth-making industry)'이 되었다. 한발 양보하여 역사학자가 만약 신화 제조자가 아니라면, 불행하게도 주로 특정 정권에 정당성을 부여하는 역할을 담당했다. 당대 프랑스 역사가 장 피에르 리우(讓·皮耶·羅克斯, Jean Pierre Rioux)는 그의 저서에서 강조하길, 제2차 세계대전 기간 프랑스 민중은 국민통합(national unity)을 갈망했지만 아쉽게도 이후의 제4공화정부는 이러한 요구를 만족시킬 수 없었고, 드골(Charles de Gaulle, 1890~1970)이 민심을 장악하게 되었다고 했다. 드골만이 이러한 공동의 인식을 갖고 있었고(기타 정당 혹은 정치인물은 없었다), 따라서 '강한 정부(strong government)'를 호소했으며 결국 제5공화국이 건립되었다는 것이다. 그의 해석은 드골 정권의 정당성에 '근거'를 제공했는데, 이는 역사학자가 어떻게 '정치적 신화'의 제조자로 '불행' 혹은 '몰지각'하게 변해 가는지 잘 나타낸다.

중국의 범위에서 보자면 쑨원이 '국부'가 된 역사 집필에도 같은 장면이 있다. 쑨원 및 하카(客家, Hakka)[40] 연구 등으로 유명한 역사학자 뤄샹린(羅香林)을 예로 들면, 그는 원래 '국민 혁명'이라는 격동의 세월 속에서 성장하였고, 1926년 베이징의 칭화(淸華) 대학에서 공부할 때 여러 차례 베이징 서산에 있는 쑨원의 영구(靈柩) 안장처에 참배했다. 또한 난징 자금산에서 쑨원의 '봉안대전'을 거행할 때 직접 다녀오기도 했다. 이러한 경력들은 그가 본래부터 국민당이 구축한 '쑨원 숭배'를 핵심으로 하는 정치문화의 세례를 깊이 받았다는 것을 말해준다.

뤄샹린의 명저 『객가연구도론(客家研究導論)』(1933년 출판)은 쑨원이 현대 중국 역사에서 차지하는 '중심 지위'를 전면 긍정하며 "현대 중국에서 만약 쑨원의 혁명사적을 완전히 제거한다면, 정말이지 아무런 현대사도 언급할 수 없다"고 말했다. 또한 그는 쑨원을 하카의 후손으로 추측했다. 이후 뤄샹린은 『국부가세원류고(國父家世源流考)』(1942년 출판)에서 "자금충파 쑨씨 광서 2년 개정 족보 구초본(紫金忠壩孫氏光緒

---

40 서진(西晉) 말년부터 원(元)대까지 황하 유역에서 점차 남방으로 이주한 종족(역주).

二年重修族譜舊鈔本)" 등의 원자료에 의거하여 쑨원이 하카의 후손임을 '확정'했다. 게다가 그의 선조는 항청(抗淸) 의병의 일원으로 청조의 박해를 받고 시들어간 것으로 보았다. 그러므로 뤄샹린의 서술에서는 대대로 전해진 이 반만항청(反滿抗淸)의 혈맥을 쑨원이 계승했으며, 나아가 혁명을 영도하고 역사의 새 국면을 열었다는 것이다.

뤄샹린의 이러한 고증은 '사실 부합'의 여부로 인해 많은 학자들의 반박을 받았다. 물론 옳고 그름은 중요하다(현재까지의 연구 성과로 보면 뤄샹린의 고증은 잘못된 것이라 할 수 있다). 그러나 더욱 중요한 것은 뤄샹린이 쓴 쑨원의 가족사로 인해 역사학자가 어떠한 방식으로 '위대한 이야기(great story)'를 서술해내는지의 '본령'이 구체적이고 명확하게 드러났다는 사실이다. 그가 보기에 하카인은 "혁명적 성향과 종족의 사상을 가장 풍부하게" 보유한 '민계(民系)[41]'이고, 쑨원은 그 직계 후예 중 하나라고 할 수 있었다. 더욱이 그 선조가 청에 항거하다가 핍박을 받았고 이것이 쑨원으로 전수되어, 결국 이러한 혁명적 혈맥의 계승이 중국을 위한 새 국면을 열었고 새로운 나라를 세웠다는 것이다. 쑨원의 가족사와 그 본인의 일대기는 특수한 역사·이야기([hi]stories)가 되었으며, 이러한 '혁명 전통'의 서술 맥락 속에서 조화롭게 배치되어 그 의의와 교훈을 나타냈다. 뤄샹린의 역사 서술은 연속성을 지닌 '혁명 전통'의 창조였다. 이는 쑨원이 '혁명'을 일으키고 이끌어야 했던 필연성 및 정확성에 대해 '역사적 재현'을 진행한 성과였다. 또한 이를 통해 쑨원이 하카인이라는 '영광스러운' 역사 기억이 전개될 수 있었다.

---

41 민계라는 용어는 뤄샹린의 『객가학도론(客家學導論)』에서 최초로 사용되었다. 민족의 하위집단으로서 같은 언어, 문화, 습속을 공유한다(역주).

독일 역사가 몸젠(蒙森, Wolfgang J. Mommsen, 1930~2004)이 적절히 말했듯이 고도로 분화된 현대 사회에서 역사학자의 명확한 책임은 바로 각종의 집단 기억과 전통의 기록자 역할을 수행하는 것이다. 그러나 반드시 사실 증거에 입각하여 이러한 집단 기억과 전통에 대해 비판적 분석을 진행하고, 그것들의 진실성 또는 적절성 여부를 검증해야 한다. 사람들은 모종의 공동 경험(이런 경험은 진실일 수도 있지만, 앞에서 논의한 '황제(黃帝)'의 경우처럼 대부분 허구적인 요소가 있다)을 공유하고, 이러한 경험적 기억에 기초하여 특정한 집단 정체성을 만들어내는 집단 기억을 형성하게 된다. 이 과정에서 역사학자가 맡아야 할 역할은 각양각색의 정체성이 만들어지거나 구축될 수 있게 하는 것이다. 하지만 '정치 신화[政治迷思]'의 제조자가 된 역사학자, 혹은 그가 만들어낸 역사 기억은 특정 집단을 위해 봉사한다. 그렇기에 이러한 역사가 및 역사학에 대해서는 반드시 그 잘못을 드러내고 비판해야 한다.

현실적 조건으로 볼 때 역사학자의 글에서 나온 쑨원의 역사적 이미지는 결코 진공 속에서 만들어진 것도, 백지에 먹을 뿌린 것처럼 묘사되어 나타난 것도 아니다. 각종 정치적 힘이 다양한 목적을 깔고 그들만의 쑨원을 형상화하였으며, 나아가 쑨원에 대한 역사 기억도 구축하였다. 국민당원은 쑨원을 '국부'라 받들고 그의『삼민주의』역시 '넓고 심오하다[博大精深]'고 선전하는 반면, 공산당원은 그를 '중국 혁명의 선구자'로 보고 '구삼민주의'와 '신삼민주의'의 구분이 있는『삼민주의』를 선전한다. "모든 이들은 각자의 생각대로 각자의 소리를 낸다[一人一把號, 各吹各的調]." 쑨원의 역사적 위치와『삼민주의』의 의의 및 가치는 모두 정치에 봉사하는 것이며, 특정한 이데올로기의 지배하에 탄생한 것이다. 만약 우리가 쑨원으로부터 진정한 계시를 얻으려면, 기존에 있던 각종 정치적 신화의 속박으로부터 어떻게 벗어날 것인가의 문제를 급선무로 삼아야 한다. 얽히고설킨 복잡한 역사적 맥락 속에서 '쑨원을 본연의 모습으로 되돌리는 것'이 어떻게 가능할 것인가가 쑨원 인식과 연구에서 유일한 기준이어야 한다. 이렇게 될 때 그에 대한 우리의 인식과 이해, 그에 대한 기억은 다양하고 풍부해지며, 특정한 이데올로기에 따라 '춤추고 합창[起舞同唱]'하지 않게 될 것이다.

다중적 역사 기억의 구축 가능성

다른 국가나 문화 전통 속에서 일부 특수한 인물의 형상과 사상을 다루는 '수용사'는 흔히 수용자의 사상과 관념의 진전을 나타내는 반영사(反映史)이다. 프랑스 사상가 토크빌(托克維爾, Alexis de Tocqueville, 1805~1859)의 명저 『미국의 민주주의(De la démocratie en Amérique)』(1835년에서 1840년 사이 출판)를 미국 자체의 '수용사'적 관점에서 보면, '옛것을 지금에 사용'함으로써 상이한 역사적 상황에 따른 다양한 해석과 관심을 펼쳐 보였고, 놀랍게도 '민족담론 개념(國族論述槪念, the concept of the national discourse)'의 근거자료가 되었다. 일찍이 그것은 아메리카 합중국이라는 이 젊은 국가에 자신감을 제공하는 원천이었고, 유럽 '구대륙'에 필적하는 근거였다. 이로써 미국 스스로가 정치적 모델(political model)을 제공할 수 있다는 인식이 강화되었고, 이후 이 책은 민주사회가 어떻게 점진적으로 완전무결해지는가에 대한 영감의 근원이 되었다. 한마디로 이 책의 효용은 무한대로 개방된 공간(open ends)에 있다. 미국에서 『미국의 민주주의』의 '수용사'는 사실 미국의 사상과 정체성 형성 과정의 중요한 구성 부분이다.

중국에서의 워싱턴 '수용사' 역시 중국인이 그의 이미지를 경유하여 중국의 정치 전통을 반성하고, '혁명 상상'을 전개하며, 중국의 현대 민족국가 건설에 무한한 영감을 제공한 복잡한 역사 과정이라고 할 수 있다. 중국인이 워싱턴을 알고/인식하기 시작하던 시기, 그가 지닌 '영웅/성인'의 독특한 이미지는 이미 미국 본토에서 형성된 것이었다(게다가 그것은 지속적인 형상화 과정에 놓여 있을 수밖에 없었다). 이러한 맥락에서 만청 시기 '워싱턴 신화'에 대한 중국 사상계의 창조 및 전파는 당연히 미국의 문화 전통이 외부로 유포(변형)된 결과라고 볼 수 있다. 반드시 주의해야 할 것은 근대 이후에 출현한 중국 역사 무대의 '워싱턴 신화'는 물론 미국 자체의 맥락에 있는 '워싱턴 신화'와 일정한 연관이 있었지만(그래서 '워싱턴과 앵두나무'와 같은 이야기들이 전파될 수 있었다), 오히려 중국 자체의 문화 전통 및 현실적 수요와 더 긴밀하게 결합된 표현 형태라는 사실이다.

중국인은 '지식 창고'에 담긴 각종 정보에 기대어 미국식 정치 체제의 존재를 알았고, 또한 그에 대한 중국 자체의 '역사 경험'을 보유하고 있었다. 즉 '현인(賢人)으로의 양위', '관천하(官天下)' 등의 비교 가능한 이상적 성격들은 고도의 찬양을 받았고, 그들의 붓끝에서 나온 워싱턴의 여러 행위들은 바로 미국의 정치제도가 상징하는 이상과 서로 호응했다. '워싱턴 신화'의 상상 공간은 확충되고 퍼지며 만청 시기 중국에 끊임없이 전파되었고, 실질적인 정치 효과를 창출하여 지식인들이 '의원(議院)' 제도의 설치 가능성을 논의하는 근거 중 하나가 되기도 했다. 혁명 풍조가 일어나던 시기에 '워싱턴 신화' 역시 혁명의 이상과 실천을 추동하는 원천적 동력을 제공하였다. '워싱턴 신화'의 역사적 형성

과정은 '지식 창고'가 축적한 '사상 자원'을 명확히 보여주며, 근대 중국이 이상적 정치체제를 추구하고 '민주 상상'을 전개하는 데 큰 자극을 준 의의와 가치를 갖는다. 나아가 이후 중국인의 정치 담론의 장에서 무궁무진한 규범 어휘들을 제공하였다.

중국인의 정치적 사고에서 워싱턴의 이미지가 포함하고 상징하는 의의는 그가 중국인들에게 알려지기 시작하면서부터 이상적 정치제도와 함께 엮여 있었다. 사람들의 이러한 인식이 심화됨에 따라 이 이상적 정치제도는 '민주'라는 단어로 개괄되기 시작했으며, 워싱턴의 이미지 역시 민주적 실천의 모범 인물 중 하나가 되었다. 사람들은 현실을 비판할 때 워싱턴을 이상적인 모범 인물로 내세웠다. 사람들은 '옛일을 인용하여 현재의 일을 풍자했다.'

예로 1960년 중화민국 제1기 제3차 국민대회가 타이베이에서 열렸다. 이 대회의 주요 프로그램 중 하나는 바로 1948년의『헌법』시행 이래 중화민국의 제3대 대통령을 선출하는 것이었다. 회의가 시작되기 전『연합보(聯合報)』와 같은 당시의 일부 매체는 논평에서 진술하길, 이번 국민대회 회의의 개최는 실패가 아닌 성공만이 허락된다고 하였다. 성공에는 최소 세 가지 요건이 포함된다고 했는데, 그중 첫째가 바로 "장 총통의 연임을 완성하여 반공주의 지도세력의 견고함을 확보한다[完成蔣總統的連任以確保反共領導中心的強固]"였다. 추대의 정서가 명백히 드러나는 것이다. 하지만 당시 대만의 언론계는 장제스 총통이『중화민국헌법』제47조, "총통은 한 차례에 한해서만 연임할 수 있다[總統僅能連選連任一次]"라는 규정을 지키지 않아도 되는지의 문제로 의견이 분분했다. 장제스가 총통에 세 번째로 출마하여 각축을 벌이는 것에 이견들이 많았던 것이다. 특히 그 시기 최고의 대표적 자유주의 잡지『자유중국(自由中國)』의 비판은 격렬했다. 야당 인사 역시 마찬가지였다. 당시 야당의 한 명이었던 중국 민주사회당의 주요 인물 장원톈(蔣勻田, 1904~?)은 글을 발표하여 "장 총통이 세계사에서 동방의 워싱턴이 되기를 긴곡히 바란다[懇盼蔣總統克成爲世界史上東方的華盛頓]"는 기대를 내걸며 장제스가 다시 연임하는 것을 막아보고자 했다. 하지만 역사의 잔혹한 사실은 장제스가 변함없이 국민당의 총통 후보 명단에 오르는 것을 수락했으며, 또한 순조롭게 국민대회에 의해 당선되었다는 것이다. 자유주의자와 야당 수뇌들의 이의 제기는 아무런 소용도 없었다. 흥미로운 것은 장원톈이 정치적 강자가 헌법의 규범을 어겨서는 안 된다고 '입이 닳도록' 말할 때, 바로 워싱턴이라는 모범을 제시했다는 사실이다. 그러나 역사적 맥락에서 보자면, 이러한 논설 전략은 만청 시기 사람들이 워싱턴을 끌어들여 '의원 설립'을 개진한 것이나 '혁명'을 고무시킨 것과 사실상 전혀 다르지 않았다.

근대 이후 중국인의 정치적 생활 속에서 모종의 견해/의도/행동을 표현해온 무수한 정치 언어(the political language)는 유구한 역사적 흐름 속에서 점차 싹을 틔워 세상에 나온 것이라 할 수 있다. 게다가 사람들은 그것에 포함된 내용에 따라서 점진적으로 기본의 공통 인식을 형성하고, 나아가 풍부한 의의를 생산한다. 현실적으로 보면 이러한 정치 언어의 사용은 확실한 효과가 있을 수도, 혹은 아무런 작용을 하지 못할 수도 있지만, 모두가 정치적 생활의 구체적인 표현인 것이다.

수많은 정치 언어 중 하나로 워싱턴이 자리 잡고 있다. 워싱턴이 미국의 '국부' 신분으로 중국 대중에게 알려졌을 때, '십삼경(十三經)'과 '이십오사(二十五史)' 등의 유교 경전과 역사 서적에서는 나타난 적이 없는 '국부'라는 어휘와 개념도 대중들에게 알려지기 시작했다. 이 영광스러운 감투는 쑨원에게 씌워졌고, 이러한 사실은 오랜 세월을 거쳐 이미 불변의 진리가 된 듯하다. 이 과정에서 쑨원은 더욱 '신화(神化)', '성화(聖化)'되었고, 그에 대한 인식과 이해는 당국체제의 '지배 이데올로기'라는 족쇄에서 벗어날 수 없었다. 어쩌면 각양각색의 '쑨원 해석'은 당국이 주조한 '이데올로기의 재생산'일 뿐이었다.

근대 중국의 사상세계에서 '워싱턴 신화'의 형성 및 전파는 천태만상이었다. 그 과정 및 효과는 구체적인 역사적 맥락과 긴밀히 결합되어 심오한 시사점을 던져주며, 근대 중국이 민주의 길을 추구했던 험난한 과정을 나타내준다. 그러나 세계적 위인 워싱턴으로부터 '지배 이데올로기'가 어떻게 '영감'이 만들어졌고, 모욕되고 훼손되었는지는 단지 워싱턴에만 국한되지 않고, 선행자들이 직조한 이 '신화'의 배후에 축적된 이상을 향한 희망 또한 포함한다.

인류 사회에서 '국가우상'을 창조하는 행위는 중단되지 않을 것이다. 그러나 만약 '국가우상'의 다중적 역사 기억이 특정한 이데올로기의 올가미 속에서 벗어나 무궁무진한 개방 공간을 만들어낼 수 있고, 그에 대한 사람들의 인식과 이해가 다양할 수 있다면, 그것이야말로 진정한 자유국가일 것이다. 자유사상의 나래가 한껏 펼쳐 날아오를 수 있는 세상은 분명 무한히 광활할 것이다.

참고문헌

【본서의 인용 원자료가 다소 많아 일일이 열거하지 못한 데 대해 양해를 구한
다. 이하에, 필자가 참고한 연구문헌들만을 열거한다.】

呂芳上,《革命之再起 ―中國國民黨改組前對新思潮的回應》, 臺北: 中央研究
院, 近代史研究所, 1989年.
呂芳上,《從學生運動到運動學生民國八年至十八年》, 臺北: 中央研究院近代
史研究所, 1994年.
李孝悌,《清末的下層社會啓蒙運動》, 臺北: 中央研究院近代史研究所,
1992年.
李恭忠,〈孫中山崇拜與民國政治文化〉,《二十一世紀》, 2004年12月號
(總期86), 香港, 2004年12月.
茅海建,《苦命天子：咸豊皇帝奕詝》, 上海: 上海人民出版社, 1995年.
張玉法,《清季的革命團體》, 臺北: 中央研究院近代史研究所, 1982年.
張忠棟,《胡適五論》, 臺北: 允晨文化事業股份有限公司, 1987年
張朋園,《梁啓超與清季革命》, 臺北: 中央研究院近代史研究所, 1964年
(初版), 1999年(二版).
陳蘊茜,〈時間, 儀式維度中的"總理紀念週"〉,《開放時代》, 2005年 4期
(總期178), 廣州: 2005年7月.
黃克武,〈從追求正道到認同國族：明末至清末中國公私觀念的重整〉,
收入：黃克武, 張哲嘉 (編),《公與私：近代中國個體與群體的
重建》, 臺北: 中央研究院近代史研究所, 2001.
鄒振環,〈「革命表木」與晚清英雄系譜的重建―華盛頓和拿破崙傳記的
譯刊及其影響〉,《歷史文獻》, 第9輯, 上海: 上海古籍出版社,
2005年.

熊月之,《中國近代民主思想史》, 上海: 上海人文出版社, 1986年.

熊月之,《西學東漸與晚清社會》, 上海: 上海人文出版社, 1994年.

熊月之,〈《海國圖志》徵引西書考釋〉, 收入:劉泱泱(等編),《魏源與近代中國改革開放》, 長沙:湖南師範大學出版社, 1995年.

劉廣京,《經世思想與新興企業》, 臺北: 聯經出版社業公司, 1990年.

潘光哲, 研究近, 現代中國民主共和思想的回顧與省思, 中華民國史專題論文集第四屆討論會, 臺北:國史館, 1998年.

潘光哲,〈晚清士人對英國政治制度的認識(1830~1856)〉,《國立政治大學歷史學報》, 第17期, 臺北:政治大學歷史系, 2000年5月.

潘光哲,〈追尋晚清中國「民主思想」的軌跡〉, 收入: 劉青峰, 岑國良(主編),《自由主義與中國近代傳統:「中國近現代史上的變遷」研討會論文集(上)》, 香港: 香港中文大學出版社, 2002年.

潘光哲,〈「國父」形相的歷史形成〉, 收入:《第六屆孫中山與現代中國學術研討會論文集》, 臺北: 國立國父記念館, 2003年.

潘光哲,〈革命的理由: 以美國《獨立宣言》在晚清中國流傳的脈絡探討孫中山的《中國問題的真解決—向美國人民的呼籲》〉, 收入:《第七屆孫中山與現代中國學術研討會論文集》, 臺北: 國立國父記念館, 2004年.

潘光哲,〈追索晚清閱讀史的一些想法:「知識倉庫」,「思想資源」與「概念變遷」〉,《新史學》, 第16卷第3期, 臺北, 2005年9月.

潘光哲,〈「華盛頓神話」在晚清中國的創造與傳衍〉, 收入: 黃東蘭(主編),《身體·心性·權力: 新社會史》, 集2, 杭州: 浙江人民出版社, 2005年9月.

潘光哲,〈詮釋「國父」: 以羅香林的《國父家世源流考》為例〉,《香港中國近代史學報》, 期3, 香港, 2005年12月.

潘光哲,〈伯倫知理與梁啟超: 思想脈絡的考察〉, 收入: 李喜所(主編),《梁啟超與近代中國社會文化》, 天津: 天津古籍出版社, 2005年.

薛化元, 潘光哲,〈晚清的「議院論」—與傳統思惟相關為中心的討論(1861–1900)〉,《國際學術雜誌中國史學》, 第7卷, 東京, 1997年11月.

薛君度(著), 楊愼之(譯),《黃興與中國革命》, 香港: 三聯書店香港分店, 1980年(香港第1版).

Raymond Birn, *Forging Rousseau: Print, Commerce and Cultural Manipulation in the Late Enlightenment*, Oxford: Voltaire Foundation, 2001.

Chang Hao(張灝), Chinese Intellectual in Crisis, Search for Order and Meaning, CA: University of California Press, 1987.

Lydia H. Liu(劉禾), "Legislating the Universal: The Circulation of International Law in the Nineteenth Century," in idem., edited, *Tokens of Exchange: The Problem of Translation in Global Circulations*, Durham, NC: Duke University Press, 1999 【漢譯: 劉禾(著), 陳燕谷(譯),〈普遍性的歷史建構 —《萬國公法》與十九世紀國際法的流通〉,《視界》第1輯(石家莊: 河北教育出版社, 2000年.】

Paul K. Longmore, *The Invention of George Washington,* Berkeley, CA: University of California Press, 1988.

Archie P. McDonald, "George Wasington: More than Man," in: Kevin L. Cope, Willam S. Pederson and the Honorable Frank William edited, George Washington in and as Culture, New York: AMS Press, 2001.

Barry Schwartz, *George Washington: The Making of an American Symbol*, Ithaca, NY: Cornell University Press, 1987.

Barry Schwartz, *Abraham Lincoln and the Forge of National Memory*, Chicago: University of Chicago Press, 2000.

Wilbur Zelinsky, Nation into State: The Shifting Symbolic Foundations of American Nationalism, Chapel Hill, NC: University of North Carolina Press, 1988.

　서구의 충격(Western Impact). 아시아의 근대를 논할 때 꼬리표처럼 따라다니는 표현이다. 물론 서양인의 도래 자체도 충격이었겠지만, 이 표현은 '그들의 지식'이 일으킨 전복적 파괴력에서 기인하는 바 크다. 동아시아에 국민국가가 형성되기 시작하던 19세기 후반, 서구발 지식은 애증이 교차하는 신세계로의 '열쇠'였고, 이후 점차 정치적 실천과 대중 계몽을 위해 호출되는 '권위'가 되어갔다. 종래의 이해는 일반적으로 여기까지다.

　하지만 『국부(國父) 만들기―중국의 워싱턴 수용과 변용』(이하 부제 생략)에서, 저자 판광저는 전술한 익숙한 구도의 심연까지 내려가 당대의 지식 변동을 섬세하게 살폈다. 판광저의 연구를 통해 우리는 외래의 특정 정보나 서사가 전통의 가치들과 충돌하며 발생하는 다기한 화학작용들을 목도하게 된다. 그리고 우리는 그 시대를 살아내야 했던 이들이 수동적으로 '적응'했다기보다, 새로운 판도와 적극적으로 '길항'했다는 사실을 깨닫게 된다. 결국 주목해야 할 것은 서구의 충격 자체가 아니라, 그 이후에 전개되는 돌파구 모색의 역사인 것이다. 판광저의 연구가 워싱턴 수용사의 실증적 날카로움을 넘어 인문학의 사회적 실천으로까지 문제의식을 확장할 수 있었던 동력도 바로 이 지점에 있다.

　이 책의 다양한 논의들은 중국학 외부에 있는 독자들에게도 영감의 원천이 되어주기에 충분하다. 근대로의 이행 속에서 지식 수용을 통한 공론장의 재편은 단지 중국만의 현상일 수 없다. 주지하듯 이에 대한 탐구는 21세기 한국학 연구의 주요 아젠다(agenda)이기도 해서, 지금 이 시간에도 관련 연구 성과가 지속적으로 축적되고 있다.

한국의 역사적 상황에 비추어 봐도, 『국부 만들기』가 드러내는 내용들은 이웃 나라의 서구 수용이나 지적 운동에 대한 간접적 참조물에 그치지 않는다. 이 책이 소개하는 주요 텍스트들은 직접적으로 한국에까지 소개되거나 번역된 바 있기 때문이다. 심지어 그들 중 일부는 인상적인 영향력을 발휘하기도 했다. 예컨대 이 책에서 초기 '지식 창고'의 대표적 텍스트로 소개되는 『해국도지(海國圖志)』(1842)와 『영환지략(瀛寰志略)』(1848)은 일찍이 한국에도 유입되어, 1860년대 통상 개화론자의 서구 사상과 문물에 대한 관심을 격발시킨 바 있다. 역시 여러 차례 언급되는 딩진(丁錦)의 『화성돈(華盛頓)』(1903)의 경우, 신소설 작가 이해조에 의해 『화성돈전(華盛頓傳)』(1908)으로 번역되기도 했다. 이상의 텍스트 이동이나 번역 양상에서 우리는 동아시아 차원의 '지적 네트워크'를 충분히 감지할 수 있다. 딩진의 『화성돈(華盛頓)』이 본래 후쿠야마 요시하루의 『화성돈(華聖頓)』(1901)을 저본으로 삼은 것임을 기억한다면 그 구도는 더욱 입체적으로 그려진다. 그 외에도 『보법전기(普法戰記)』, 『만국사기(萬國史記)』 등 1900년대 한국에도 익히 알려진 여러 서적들의 중국적 맥락을 『국부 만들기』를 통해 확인할 수 있다. 그러한 지점들을 한국의 경우와 견주어 보는 것은, 동아시아학의 육체를 이루는 텍스트들의 계보를 그려내는 작업과 무관하지 않을 것이다.

역사적 지식이 대중 계몽과 동원을 위한 '권위'로 둔갑할 때 어디까지 갈 수 있는가를 추적한 판광저의 노력은 특히 치밀하다. 흥미롭게도 그 끝에는, 작년에 탄생 100주기를 맞이했으며 판광저 본인이 몸담고 있는 타이완의 '국부(國父)' 쑨원이 있다(쑨원을 기념하여 타이페이에 지어진 건축물 이름도 '국립국부기념관'이다). 중국인들은 워싱턴을 통하여 '국부'의 개념을 학습해 둔 상태였고, 결국 그 개념은 쑨원을 위한 수식어로 전환되기에 이르렀다. 쑨원이 국부로 공인되기까지의 여정은 결코 만만한 것이 아니었다. 당연해 보이는 쑨원의 이미지가, 사실은 여러 혁명동지들의 반발이나 의심의 눈초리에 대한 억압과 축출, 그리고 대중의 반복적 규율 속에서 정제된 것임을 판광저는 우직하게 드러낸다.

『국부 만들기』에 가장 빈번하게 등장하는 조어(造語), '지식 창고'는 특정 공간(판광저의 경우에는 중국)에서 그 구성원들이 적극 참조하여 널리 공유되는 정보의 집합체다. 따라서 그것은 유동적이다. 저장물을 채워넣는 주체는 선교사일 수도 유학생일 수도 있다. 중요한 것은, 일단 '지식 창고'에 저장이 되고 나면 관련 지식들이 또 다른 이들을 통하여 변용된다는 데 있다. 판광저는 사람들이 기존의 '지식 창고'에 기대어 어떻게 자신의 '상상 공간'을 확장해 나가는지 펼쳐 보인다. 특정 지식에 상상력을 동반한 조작이 거듭 가해질 때, 그 작용은 종종 '대중지성'이 아닌 '대중폭력'을 양산하는 방향으로 전개된다. 이는 보통, 지식의 전파 과정에 정치적 의도가 개입된 경우다. 판광저가 가장 경계하는 것도 이러한 대목이다. 판광저는 그러한 '지식 조작'을 간파하는 준엄한 감시자가 되는 것에서 역사학자의 사명을 찾기도 했다.

만약 전술한 사명을 역사학자의 '방어적 사명'이라 한다면, '공격적 사명'은 바로 '다중적 역사 기억'의 구축에 있다. 역사의 한 인간이 특정 집단의 이익을 대변하는 존재로서 압도적 효용을 발휘하며, 끊임없이 현실 정치로 소환되는 경우는 그 인물에 대한 기억이 '다중'이 아닌 '단일' 회로 속에서 확대재생산되기 때문이다. 판광저는 '다중적 역사 기억'을 통해 정치 팸플릿이 되기 십상인 '국가우상'의 신성성(神聖性) 자체를 해체하고자 한다. 본서를 통해 그가 던지는 궁극적 메시지는 바로 여기에 있을 것이다. 그 메시지에 현 한국 사회를 향한 일침이 내장되어 있음은 물론이다.

좋은 책을 통해 지적 자극과 더불어 학자로서 부딪혀 나가야 할 과제까지도 가득 안겨준 판광저 선생님께 깊은 감사를 드린다. 번역에서의 모든 문제는 오직 역자의 몫이다. 저자의 오랜 친구로서 원서의 소개 외에도 여러 도움을 주신 오병수 선생님과, 본 번역서가 나오기까지 지원을 아끼지 않은 성균관대학교 동아시아학술원 신승운 원장님, 많은 가르침을 주신 이희옥, 한기형 선생님, 그리고 동아시아학술원의 여러 선생님께도 감사의 마음을 전한다.

고영희 · 손성준 삼가 씀

저자

판광저(潘光哲)

필명 펑광쩌(彭廣澤), 라오둥(勞棟), 1965년 타이완 타이베이 시 출생, 타이완 대학 역사학과 박사. 타이완 대학 역사학과 겸임강사, 중앙연구원 역사언어연구소 계약 연구보조(Contract-based Assistant), 중앙연구원 근대사연구소 조(助)연구원(Assistant Research Fellow), 일본 국제일본문화연구센터 외국인 연구원, 미국 하버드 대학 하버드-옌칭 연구소(Harvard-Yenching Institute) 방문연구원, 국립 타이완 대학 인문사회 고등연구원 방문연구원, 후스(胡適)기념관 주임, 재단법인 인하이광(殷海光) 선생 학술 기금회 이사장(董事長) 등 역임. 저서로『華盛頓在中國 : 製作「國父」』, 『「天方夜譚」中研院 : 現代學術社群史話』, 『遙想「德先生」―百年來民主與知識份子的歷史格局』 등 연구서 및 학술논문 40여 편, 『殷海光全集(新版)』(台大出版中心), 『容忍與自由 : 胡適思想精選』, 『傅正「自由中國」時期日記選編』 등 사료 집성 주편.

옮긴이

고영희

성균관대학교 동아시아학술원 HK연구교수. 주요 논문으로「청말 지식인의 중국 문화관」, 「21세기 중국영화 속의 문혁」, 「현대중국 경전독송운동의 현황과 함의」 등이 있으며, 역서로『중국 모델의 혁신 ― 대중시장경제를 향하여』가 있다.

손성준

현 성균관대학교 국제처 강사, 현 중국해양대학교 한국학과 전임강사 및 해외한국학 중핵대학 사업단 운영위원. 주요 논문으로「근대 동아시아의 크롬웰 변주: 영웅 담론, 영국 政體, 프로테스탄티즘」, 「영웅서사의 동아시아 수용과 重譯의 원본성」, 「번역 서사의 정치성과 탈정치성」 등이 있다.